AF821128

JOACHIM TREECK

Das Ausscheiden aus der Doppelgesellschaft

Schriften zum Wirtschaftsrecht

Band 7

Das Ausscheiden aus der Doppelgesellschaft

Von

Dr. Joachim Treeck

DUNCKER & HUMBLOT / BERLIN

Gedruckt 1968 bei Buchdruckerei Bruno Luck, Berlin 65
Printed in Germany
D 21

Vorwort

Die gesellschaftsrechtliche Vertragspraxis in Deutschland hat sich nicht mit den vom Gesetzgeber zur Verfügung gestellten typischen Gesellschaftsformen begnügt. Aus den verschiedensten Erwägungen organisatorischer, steuerlicher und haftungsrechtlicher Art hat sie atypische Vertragsgestaltungen entwickelt. Zwei Wege boten sich an: Dispositives Gesetzesrecht wurde vertraglich abbedungen und teilweise durch typische Regelungen einer anderen Gesellschaftsform ersetzt. Auf diese Weise entstanden z. B. die personalistische GmbH und die kapitalistische OHG. Andererseits lassen sich zwei Gesellschaftstypen auch dadurch kombinieren, daß die Gesellschaften die Funktionen eines einheitlichen Unternehmens unter sich aufteilen. Dies ist bei der GmbH & Co KG und bei der Doppelgesellschaft der Fall. Die Doppelgesellschaft verbindet zwei rechtlich selbständige Gesellschaften zu einer wirtschaftlichen Einheit. Dabei ergibt sich allgemein das Problem, ob und inwieweit die wirtschaftliche Funktionseinheit eine rechtliche Verklammerung der beiden Teilgesellschaften zu bewirken vermag. Aus diesem Problemkreis behandelt die vorliegende Arbeit die Frage, wie sich das Ausscheiden eines Gesellschafters aus einer Gesellschaft auf seine Beteiligung an der anderen Gesellschaft auswirkt, also die Frage nach der Unteilbarkeit der Mitgliedschaft in der Doppelgesellschaft.

Die Arbeit hat im Jahre 1967 der Rechts- und Wirtschaftswissenschaftlichen Fakultät der Universität Tübingen als Dissertation vorgelegen. Das neue Aktiengesetz ist eingearbeitet, ebenso die bis Frühjahr 1968 erschienene Literatur und Rechtsprechung. Für die Anregung der Untersuchung und ihre entscheidende Förderung durch Rat und Hilfe bin ich meinem verehrten Lehrer, Herrn Professor Dr. Wolfgang Fikentscher, zu herzlichem Dank verpflichtet. Ich danke auch Herrn Ministerialrat a. D. Dr. J. Broermann für die Aufnahme der Schrift in sein Verlagsprogramm.

Münster, März 1968

Joachim Treeck

Inhaltsverzeichnis

Abkürzungsverzeichnis

a. A.	=	anderer Ansicht
a.a.O.	=	am angegebenen Ort
Abs.	=	Absatz
AcP	=	Archiv für die civilistische Praxis
a. E.	=	am Ende
AG	=	Aktiengesellschaft
AktG	=	Aktiengesetz
allg.	=	allgemein
Anh.	=	Anhang
Anl.	=	Anlage
Anm.	=	Anmerkung
Aufl.	=	Auflage
BB	=	Der Betriebs-Berater
Betrieb	=	Der Betrieb
bzw.	=	beziehungsweise
Bd.	=	Band
BFH	=	Bundesfinanzhof
BGB	=	Bürgerliches Gesetzbuch
BGBl	=	Bundesgesetzblatt
BGH	=	Bundesgerichtshof
Bsp.	=	Beispiel
BStBl	=	Bundessteuerblatt
D I	=	Denkschrift über das Kartellwesen, Bd. I
ders.	=	derselbe
d. h.	=	das heißt
DJ	=	Deutsche Justiz
DJZ	=	Deutsche Juristenzeitung
DNotZ	=	Deutsche Notarzeitung
eGmbH	=	eingetragene Genossenschaft mit beschränkter Haftung
Einf.	=	Einführung
Einl.	=	Einleitung
e. V.	=	eingetragener Verein
f., ff.	=	folgende Seite(n)
FAZ	=	Frankfurter Allgemeine Zeitung
FR	=	Finanz-Rundschau
GenG	=	Gesetz betreffend die Erwerbs- und Wirtschaftsgenossenschaften
GewStDV	=	Gewerbesteuer-Durchführungsverordnung
GewStG	=	Gewerbesteuergesetz
GmbH	=	Gesellschaft mit beschränkter Haftung
GmbHG	=	Gesetz betreffend die Gesellschaften mit beschränkter Haftung
GmbHR	=	GmbH-Rundschau
GmbHRspr	=	Die GmbH in der Rechtsprechung der deutschen Gerichte

GWB	= Gesetz gegen Wettbewerbsbeschränkungen
HGB	= Handelsgesetzbuch
h. M.	= herrschende Meinung
hrsg.	= herausgegeben
i. d. F. v.	= in der Fassung vom
i. d. R.	= in der Regel
IG	= Interessengemeinschaft
insbes.	= insbesondere
i. S. d.	= im Sinne des (der)
Iher. Jahrb.	= Iherings Jahrbücher für die Dogmatik des Bürgerlichen Rechts
JR	= Juristische Rundschau
JuS	= Juristische Schulung
JW	= Juristische Wochenschrift
KartG	= Kartellgericht
KartVO	= Kartellverordnung
KG	= Kammergericht
KG	= Kommanditgesellschaft
KGJ	= Jahrbuch für Entscheidungen des Kammergerichts in Sachen der freiwilligen Gerichtsbarkeit
KR	= Kartell-Rundschau
KStG	= Körperschaftssteuergesetz
LM	= Das Nachschlagewerk des Bundesgerichtshofs in Zivilsachen, hrsg. v. Fritz Lindenmaier und Philipp Möhring
LZ	= Leipziger Zeitschrift für deutsches Recht
OFH	= Oberster Finanzgerichtshof
OHG	= Offene Handelsgesellschaft
OLG	= Rechtsprechung der Oberlandesgerichte auf dem Gebiete des Zivilrechts
RFH	= Reichsfinanzhof
RG	= Reichsgericht
RGRK	= Reichsgerichtsrätekommentar
RStBl	= Reichssteuerblatt
Rz	= Randziffer
s.	= siehe
S.	= Seite
sog.	= sogenannt
Steuerber. Jahrb.	= Steuerberater-Jahrbuch
StuW	= Steuer und Wirtschaft
UStG	= Umsatzsteuergesetz
u. U.	= unter Umständen
vgl.	= vergleiche
Vorbem.	= Vorbemerkung
Warn. Rspr.	= Die Rechtsprechung des Reichsgerichts auf dem Gebiet des Zivilrechts, hrsg. v. Otto Warneyer
WuW	= Wirtschaft und Wettbewerb
ZAkDR	= Zeitschrift der Akademie für Deutsches Recht
z. B.	= zum Beispiel
ZBlHR	= Zentralblatt für Handelsrecht
ZHR	= Zeitschrift für das gesamte Handelsrecht und Konkursrecht

§ 1 Einleitung — Problemstellung

Die Doppelgesellschaft ist eine durch die Praxis der Wirtschaftskonzentration geschaffene Organisationsform, die in verschiedenen Bereichen der Unternehmenszusammenschlüsse anzutreffen ist. In ihr sind zwei rechtlich selbständige Gesellschaften, deren eine von der anderen abhängig ist, zu einer wirtschaftlichen Einheit verbunden.

Die herrschende Gesellschaft wird hier als Grundgesellschaft[1], die abhängige Gesellschaft als Organgesellschaft oder Geschäftsführungsgesellschaft[2] bezeichnet.

Die Grundgesellschaft ist in der Regel eine nicht rechtsfähige Personenvereinigung, meistens eine Gesellschaft bürgerlichen Rechts. Sie bedient sich zur Realisierung des von ihr verfolgten Zwecks der Organgesellschaft, die am häufigsten die Rechtsform einer GmbH besitzt.

Anlaß zur Schaffung einer Doppelgesellschaft sind vorwiegend organisatorische Erwägungen: die Vorteile verschiedener Gesellschaftstypen können miteinander verbunden werden[3]. Die bürgerlich-rechtliche Gesellschaft ist elastischer und variabler als eine Kapitalgesellschaft. Der Gesellschaftsvertrag kann den Gesellschaftern fast beliebige Handlungs- und Unterlassungspflichten auferlegen; seine Änderung und Anpassung an veränderte Verhältnisse begegnet regelmäßig keinen formalen Hindernissen. Der Grundsatz der Vertragsfreiheit eröffnet also zahlreiche Gestaltungsmöglichkeiten. Andererseits entbehrt die Gesellschaft bürgerlichen Rechts der Rechtsfähigkeit. Sie kann daher als Gesellschaft nicht am Geschäfts- und Prozeßverkehr teilnehmen. Zur Wahrnehmung dieser Funktionen wird eine juristische Person, die Organgesellschaft, gegründet und der Grundgesellschaft als deren „Geschäftsführerin" zugeordnet. Ein weiterer Grund, statt der Rechtsform der Einheitsgesellschaft diejenige der Doppelgesellschaft zu wählen, dürfte früher gerade bei Kartellen die Möglichkeit gewesen sein, sich der Registerpublizität (§§ 7 ff. GmbHG, §§ 36 ff. AktG) zu entziehen. Heute sind dagegen sämt-

---

[1] In der Literatur finden sich folgende abweichende Bezeichnungen: Herrschaftsperson (*Hamburger*, S. 264), Nebengesellschaft (A. *Müller*, S. 34), einfache Gesellschaft (*Naegeli*, S. 2).

[2] In der Literatur finden sich folgende abweichende Bezeichnungen: Organisationskopf (*Callmann*, S. 123), Dachgesellschaft (*Callmann*, S. 157), Verkaufsstelle (*Leister*, S. 1), juristischer Direktor (K. *Mirow*, S. 14).

[3] *Benisch*, S. 22; *Naegeli*, S. 1 f.

liche Kartelle[4] in das Kartellregister einzutragen (§ 9 GWB), so daß der Publizitätsgesichtspunkt keine Rolle mehr für die Entscheidung über die Rechtsform spielt. Schließlich könnte es sein, daß die Regelung der Geschäftsführung und Vertretung bei der bürgerlich-rechtlichen Gesellschaft (§§ 709 ff. BGB) für Unternehmensverbindungen unpraktikabel und nicht interessengerecht ist, so daß man die Konstruktion der Doppelgesellschaft benutzt, um diesem Mangel zu begegnen. Diese Frage, die in der Literatur bisher noch nicht gestellt wurde, sei hier zunächst nur genannt; sie wird später wieder aufgegriffen und anhand der Darstellung der Aufgaben der Organgesellschaft im einzelnen zu beantworten sein[5].

Im allgemeinen wird die Doppelgesellschaft eine Schöpfung des Kartellwesens genannt[6]. Die Untersuchungen, die sich mit den Problemen der Doppelgesellschaft befassen, werden zumeist auch am Beispiel der sogenannten „Syndikatsdoppelgesellschaft" vorgenommen[7]. Es bedarf demgegenüber der Feststellung, daß man sich auch bei anderen Arten unternehmerischer Zusammenarbeit der Doppelgesellschaft als Rechtsform bedient[8]. Sie wird z. B. bei Interessengemeinschaften[9] verwandt[10, 11]. Auch Gemeinschaftsunternehmen[12], Funktionsgemeinschaften[13] und ähnliche Gebilde[14] sind nicht selten als Doppelgesellschaften organisiert[15, 16].

---

[4] Mit Ausnahme der in § 6 Abs. 1 GWB genannten Exportkartelle.

[5] Vgl. unten § 2 I 2.

[6] Vgl. z. B. *Friedländer*, Konzernrecht, S. 79.

[7] So etwa *Göke, Klitzing, Leister, Nels, Sprey.*

[8] Ebenso *Hannemann*, S. 10, 53 ff.; *Naegeli*, S. 66 ff., 270 ff.; *Ring-Schachian*, S. 437; *Sprey*, S. 20; *Ullrich*, S. 21; vgl. auch *Hecker*, S. 51 ff.

[9] Zum Begriff der Interessengemeinschaft vgl. vor allem *Fikentscher*, Interessengemeinschaft, S. 13 ff., 20 und *Geiler* in Düringer-Hachenburg, Bd. II/1 Rz 440 ff.; ferner *Friedländer*, Konzernrecht, S. 114 ff.; *Koberstein*, S. 95; *Rosendorff*, S. 22; *Reisert*, S. 33; *Ullrich*, S. 20.

[10] *Dietl*, S. 60 ff.; *Friedländer*, a.a.O., S. 236 ff.; *Hannemann*, S. 54 ff.; *Naegeli*, S. 217 ff.; *Rasch*, S. 83; *Rosendorff*, S 26; *Schmitt-Schowalter*, S. 44; *Sprey*, S. 21 f.; *Ullrich*, S. 20 f.; vgl. auch *Hocke*, S. 32.

[11] Beispiele für Interessengemeinschaften in Form einer Doppelgesellschaft: IG der Dynamit- und Pulvergruppe; Organgesellschaft: Ad Astra-Verwaltungs-GmbH (vgl. *Braun v. Stumm*, S. 65 f.). Elektromontan-Konzern; Organgesellschaft: Siemens-Rhein-Elbe-Schuckert-Union GmbH (vgl. *Rosendorff*, S. 16 ff.). Kahlbaum Konzern; Organgesellschaft: Ostwerke-Schultheiss-Patzenhofer-Kahlbaum GmbH (Verträge abgedruckt bei *Rosendorff*, S. 135 ff.). Vgl. ferner die der Entscheidung des RFH in RFH 18, 75 zugrunde liegende IG.

[12] Zum Begriff des Gemeinschaftsunternehmens vgl. *Kleim*, S. 18 ff.; *Rasch*, S. 34.

[13] Zum Begriff der Funktionsgemeinschaft vgl. *Kleim*, S. 22 ff.; *Rasch*, S. 33; *Naegeli*, S. 102.

[14] Vgl. die umfassende Zusammenstellung des Anwendungsbereiches der Doppelgesellschaft im 1. Teil des Werkes von *Naegeli*, Bd. I S. 33 ff.

[15] Zum Gemeinschaftsunternehmen vgl. *Friedländer*, a.a.O., S. 263; *Naegeli*, S. 242 ff.; *Rasch*, S. 34. Zur Funktionsgemeinschaft vgl. *Friedländer*, a.a.O.,

Der Prototyp für die Kartelldoppelgesellschaft ist das Rheinisch-Westfälische Kohlen-Syndikat[17, 18]. Seine Organisationsform wurde von zahlreichen Kartellen zum Vorbild genommen. Das gilt vor allem für die Kartelle mit zentralisiertem Absatz, die Syndikate[19]. Für sie ist die Doppelgesellschaft besonders geeignet: Die unterschiedlichsten Kartellpflichten lassen sich ohne Schwierigkeiten in einem bürgerlich-rechtlichen Gesellschaftsvertrag niederlegen, während das Auftreten im Rechtsverkehr, also die Verkaufstätigkeit, durch die rechtsfähige Geschäftsführungsgesellschaft besorgt wird. So wird der Doppelgesellschaft gegenüber der Einheitsgesellschaft regelmäßig der Vorzug gegeben[20, 21]. Die gleichen

---

S. 266; *Bühler*, S. 259; Hannemann, S. 56; Naegeli, S. 102 ff.

16 Ein Beispiel eines Gemeinschaftsunternehmens in Form der Doppelgesellschaft findet sich in RFH 26, 173: eine Benzol-Fabrik wird durch eine GmbH als Organ einer bürgerlich-rechtlichen Gesellschaft von Zechenunternehmern betrieben. Beispiele von Funktionsgemeinschaften in Form der Doppelgesellschaft: Krupp-Faar-Ernemann- Fahrzeugfabriken Ansbach und Nürnberg (vgl. *Rosendorff*, S. 31). Zweckgemeinschaft Torfausfuhrvereinigung (vgl. KR 1933, 64). Vgl. die weiteren Beispiele in RStBl 1926, 151; StuW 1927, 419 ff.; KR 1935, 599; KR 1935, 252; ferner *Isay*, Patentgemeinschaft, S. 35 ff.; *Sändig*, S. 21.

17 *Göke*, S. 2; *Hocke*, S. 33; *Spiero*, S. 3.

18 Der Vertrag ist abgedruckt in D I Anl. A 1 und in neuerer Fassung (1922) bei *Flechtheim*, S. 324 ff.

19 Der Begriff ‚Syndikat' wird in der Literatur nicht einheitlich verwandt; unter ihm verstehen: *Hofmann*, S. 6: Grundgesellschaft; W. *Müller*, S. 1: Organgesellschaft; *Rasch*, S. 38: Kartell mit zentralisiertem Absatz; *Spiero*, S. 1: Kartell mit zentralisiertem Absatz und Submissionskartell; vgl. auch *Naegeli*, S. 67 f.

20 Vgl. die statistische Übersicht bei *Benisch*, S. 24.

21 Die Anlage zur Denkschrift enthält 26 Kartelle mit Absatzzentralisation, die als Doppelgesellschaft organisiert sind; D I Anl. A 1, 9; Anl. B 5, 6, 7, 18, 18 a, 19, 19 a, 22, 24, 30, 31, 53, 55; Anl. C 1; Anl. D 9, 10; Anl. K 4 a, 4 b, 6; Anl. L 1, 2, 8; Anl. N 3, 4. Beim Bundeskartellamt und bei den Landeskartellbehörden stellten bisher 28 Kartelle mit Absatzzentralisation, die als Doppelgesellschaft organisiert sind, Erlaubnisanträge (die Quellen weisen den Ort nach, an dem der Vertrag abgedruckt ist). Kali-Syndikat, WuW 1958, 450; Thomasphosphat-Syndikat, WuW 1958, 530; Süddeutsches Zementsyndikat, WuW 1958, 588; Rheinisch-Westfälisches Zement-Syndikat, WuW 1958, 594; Superphosphat-Syndikat, WuW 1958, 665; Steinzeug-Syndikat, WuW 1958, 667 (1957, 528)); Phenole-Syndikat, WuW 1958, 667; Teererzeugnis-Syndikat, WuW 1958, 669; Mitteldeutsche Düngekalk-Gesellschaft mbH, WuW 1959, 30; Westdeutsche Düngekalk-Gesellschaft mbH, WuW 1959, 32; Süddeutsche Düngekalk-Gesellschaft mbH, WuW 1959, 32; Azetylensyndikat (Hannover), WuW 1959, 36; Azetylensyndikat (Hamburg), WuW 1959, 36; Armaturensyndikat, WuW 1959, 37; Terrazzo Syndikat, WuW 1959, 101; Ruhrstickstoff-Syndikat, WuW 1959, 107; Westfälisches Kalk-Syndikat, WuW 1959, 111; Kalk Syndikat Walhalla, WuW 1959, 527; Rationalisierungskartell Niedersächsischer Kalkwerke, WuW 1960, 31; Verkaufssyndikat der Hüttenzement-Industrie, WuW 1961, 257; Rationalisierungskartell für Kunststoffrohre, WuW 1963, 713; Hessisches Hartstein Syndikat, WuW 1963, 1003; Niedersächsisches Zementsyndikat, WuW 1964, 398; Rationalisierungskartell betr. ölhydraulische Erzeugnisse, WuW 1964, 400; Rationalisierungskartell der Leitungsdrahtindustrie, WuW 1964, 601; Kunststoffrohrekartell (II), WuW 1966, 318; Spezialisie-

Gesichtspunkte gelten selbstverständlich auch für Einkaufskartelle[22, 23]. Aber auch Kartelle, die normalerweise nicht in den Rechtsverkehr eintreten, wählen bisweilen die Rechtsform der Doppelgesellschaft. Die Errichtung der Organgesellschaft dient dann einer wirksamen Kontrolle der Einhaltung der Kartellverpflichtungen. Das Organ nimmt die Rechte der Grundgesellschaft gegenüber deren Gesellschaftern wahr. Es erhält Buchprüfungs- und Auskunftsrechte, sowie andere Befugnisse, mit deren Hilfe eine strenge Überwachung der Kartellmitglieder gewährleistet wird. Als Beispiel für derartige, teilweise als Innensyndikate bezeichnete Kartelle seien Konditionen[24] — Rabatt[25] — und Gebietskartelle[26] genannt.

Aus diesem kurzen Überblick erhellt bereits die bedeutende Rolle, die die Doppelgesellschaft im Wirtschaftsleben spielt. Dies ist um so beachtlicher, wenn man sich vergegenwärtigt, daß sie als Gesellschaftstypus vom Gesetz nicht vorgesehen ist, und sich daraus eine Reihe von Problemen und Zweifelsfragen ergeben. Der Zusammenschluß der Gesellschafter des Kartells, des Konzerns, der Gemeinschaftsunternehmung usw. ist allein aus Zweckmäßigkeitsgründen in zwei verschiedenen Gesellschaften erfolgt. Beide Gesellschaften sollen nach ihrem Zweck und dem Willen ihrer Mitglieder eine wirtschaftliche Einheit bilden. Diese einheitliche Zweckbestimmung steht im Widerspruch zu der rechtstechnischen Aufteilung in Grundgesellschaft und Organgesellschaft. Inwieweit bei der rechtlichen Beurteilung der Doppelgesellschaft die formalen Konstruktionselemente als solche oder deren Funktionseinheit im Vordergrund zu stehen haben, läßt sich nicht generell beurteilen. Vielmehr ist zu differenzieren nach den von jeder Einzelfrage betroffenen Interessensphären. Diese sind für die Mitgliedschaft andere als etwa für die steuerliche Behandlung[27], für die Haftung gegenüber den Gesell-

---

rungskartell Dreizylinderspinnereien, WuW 1966, 879; Spezialisierungskartell Stahlgußarmaturen, WuW 1967, 659.

[22] Beispiele: Norddeutsche Gasrohrhändler-Vereinigung, D 1 Anl. B 55; Ruhrschwefelsäure Syndikat, WuW 1959, 110.

[23] Ebenfalls für Submissionskartelle; vgl. z. B. das Westdeutsche Kohlensäuresyndikat, bei *Spiero*, S. 48; vgl. ferner *Gorski*, S. 29.

[24] Beispiele: Konditionen- und Rabattkartell von Röhrendirekthändlern, WuW 1960, 32; Konditionenkartell der Fleurop, WuW 1961, 90; Konditionenkartell der Hersteller von flüssiger Kohlensäure, WuW 1962, 744.

[25] Beispiele: Röhrendirekthändler-Kartell, vgl. Anm. 24, Rabattkartell von Azetylenherstellern, WuW 1962, 754.

[26] Beispiel: Rheinisch-Westfälisches Ziegelsyndikat, D I Anl. K 4 b.

[27] Für Kartelle ist maßgeblich die Verordnung über Körperschaftssteuer, Vermögenssteuer und Gewerbesteuer der Kartelle und Syndikate vom 20. 12. 1941 (RGBl I 791 f). Nach § 1 der VO bilden Kartelle und Syndikate in Form der Doppelgesellschaft für die Körperschafts- und Vermögenssteuer eine einheitliche Steuerperson, für die Gewerbesteuer einen einheitlichen Steuergegenstand. Bezüglich der Umsatzsteuer vgl. *Friedrich*, S. 186 f. Im übrigen wird die Geschäftsführungsgesellschaft als Organ i. S. d. steuerlichen Organ-

schaftsgläubigern[28] wiederum andere, als etwa für die Mitbestimmung der Arbeitnehmer[29].

Die vorliegende Untersuchung befaßt sich mit dem Teilproblem, ob und in welcher Weise die Mitgliedschaft in der Grundgesellschaft und die Beteiligung an der Organgesellschaft voneinander abhängig sind. Die funktionelle und organisatorische Einheitlichkeit von Grund- und Organgesellschaft macht es in aller Regel erforderlich, die Mitgliedschaften in beiden Gesellschaften so aneinander zu binden, daß im Ergebnis nur eine einheitliche Beteiligung an der Doppelgesellschaft bestehen kann. Diese Einheitlichkeit ist in doppelter Weise gefährdet: Ein Gesellschafter kann versuchen, unter Beibehaltung seiner Beteiligung an der Organgesellschaft aus der Grundgesellschaft auszuscheiden. Er kann andererseits aber auch gewillt sein, bei Festhalten an seiner Zugehörigkeit zur Grundgesellschaft seine Anteile an der Organgesellschaft zu veräußern. Der erstgenannte Fall wird z. B. eintreten, wenn sich ein Kartellmitglied durch die Kartellpflichten zu stark in seiner wirtschaftlichen Entscheidungsfreiheit eingeengt fühlt, oder wenn dem Gesellschafter aus sonstigen Gründen die eingegangenen Bindungen nicht mehr mit seinen persönlichen unternehmerischen Zielen und Absichten vereinbar zu sein scheinen. Er wird sich dann aus dem Kartell, dem Gemeinschaftsunternehmen oder der Interessengemeinschaft lösen, zugleich aber an der Möglichkeit interessiert sein, mit einem Bein in der Doppelgesellschaft

---

lehre aufgefaßt. Die h. L. und Rechtsprechung betrachten die Grundgesellschaft als Organträger (*David*, S. 31; *Hamburger*, S. 282; *Kohlenbach*, FR 1954, 288; *Meise*, S. 13; *Naegeli*, S. 337; *Schultze-Schlutius*, Organtheorie, S. 68 f.; *ders.*, Steuerrecht der Organgesellschaften, S. 12; *ders.*, StuW 1955, 88 ff. Aus der Rechtsprechung vgl. zur Umsatzsteuer: RFH 15, 312; StuW 1928, 730; RStBl 1932, 359; 1933, 291; 1935, 661; zur Körperschaftsteuer: RFH StuW 1926, 1629; 1935, 367; RStBl 1933, 1304; 1935, 523; zur Gewerbesteuer: BFH BStBl 1950 III, 171). Nach einer Mindermeinung sind die in der Grundgesellschaft zusammengeschlossenen Unternehmen Organträger, so daß die Geschäftsführungsgesellschaft steuerliches Organ mehrerer Unternehmen ist, in die sie jeweils in gleicher Weise eingegliedert ist (*Flume*, Betrieb 1955, 485 ff.; *Schäfer*, BB 1954, 800; vgl. ferner die Körperschaftsteuer-Sammelverfügung 1/1952 der OFD Düsseldorf, BB 1952, 163 f.).

[28] Die Geschäftsführungsgesellschaft hat häufig kein über ihr Stammkapital hinausgehendes eigenes Vermögen. Handelt sie im eigenen Namen und für eigene Rechnung, so stellt sich das Problem des Haftungsdurchgriffs. Vgl. dazu vor allem *Serick*, passim; *Kuhn*, S. 199 ff.; *Müller-Freienfels*, AcP 156, 522 ff. jeweils mit ausf. Nachw.; ferner *Müller-Erzbach*, S. 201 f.; *Caflisch*, S. 249 ff.

[29] Die Konsequenzen der Unternehmensverbindung für die Mitbestimmung zieht in einem Teilbereich das Gesetz zur Ergänzung des Gesetzes über die Mitbestimmung der Arbeitnehmer in den Aufsichtsräten und Vorständen der Unternehmen des Bergbaus und der Eisen und Stahl erzeugenden Industrie v. 7. 8. 1956 (BGBl I, S. 707). Diese sog. Holdingnovelle ist allerdings für Doppelgesellschaften nicht einschlägig: sie dehnt das erweiterte Mitbestimmungsrecht in der Montanbranche auf Konzernleitungsunternehmen aus, bei denen an sich die Voraussetzungen für die Anwendung des Mitbestimmungsgesetzes nicht gegeben sind.

stehen zu bleiben[30], indem er sich weiterhin an der Organgesellschaft beteiligt. Über diese Beteiligung kann er die Geschäftstätigkeit der Doppelgesellschaft kontrollieren und in gewisser Weise auch beeinflussen, ohne den sich aus der Grundgesellschaft ergebenden Pflichten zu unterliegen. Auch der umgekehrte Fall, in dem lediglich ein Ausscheiden aus der Organgesellschaft — bei Fortsetzung der Mitgliedschaft in der Grundgesellschaft — angestrebt wird, ist denkbar. Er kann sich ergeben, wenn ein Gesellschafter an sich bereit ist, an dem gemeinsamen Zweck der Doppelgesellschaft auch in Zukunft mitzuwirken, jedoch sein in der Organgesellschaft gebundenes Kapital z. B. zu Investitions- oder Bilanzausgleichszwecken zur eigenen Verfügung haben will. Ebenso können persönliche oder sachliche Differenzen, die allein in den Verhältnissen der Geschäftsführungsgesellschaft begründet sind, zum isolierten Ausscheiden aus dieser Gesellschaft führen.

Beiden Fällen ist gemeinsam, daß — von der Hauptvereinbarung im Rahmen der Grundgesellschaft her gesehen — ein Außenseiter an der Organgesellschaft beteiligt ist: entweder ein Gesellschafter der Doppelgesellschaft beendet lediglich seine Mitgliedschaft in der Grundgesellschaft und wird damit zum Außenseiter, oder er veräußert seine Anteile an der Organgesellschaft einem Dritten (Nichtgesellschafter), und zieht damit einen Außenseiter in die Doppelgesellschaft hinein. Eine solche Beteiligung des Außenseiters dürfte den Interessen der übrigen Gesellschafter regelmäßig zuwiderlaufen. Der Dritte erhält Einblick in das u. a. auch gegen ihn gerichtete Wettbewerbsverhalten seiner Konkurrenten, er bekommt Informationen über deren Kalkulation, Konditionen, Rabatte, Investitionsvorhaben, Absatzsystem etc. Die gesamte Geschäftspolitik würde also dem Außenseiter offenbart. Zudem hätte er auf Grund seiner Gesellschafterstellung in der Organgesellschaft sogar die Möglichkeit, diese Geschäftspolitik mitzubestimmen. Es liegt auf der Hand, daß ein derartiger Einfluß gesellschaftsfremder Dritter für die übrigen Gesellschafter der Grundgesellschaft unzumutbar ist. Freilich gibt es Fallgestaltungen, bei denen die Interessenlage abweichend zu beurteilen ist. Der Verbleib des aus der Grundgesellschaft austretenden Gesellschafters in der Geschäftsführungsgesellschaft kann erwünscht sein, wenn der Ausscheidende seinen Betrieb veräußert oder stillegt, oder wenn er der Gesellschaft Zeichen, Lizenzen, Muster, besondere Vermögenswerte, ein Vertriebssystem etc. zur Verfügung stellt. Auf diese Ausnahmen wird noch näher einzugehen sein[31]. Jedenfalls ist daran festzuhalten, daß die typische Interessenlage die Beteiligung eines Außenseiters an der Organgesellschaft verbietet.

---

[30] Diese anschauliche Formulierung wählen *Isay - Tschierschky*, § 8 Rz 61.

[31] Vgl. unten, § 11 II 5.

Demnach sollte das Vertragswerk gewährleisten, daß mit dem Ausscheiden aus der Grundgesellschaft auch die Beteiligung an der Organgesellschaft endet, und daß eine Veräußerung der Anteile an der Organgesellschaft ohne oder gegen den Willen der Mitgesellschafter nicht durchführbar ist. Welche Regelungen zur Erreichung dieses Zieles möglich und zweckmäßig sind, wird im dritten Kapitel aufzuzeigen sein.

Allerdings enthalten nur wenige Verträge eindeutige Bestimmungen über die Abhängigkeit der Mitgliedschaften in Grund- und Organgesellschaft[32]. Es stellt sich folglich die Frage, ob beim Fehlen derartiger Bestimmungen die Mitgliedschaften völlig selbständig zu behandeln sind, oder ob sich im Wege ergänzender Vertragsauslegung oder durch Konkretisierung der gesellschaftsrechtlichen Treupflicht eine Verknüpfung der Mitgliedschaften ergibt (viertes Kapitel). Dieses Problem — soweit es die Folgen des Ausscheidens aus der Grundgesellschaft auf die Beteiligung an der Organgesellschaft betrifft[33] — wird in der Literatur zwar vielfach gesehen[34], jedoch findet sich keine ausführliche Stellungnahme[35]. Bei seiner Erörterung wird nach dem

[32] Die Folgen des Ausscheidens aus der Grundgesellschaft auf die Beteiligung an der Organgesellschaft sind in folgenden Verträgen geregelt: Rheinisch-Westfälisches Kohlen-Syndikat (D I Anl. A 1); Hessischer Braunkohlenverkaufsverein (D I Anl. A 9); Vereinigte Süddeusche Walzwerke (D I Anl. L 8); Verband Deutscher Tuben- und Spritzkorkenhersteller (D I Anl. C 1); Deutsche Ammoniak-Verkaufsvereinigung (D I Anl. D 10); Kali-Syndikat (WuW 1958, 450). Die Abtretbarkeit der Geschäftsanteile ist in folgenden Verträgen beschränkt: Rheinisch-Westfälisches Kohlen-Syndikat (D I Anl. A 1); Verband Deutscher Feinblechwalzwerke (D I Anl. B 19 a); Verkaufsbureau Vereinigter Emallierwerke (D I Anl. B 24); Deutsche Ammoniak-Verkaufsvereinigung (D I Anl. D 10); Dortmunder Verkaufsverein für Ziegeleifabrikate (D I Anl. K 4 a); Rheinisch-Westfälisches Zementsyndikat (D I Anl. L 1); Nordwest-Mitteldeutsches Portland-Zementsyndikat (D I Anl. L 2); Vereinigte Süddeutsche Kalkwerke (D I Anl. L 8); Deutsches Zuckersyndikat (D I Anl. N 4); Verband Deutscher Kandisfabriken (D I Anl. N 3). Die Folgen des Ausscheidens aus der Organgesellschaft auf die Beteiligung an der Grundgesellschaft sind geregelt im Vertrag des Kartells Dreizylinderspinnereien (WuW 1966, 879).

[33] Die Frage, ob auch beim Schweigen der Satzung eine willkürliche Abtretung der Anteile an der Organgesellschaft verhindert werden kann, wird nirgends behandelt, offenbar weil allgemein davon ausgegangen wird, daß die Anteile grundsätzlich vinkuliert sind.

[34] Vgl. etwa *Blum*, S. 99; *Callmann*, § 8 Anm. 195; *Dörinkel* im Gemeinschaftskommentar, § 13 Rz 17; *Eger*, S. 40, 107; *Feine*, S. 356; *Flechtheim*, KR 1927, 61; *Friedländer*, KAG, S. 48, 93; *ders.*, JR 1925, 147; *Goldbaum*, § 8 Anm. IV 4 a; *Hannemann*, S. 46; *Hauf*, S. 48; *v. Hippel*, S. 114; *Hüttner*, S. 110; *Isay - Tschierschky*, § 8 Anm. 60; *Jacobshagen*, S. 79; *Jacussiel*, LZ 1924, 674; Krause, S. 41; *Kreismann*, S. 43; *Lehnich - Fischer*, S. 217; *Loewenberg*, ZBlHR 89, 322, 342; K. *Mirow*, S. 46; *Müllensiefen - Dörinkel*, VII a; *Naegeli*, S. 570 Anm. 28; *Netter*, JW 1928, 2623; *Niemeyer*, S. 36; A. *Pinner*, JW 1913, 403; *Schilling* in Hachenburg, Anh. II zu § 3 Anm. 26; *Richartz*, S. 59; *Schlatter*, S. 134; *Siefer*, S. 152; *Sprey*, S. 108; *Strehmel*, S. 31; *Tiemann*, S. 54; *Ullrich*, S. 77; *Walther*, S. 83; zum Stand der Meinungen im einzelnen vgl. unten § 10.

[35] Eine eingehende Behandlung des Problems war für den dritten, jedoch nicht erschienenen Band des Werkes über die Doppelgesellschaft von *Naegeli* angekündigt (*Naegeli*, Einl. zu Bd. II und S. 571).

Grund für das Ausscheiden aus einer der Gesellschaften zu differenzieren sein. Denn wenn der Gesellschafter selbst den Anlaß zur Kündigung gegeben hat, wird sich der Inhalt der Treupflicht u. U. anders beurteilen, als wenn er durch ein grob treuwidriges Verhalten seiner Mitgesellschafter zur Beendigung der Mitgliedschaft genötigt wurde. Stets aber können die Treupflicht und die ergänzende Vertragsauslegung nur zu einer Lösung führen, die auch vertraglich hätte vereinbart werden können. Auch aus diesem Grunde erweist es sich als erforderlich, die möglichen Satzungsgestaltungen vorab darzustellen.

Für die Beurteilung der Treupflicht der Gesellschafter und zur Ermittlung der Kriterien für eine ergänzende Vertragsauslegung ist es weiterhin geboten, die innere Struktur der Doppelgesellschaft zu erläutern. Denn diese Gesellschaftsform entspricht nicht einem gesetzlichen Typus, der für die hier zu behandelnde Frage des Verhältnisses der Mitgliedschaften in beiden Teilgesellschaften zueinander positiv-rechtliche Regelungen oder Wertungen zur Verfügung stellen würde. Es ist daher von der in der gesellschaftsrechtlichen Praxis vorzufindenden Doppelgesellschaft auszugehen und ihre typische Gestaltung zu untersuchen. Das dem Verfasser zugängliche Material war begrenzt[36]. Immerhin wurden über 60 Verträge ausgewertet, so daß sich doch ein gewisser Überblick herstellen ließ, aus dem eine Typizität erkennbar wurde.

Zu den „rechtstatsächlichen Vorfragen" gehört schließlich noch der Hinweis darauf, welche Rechtsformen für die Grund- und die Organgesellschaft in der Praxis Verwendung finden. Dadurch wird die Untersuchung aller nur theoretisch denkbaren Kombinationsmöglichkeiten vermieden und das Thema unter dem Gesichtspunkt der praktischen Relevanz begrenzt.

---

[36] Es handelt sich im wesentlichen um die Verträge, die vom Reichsamt des Innern in der Denkschrift und vom Bundeskartellamt veröffentlicht wurden.

Erstes Kapitel

Definition und Erscheinungsformen der Doppelgesellschaft

§ 2 Definition und Abgrenzung

I. Die zivilrechtliche Doppelgesellschaft

Bei der klassischen Form der Doppelgesellschaft sind die Mitglieder der Grundgesellschaft zugleich Gesellschafter der Organgesellschaft. Es besteht also eine doppelte gesellschaftsrechtliche Bindung desselben Personenkreises.

Die Mitgliederidentität in Grund- und Organgesellschaft ist für eine Doppelgesellschaft allerdings nicht begriffsnotwendig[1]. Sie kann zunächst gegeben sein, später aber dadurch entfallen, daß ein neues Mitglied in die Grundgesellschaft eintritt, ohne zugleich Gesellschafter der Organgesellschaft zu werden. Ebenso ist es möglich, daß bereits bei der Errichtung der Doppelgesellschaft nur einzelne Gesellschafter der Grundgesellschaft willens oder in der Lage sind, das erforderliche Grundkapital für die Organgesellschaft bereitzustellen[2]. Schließlich ist eine Gestaltung der Doppelgesellschaft in der Weise denkbar, daß die Grundgesellschaft Mitgesellschafterin oder Alleingesellschafterin[3] der Organgesellschaft ist[4].

Ein Auseinanderfallen der Mitgliedschaften in der Weise, daß ein Gesellschafter lediglich an der Organgesellschaft — dagegen nicht an der Grundgesellschaft — beteiligt ist, dürfte es nur in seltenen Ausnahmefällen geben. Die Anteile an der Organgesellschaft sind in der Regel

---

[1] *Barkholt*, S. 30; *Caflisch*, S. 52 Anm. 20; *Flechtheim*, Kartellrecht, S. 20; *Giersberg*, JW 1914, 513; *Hofmann*, S. 8; *Isay*, Studien, S. 27; P. *Mirow*, S. 22; *Naegeli*, S. 7; *Vogt*, S. 22; a. A. *Leister*, S. 1; *Nels*, S. 12; *Waldeck*, S. 43.

[2] Vgl. als Beispiel § 1 der Satzung des Oberschlesischen Roheisensyndikats, D I Anl. B 5.

[3] In diesem Fall wäre die Organgesellschaft eine Einmann-Gesellschaft, *Baumbach - Hueck*, AktG, Anh. nach § 262 Rz 1; *Würdinger*, S. 313; a. A. *Schilling* in Hachenburg, Anh. nach § 13 Anm. 2, nach dem eine Einmann-Gesellschaft nicht vorliegt, wenn sämtliche Anteile in der Hand einer Gesamthandsgemeinschaft liegen.

[4] *Caflisch*, S. 53 Anm. 20; *Naegeli*, S. 8.

vinkuliert, so daß es dem Inhaber verwehrt ist, sie an Dritte abzugeben. Eine Aufnahme von Nicht-Mitgliedern der Grundgesellschaft in die Geschäftsführungsgesellschaft bereits bei der Gründung ist nicht bekanntgeworden. Zwar wird gelegentlich die Möglichkeit genannt, neutrale Dritte, etwa Banken, zum Zweck der Beschaffung des Grundkapitals oder der Kreditbesorgung in die Organgesellschaft einzubeziehen[5]. Von einer solchen Möglichkeit ist aber, soweit ersichtlich, nirgends Gebrauch gemacht worden. Im übrigen wird von keiner Seite die Auffassung vertreten, daß einem branchenangehörigen Außenseiter Zugang zur Organgesellschaft eröffnet werden kann. Lediglich in den eingangs angedeuteten Sonderfällen[6] kann es sich einmal ergeben, daß einem aus der Grundgesellschaft ausgetretenen Gesellschafter die weitere Beteiligung an der Organgesellschaft gestattet wird.

Es zeigt sich also, daß eine Identität des Mitgliederbestandes in Grund- und Organgesellschaft nicht immer gegeben sein muß. Sie kann daher auch nicht als Abgrenzungskriterium gegenüber anderen Formen von Zusammenschlüssen herangezogen werden. Entscheidendes Merkmal der Doppelgesellschaft ist vielmehr die besondere Gestaltung des Abhängigkeitsverhältnisses, in dem die Organgesellschaft zur Grundgesellschaft steht: sie ist gekennzeichnet durch das Organverhältnis und die funktionelle Abhängigkeit der Geschäftsführungsgesellschaft.

1. Das Organverhältnis

Von einem gesellschaftsrechtlichen Organverhältnis spricht man bei einem qualifizierten Abhängigkeitsverhältnis einer Gesellschaft, der Organgesellschaft, von einer anderen Gesellschaft, der herrschenden Gesellschaft. Dabei besteht die Qualifikation darin, daß die Organgesellschaft vollständig dem Willen der herrschenden Gesellschaft unterworfen ist[7, 8].

Die Herausarbeitung des Organschaftstatbestandes ist, worauf häufig hingewiesen wird[9], eine Leistung der steuerlichen Praxis. Allerdings wird nicht immer mit hinreichender Klarheit die unterschiedliche Funk-

---

[5] *Flechtheim*, Kartellrecht, S. 65; *Naegeli*, S. 8.

[6] Vgl. oben § 1 und unten § 11 II 5.

[7] *Caflisch*, S. 52; *Gadow - Heinichen*, § 256 Anm. 4, 10 ff.; *Rasch*, S. 72 ff.; *Schilling* in Hachenburg, Anh. zu § 13 Anm. 7; ferner vgl. § 1 Abs. 2 des Ergänzungsgesetzes zum Mitbestimmungsgesetz (sog. ‚Holdingnovelle' v. 7. 8. 1956, BGBl I S. 707).

[8] Zur Zulässigkeit einer solchen Abhängigkeit vgl. etwa *Caflisch*, passim; *Ballerstedt*, Betrieb 1957, 837; *Duden*, BB 1957, 49; *Gadow - Heinichen*, § 15 Anm. 7 c, § 52 Anm. 18, § 54 Anm. 7; *Hueck*, Betrieb 1959, 223; BGH, NJW 1960, 721; ferner Referentenentwurf, S. 387; *Erlinghagen*, S. 31 ff.

[9] Z. B. *Mestmäcker*, S. 287; *Rasch*, S. 72.

tion der Organschaftslehre im Steuerrecht einerseits und im Gesellschaftsrecht andererseits betont. Der steuerrechtlichen Organschaftslehre geht es um die zutreffende Erfassung des Steuergegenstandes. Sie will dem Umstand Rechnung tragen, daß es juristische Personen gibt, die bei Erhaltung ihrer rechtlichen Selbständigkeit wirtschaftlich derart in Abhängigkeit stehen, daß ihr Unternehmen wirtschaftlich nur noch einen Teil des sie beherrschenden Unternehmens bildet. Dabei ist zu unterscheiden zwischen dem Organschaftstatbestand, nämlich der wirtschaftlichen Eingliederung eines abhängigen, juristisch selbständigen Unternehmens in das herrschende Unternehmen, und der steuerlichen Anerkennung der Organschaft, die bei den einzelnen Steuerarten von besonderen, jeweils verschiedenen Voraussetzungen abhängig ist[10]. Der Organschaftstatbestand verlangt subjektive und objektive Unselbständigkeit des abhängigen Unternehmens[11]. Das Erfordernis der subjektiven Unselbständigkeit ist gegeben, wenn die Organgesellschaft dem Willen des Organträgers derart untergeordnet ist, daß sie keinen eigenen Willen mehr hat[12]. Die objektive Unselbständigkeit wird bejaht, wenn der Geschäftsbetrieb der Gesellschaft nach dem Gesamtbild der tatsächlichen Verhältnisse finanziell, wirtschaftlich und organisatorisch in ein anderes Unternehmen eingegliedert ist[13].

Treten zum Organschaftstatbestand die besonderen Voraussetzungen hinzu, die zur steuerlichen Anerkennung der Organschaft führen[14], so ist das Unternehmen der Organgesellschaft nicht mehr selbständiges Steuerobjekt, die Gesellschaft nicht mehr Steuersubjekt[15]. Steuer-

---

[10] Für das Gewerbesteuerrecht ist der Organschaftstatbestand für sich allein bereits relevant, vgl. § 2 Abs. 2 Nr. 2 S. 2 GewStG i. d. F. v. 25. 5. 1965 (BGBl I S. 459), § 3 GewStDV 1961 (BGBl I S. 372). Das Umsatzsteuerrecht verlangt darüber hinaus eine 75prozentige stimmenmäßige oder kapitalistische Beherrschung der Organgesellschaft durch den Organträger, vgl. § 2 Abs. 2 Nr. 2 UStG i. d. F. v. 15. 9. 1965 (BGBl I S. 1350). Das Körperschaftsteuergesetz enthält keine ausdrückliche Regelung über Organgesellschaften. Nach allgemeiner Meinung ist das Einkommen der Organgesellschaft bei der herrschenden Gesellschaft zu versteuern, wenn neben dem Organschaftstatbestand ein schriftlicher Ergebnisabführungsvertrag zwischen Organ und Organträger vorliegt, vgl. *Brönner*, S. 206 ff.; *Bühler*, S. 324; *Flume*, Betrieb 1955, 486; *ders.*, Steuerber. Jahrb. 1958/59, 292 f.; *Lenski*, S. 82; *Schultze - Schlutius*, Organtheorie, S. 40.

[11] *Flume*, Betrieb 1955, 485 ff.; *Schultze - Schlutius*, Organtheorie, S. 35.

[12] Vgl. § 2 Abs. 2 Nr. 2 UStG; § 2 Abs. 2 Nr. 2 GewStG; *Bühler*, S. 314.

[13] Vgl. § 3 GewStG DV; *Schultze - Schlutius*, Organtheorie, S. 35.

[14] Vgl. oben Anm. 10.

[15] Im Gegensatz zur Umsatzsteuer bleibt allerdings bei der Körperschaftsteuer die subjektive Steuerpflicht der Organgesellschaft bestehen. Soweit sie aber ihren Gewinn auf Grund des Gewinnabführungsvertrages dem Organträger zur Verfügung stellt, hat sie kein eigenes Einkommen, die abgeführten Beträge werden dann nur beim Organträger versteuert. Vgl. dazu *Blümich - Klein - Steinbring*, KtSG § 1 Anm. 63; *Brönner*, S. 206 f.; *Bühler*, S. 319 ff.; *Flume*, Betrieb 1955, 486, 489; BFH, BStBl 1957 III, 139.

schuldner ist vielmehr von vornherein der Organträger[16], Steuerobjekt dessen Gewerbebetrieb[17]. Die rechtliche Schranke zwischen Organgesellschaft und herrschender Gesellschaft wird also übersprungen, um der Beurteilung der steuerlichen Lage die tatsächlichen wirtschaftlichen Verhältnisse zugrunde zu legen.

Die gesellschaftsrechtliche Organschaftslehre übernimmt weitgehend die Definition des steuerlichen Organschaftstatbestandes. Ein Organverhältnis wird angenommen, wenn eine Untergesellschaft keinen eigenen Willen hat und nach dem Gesamtbild der tatsächlichen Verhältnisse finanziell, wirtschaftlich und organisatorisch in das Unternehmen einer Herrschaftsperson eingegliedert ist[18]. Die Abhängigkeit kann auf stimmenmäßiger[19], statutarischer[20] oder obligatorischer[21] Beherrschung beruhen, wobei jedes dieser Beherrschungsmittel für sich allein oder in Verbindung mit anderen benutzt werden kann. Begibt sich eine Gesellschaft in eine derartige Abhängigkeit, so werden dadurch in erheblichem Umfang die Belange von Gläubigern und Gesellschafter-Minderheiten berührt. Die gesellschaftsrechtliche Organschaftslehre befaßt sich daher im wesentlichen mit den Fragen, welche Auswirkungen das Organverhältnis auf die Haftung[22] und die Unternehmensverfassung[23] hat[24]. Hier braucht auf diese Fragen nicht eingegangen zu werden, da sie für die Zusammengehörigkeit der Mitgliedschaften in den beiden Gesellschaften der Doppelgesellschaft ohne Bedeutung sind. Für die Definition der Doppelgesellschaft genügt die Feststellung, daß die Geschäftsführungsgesellschaft i. S. d. Organschaftslehre „Organ" der Grundgesellschaft ist. Eine stimmenmäßige Beherrschung findet in den meisten Fällen nur mittelbar statt, da in der Regel nicht die Grundgesellschaft selbst, sondern deren Gesellschafter an der Organgesellschaft beteiligt sind. Die Grundgesellschaft kann daher nur auf dem Wege über ihre

---

16 *Peter*, S. 402; *Sölch - Ringleb*, § 2 Anm. 47; ferner *Brönner*, S. 214 ff.; *Bühler*, S. 319.

17 *Blümich - Boyens - Steinbring - Klein*, § 2 Anm. 97; *Brönner*, S. 211 ff.

18 Vgl. z. B. *Schilling* in Hachenburg. Anh. zu § 13 Anm. 7 m. w. N.

19 Dazu *Caflisch*, S. 110; *Frankenberg*, S. 31 ff.; *Kronstein*, S. 7 ff.; *Meise*, S. 8 ff.; *Naegeli*, S. 448, 213; *Würdinger*, S. 257, 309.

20 Dazu *Caflisch*, S. 124 ff.; *Frankenberg*, S. 33, 102 ff.; *Erlinghagen*, S. 112 ff.; *Kronstein*, a.a.O.; *Gadow - Heinichen*, § 15 Anm. 4; *Ballerstedt*, Betrieb 1957, 837.

21 Dazu *Brandi*, S. 20 f.; *Caflisch*, S. 52; *Frankenberg*, S. 79; *Hamburger*, S. 275; *Meise*, S. 9, 19, 29 ff.; *Kronstein*, S. 47; *Würdinger*, S. 282 ff.

22 Vgl. etwa *Rasch*, S. 200 ff.; *Schilling* in Hachenburg Anh. zu § 13 Anm. 7.

23 Vgl. etwa *Duden*, BB 1957, 49; *Ballerstedt*, Betrieb 1957, 837; *Flume*, Betrieb 1959, 190; *Mestmäcker*, S. 287 ff., 331 ff.

24 Das neue Aktienrecht enthält in seinem Dritten Buch erstmals umfangreiche Vorschriften über den Gläubiger- und Minderheitenschutz bei abhängigen Aktiengesellschaften.

Gesellschafter auf die Organgesellschaft Einfluß nehmen. Dagegen ist die Geschäftsführungsgesellschaft statutarisch an den Zweck der Grundgesellschaft gebunden[25]. Hinzu treten Gewinnabführungs- und Beherrschungsverträge, in denen sich die Organgesellschaft dem Willen der Grundgesellschaft unterwirft[26].

2. Die funktionelle Abhängigkeit der Organgesellschaft

Durch die gesellschaftsrechtliche Organeigenschaft ist die Geschäftsführungsgesellschaft der Doppelgesellschaft noch nicht ausreichend gekennzeichnet. Als weiteres Merkmal tritt hinzu, daß sie keinen eigenständigen Zweck verfolgt[27]: ihr Zweck ist die Realisierung des Zwecks der Grundgesellschaft.

Die Organgesellschaft richtet ihre Tätigkeit ausschließlich darauf, der Grundgesellschaft bei der Erfüllung ihrer Aufgaben zu dienen[28], einen darüber hinausgehenden Willen hat sie nicht. So besorgt sie etwa die Verkaufstätigkeit des Kartells mit zentralisiertem Absatz, die Verrechnung bei der Interessengemeinschaft, den Einkauf einer Einkaufsgemeinschaft. Dabei fungiert sie als Rechtsträgerin der i. d. R. nicht rechtsfähigen Grundgesellschaft[29, 30]. Zugleich ist sie deren Vertreterin. Dritten gegenüber kann sie im eigenen Namen[31], im Namen der Grundgesellschaft[32], oder im Namen der Gesellschafter der Grundgesellschaft[33] auftreten. Sie handelt dabei im Außenverhältnis zwar teilweise für

---

[25] Dazu näher sogleich unter 2.

[26] *Naegeli*, S. 443; ferner *Frankfurter Kommentar*, Einl. C Rz 156.

[27] Wegen dieses zusätzlichen Merkmals mag man für die Geschäftsführungsgesellschaft der Doppelgesellschaft den Begriff ‚Organgesellschaft‘, der auch für die abhängige Gesellschaft i. S. d. Organschaftslehre benutzt wird, ablehnen und eine Bezeichnung vorziehen, die die Besonderheit der Geschäftsführungsgesellschaft zum Ausdruck bringt. Der Begriff ‚Organgesellschaft‘ wird aber auch für die Geschäftsführungsgesellschaft der Doppelgesellschaft in der Literatur überwiegend verwandt. Eine neue Bezeichnung bringt eher die Gefahr einer Begriffsverwirrung, als den Nutzen einer sachlichen Klärung. Es reicht daher aus, wenn man sich der Besonderheit der Organgesellschaft der Doppelgesellschaft bewußt ist.

[28] Frankfurter Kommentar, a.a.O.; E. *Huber*, S. 301; *Schilling* in Hachenburg, § 1 Anm. 6 d; *Staudinger - Keßler*, Vorbem. zu § 705 Rz 63; Referentenentwurf, S. 386.

[29] *Barkholt*, S. 63; *Braun v. Stumm*, S. 61; *Caflisch*, S. 52; *Eger*, S. 39; *Naegeli*, S. 2; *Nels*, S. 18; *Schmitt - Schowalter*, S. 45.

[30] Bsp.: Rabattkartell der Röhrendirekthändler, WuW 1960, 32.

[31] Bsp.: Ruhrstickstoffsyndikat (§ 28), WuW 1959, 107; Rationalisierungskartell für Kunststoffrohre (§ 6), WuW 1963, 713.

[32] *Naegeli*, S. 3.

[33] Bsp.: Superphosphat-Syndikat (§ 1), WuW 1958, 665; Armaturensyndikat (§ 1), WuW 1959, 37.

eigene Rechnung[34], im Innenverhältnis jedoch stets für fremde Rechnung[35], sei es für die der Grundgesellschaft[36], sei es für die deren Gesellschafter[37]. Ihre Tätigkeit ist infolgedessen auch nicht auf die Erzielung eigenen Gewinns gerichtet[38]. Da die Organgesellschaft grundsätzlich in fremdem Interesse handelt, besitzt sie das ihr Grundkapital übersteigende Vermögen mangels abweichender Vereinbarungen regelmäßig nur zu treuen Händen[39].

Im gesellschaftsinternen Bereich ist die Organgesellschaft häufig berechtigt, die Rechte der Grundgesellschaft deren Mitgliedern gegenüber wahrzunehmen[40].

Es zeigt sich also, daß der Schwerpunkt der gesellschaftsrechtlichen Vereinbarungen ganz eindeutig im Bereich der Grundgesellschaft liegt. Sie bestimmt den Zweck des gesamten Zusammenschlusses, sie bzw. ihre Gesellschafter tragen das finanzielle Risiko für die Tätigkeit der Doppelgesellschaft. Diese Tätigkeit wird — jedenfalls im Innenverhältnis — stets der Grundgesellschaft zugerechnet, so daß sie oder ihre Gesellschafter die Gewinne erzielen und die Verluste zu decken haben. Dagegen verfolgt die Geschäftsführungsgesellschaft keinen selbständigen Zweck, sie besitzt in der Regel kein frei verfügbares Vermögen, will keinen eigenen Gewinn erwirtschaften und ist in ihren Handlungen durch die statutarische Zweckbindung und den Organschaftsvertrag vollständig dem Willen und den Weisungen der Grundgesellschaft unterworfen. Die Organgesellschaft ist danach zwar nicht verfassungsmäßiger Willensträger der Grundgesellschaft, nimmt aber faktisch die Funktionen eines Organs wahr, da die Grundgesellschaft durch sie tätig wird.

Die Zuweisung dieser Funktionen deutet darauf hin, daß sich die Grundgesellschaft eine geschäftsführende Gesellschaft jedenfalls nicht ausschließlich zu dem Zweck angliedert, daß sie mit deren Hilfe im Rechtsverkehr auftreten kann[41]. Die Wahrnehmung von Rechten im

---

[34] Bsp.: Rationalisierungskartell betr. ölhydraulische Erzeugnisse (§ 7), WuW 1964, 400; Rationalisierungskartell der Leitungsdrahtindustrie (§15), WuW 1964, 601.

[35] *Caflisch*, S. 52; *Eger*, S. 39; *Graf*, S. 11; *Hamburger*, S. 280; *Rasch*, S. 73; Bsp.: Kartell betr. ölhydraulische Erzeugnisse, a.a.O.

[36] Bsp.: Thomasphosphat-Syndikat (§ 4), WuW 1958, 530.

[37] Bsp.: Süddeutsches Zementsyndikat (§ 4), WuW 1958, 588; Verkaufssyndikat der Hüttenzement-Industrie (§ 10), WuW 1961, 257.

[38] Vgl. z. B.: Kalk-Syndikat Walhalla (§ 7), WuW 1959, 257.

[39] *Geiler*, Zeitschrift für ausl. und internat. Privatrecht 1936, 1030; *Naegeli*, S. 4; *Siefer*, S. 159.

[40] *Graf*, S. 58; *Naegeli*, S. 2; *Siefer*, S. 158.

[41] S. o., Einleitung § 1.

Innenverhältnis, insbesondere die Bildung reiner Innensyndikate lassen sich aus einer solchen Zwecksetzung nicht erklären. Vielmehr dürfte die organisatorische Struktur der bürgerlich-rechtlichen Gesellschaft und der OHG[42] mit dazu Anlaß gegeben haben, die Rechtsform der Doppelgesellschaft zu entwickeln.

Die BGB-Gesellschaft ist vom Gesetzgeber als enges, personenrechtliches Gemeinschaftsverhältnis konzipiert. Das wird z. B. am Gesamthandsprinzip deutlich, das das Gesellschaftsvermögen den Gesellschaftern nicht als einzelnen, sondern in ihrer Verbundenheit zuordnet, Verfügungen des Gesellschafters über seinen Anteil am Gesellschaftsvermögen ausschließt und einen Teilungsanspruch verwehrt (§ 719 BGB). Neben diese dingliche Interessenverknüpfung tritt die gegenseitige gesellschaftsrechtliche Treupflicht, die zu einer schuldrechtlichen Interessenverflechtung führt, indem sie jeden Gesellschafter in den Dienst einer gemeinsamen Zweckverfolgung stellt. Dabei steht die gesellschaftliche Mitarbeit, die gemeinsame Führung seitens der durch mitgliedschaftliche Rechte und Pflichten persönlich verbundenen Gesellschafter im Vordergrund. Folgerichtig obliegt den Gesellschaftern die Geschäftsführung und Vertretung gemeinschaftlich (§§ 709, 714 BGB). Das Mitwirkungsrecht und die Mitwirkungsnotwendigkeit sind die Konsequenz aus der personalen Verbundenheit und die Voraussetzung für das Verpflichtetwerden der Beteiligten.

Diese gesetzliche Grundkonzeption ist zugeschnitten auf eine Gesellschaft mit begrenztem Teilnehmerkreis, dessen Interessen zudem im wesentlichen gleichgerichtet sind. Hier ist eine gemeinsame Verwaltungs- und Leitungstätigkeit möglich und erwünscht. Beim Kartell, dem Gemeinschaftsunternehmen, der Zweckgemeinschaft und ähnlichen Unternehmensverbindungen verfolgen die Partner zwar einen gemeinsamen Zweck, doch müssen sie gleichzeitig erhebliche wirtschaftliche Eigeninteressen im Auge behalten. So haben z. B. die Mitglieder eines Kartells stets damit zu rechnen, daß ihr Zusammenschluß durch Kündigungen oder eine Maßnahme des Kartellamts auseinandergebrochen wird; sie stehen sich dann wieder als Konkurrenten im Wettbewerb gegenüber. Die Kartellmitglieder werden daher versuchen, jederzeit auf das Wiedereintreten in den Konkurrenzkampf gerüstet zu sein, indem sie dem Partner keinen Einblick in ihr Unternehmen gewähren und im Rahmen der Gesellschaft ihre eigenen Interessen nach Möglichkeit fördern. Der dadurch entstehende Interessenwiderstreit könnte die Gefahr in sich bergen, daß die Tätigkeit der Gesellschaft zum Erliegen kommt,

[42] Ein Kartell in der Form einer bürgerlich-rechtlichen Gesellschaft ist, wenn seine Tätigkeit als Ausübung eines Gewerbebetriebes anzusehen ist, eine OHG; vgl. *Bauch*, S. 30 ff.

weil jede geplante Maßnahme am Widerspruch eines Gesellschafters scheitert. Zur Vereinbarung des Mehrheitsprinzips oder zur Übertragung der Geschäftsführungs- und Vertretungsbefugnis auf einen oder einzelne Gesellschafter wird man sich nicht immer bereit finden, da die Gesellschafter möglicherweise befürchten, von einer Gruppe, deren Ziele den ihren entgegenstehen, majorisiert zu werden.

Bei Gesellschaften, zwischen deren Mitgliedern trotz des gemeinsamen Zwecks ein harter Interessengegensatz besteht, liegen Geschäftsführung und Vertretung demnach am besten in den Händen neutraler Dritter. Dazu bieten sich zwei Wege an: Entweder die Regelung der §§ 709 ff. BGB wird abbedungen, indem Geschäftsführungs- und Vertretungsbefugnis allen Gesellschaftern entzogen und auf einen Dritten übertragen werden. Dabei stößt man allerdings auf das sehr umstrittene Problem der Zulässigkeit einer Drittorganschaft[43]. Der zweite Weg, nämlich die Bildung einer Doppelgesellschaft, vermeidet dieses Problem. Bestimmte Funktionen werden von vornherein der Geschäftsführungsgesellschaft als eigene Aufgaben zugeordnet. Die Organgesellschaft kann neutrale Sachwalter zum Geschäftsführer oder Vorstand wählen. Die Stellung der Organe läßt sich so ausgestalten, daß sie dem Einfluß einzelner Gesellschafter entzogen und damit befähigt sind, die widerstreitenden Interessen der Gesellschafter gleichmäßig zu berücksichtigen und aufeinander abzustimmen. Zum anderen haben die Gesellschafter im

---

[43] Hinsichtlich der Übertragung der Geschäftsführungsbefugnis besteht Einigkeit darüber, daß die gesellschaftsrechtliche Stellung als Geschäftsführer nicht übertragbar ist. Der Dritte kann lediglich mit der Wahrnehmung der Aufgaben des Geschäftsführers betraut werden. Streitig ist, ob gleichzeitig alle Gesellschafter von der Geschäftsführung ausgeschlossen werden können. Dies wird für die BGB-Gesellschaft durchweg abgelehnt (vgl. *Buchwald*, Betrieb 1957, 109; *Fischer* in RGRK, § 709 Anm. 4; *Siebert - Schultze - von Lasaulx*, § 709 Rz 21; *Staudinger - Keßler*, Vorbem. zu § 709 Rz 18; BGH, JZ 1961, 89; BB 1962, 233), für die OHG dagegen weitgehend bejaht (vgl. *Düringer - Hachenburg*, § 114 Anm. 4; *Fischer*, NJW 1959, 1061; *Hueck*, OHG, S. 85; *Weipert* in HGB-RGRK, § 114 Anm. 10; a. A. *Schlegelberger*, § 114 Anm. 4). Im übrigen stimmen die Meinungen darin überein, daß die Gesellschafter trotz der Übertragung der Geschäftsführung auf einen Dritten diesen anweisen, kontrollieren und jederzeit abberufen können. Soweit der Ausschluß aller Gesellschafter von der Geschäftsführung für unzulässig erachtet wird, wird in diesen Befugnissen der Ausfluß des verbliebenen gesellschaftsrechtlichen Geschäftsführungsrechts gesehen. Die Gegenmeinung verlangt für derartige Maßnahmen eine Einstimmigkeit erfordernde Änderung der gesellschaftsvertraglichen Grundlagen. Hinsichtlich der Übertragung der Vertretungsbefugnis auf Dritte besteht an sich der gleiche Streitstand. Bei der OHG wird er allerdings noch durch die Diskussion über die Rechtsnatur der Vertretungsmacht differenziert. Soweit die Vertretung organschaftlich oder organschaftsähnlich qualifiziert wird (so die wohl h. M., vgl. BGH 26, 333; BGH BB 1962, 233; *Hueck*, OHG, S. 203 f.; *ders.*, JZ 1961, 90 f.; *Schlegelberger*, § 125 Rz 11; *Weipert* in HGB-RGRK, § 125 Anm. 4; a. A. z. B. KG, OLG 42, 215), hält man den Ausschluß aller Gesellschafter von der Vertretungsbefugnis für unzulässig.

Rahmen der Organgesellschaft die Möglichkeit, die Tätigkeit der Organe zu kontrollieren. Neben der Gewährleistung einer neutralen Geschäftsführung bietet diese Lösung den weiteren Vorteil, daß an Stelle einer — infolge Drittorganschaft oder ähnlichen Regelungen — atypischen bürgerlich- rechtlichen Gesellschaft eine typische GmbH oder AG errichtet wird, so daß die Gefahr von Auslegungsschwierigkeiten und Streitfragen geringer ist. Wenn schließlich bereits für das Auftreten im Rechtsverkehr ohnehin eine juristische Person gebildet werden soll, bietet es sich um so mehr an, diese zugleich mit der Geschäftsführung für die Grundgesellschaft zu betrauen.

Die funktionelle Abhängigkeit der Geschäftsführungsgesellschaft von der Grundgesellschaft dürfte also letztlich darauf zurückzuführen sein, daß mit der Schaffung der Doppelgesellschaft neben den eingangs genannten Gründen[44] der Zweck verfolgt wird, der Regelung der §§ 709 ff. BGB auszuweichen. Diese Regelung ist bei Unternehmensverbindungen häufig unbefriedigend, weil wegen der Interessengegensätze der Gesellschafter eine Gesamtgeschäftsführungs- und -vertretungsbefugnis unpraktikabel und eine Mehrheits- oder Einzelgeschäftsführungs- und -vertretungsbefugnis unerwünscht ist. Die Gründung der Organgesellschaft ließe sich insoweit als Ersatz für eine Drittorganschaft bezeichnen.

3. Ist die Organgesellschaft Gesellschafterin der Grundgesellschaft?

Aus der dargestellten Zweckverknüpfung der beiden Gesellschaften der Doppelgesellschaft folgert ein Teil der Literatur[45], daß die Organgesellschaft Mitgesellschafterin der Grundgesellschaft sein müsse[46, 47]. Die Organgesellschaft könne bei ihrer hervorragenden Bedeutung für das einheitliche Gesamtgebilde der Doppelgesellschaft nicht als außenstehende Dritte betrachtet werden. Ihrer Stellung und Funktion, sowie dem äußeren Erscheinungsbild werde man nur gerecht, wenn man sie als von dem Personenverband der Grundgesellschaft mitumfaßt ansehe[48].

---

[44] S. o., § 1.

[45] Z. B. *Bodmer*, S. 69 ff., 75; *Eger*, S. 38 ff.; *Giersberg*, JW 1914, 513; *Hannemann*, S. 26 ff., 30; *Isay - Tschierschky*, Einl. Anm. 5; *Kern*, S. 87 ff.; *Lehnich - Fischer*, § 1 Anm. 8; *Leister*, S. 10 ff.; *Müllensiefen - Dörinkel*, V 5; *Schröter*, S. 45 ff.; *Schülein*, S. 39 ff.; *Schwidtal*, S. 37 ff.; *Steiner*, Betrieb 1959, 1134; *Werneburg*, ZBlHR 1929, 210 ff.

[46] A. A. *Andritschky*, KR 1929, 455; *Aschoff*, S. 16 ff.; *Dalberg*, LZ 1915, 408, 418; *Geiler* in Hachenburg Bd. II/1, Rz 389 (S. 425); *Göke*, S. 20 ff.; *Hamburger*, S. 273 f.; *Haußmann - Hollaender*, § 1 Anm. 3; *Held*, S. 100 f.; *Hüttner*, S. 48 ff.; *v. Klitzing*, S. 24 ff.; P. *Mirow*, S. 23 ff.; *Naegeli*, S. 441 ff.; *Reisert*, S. 23 ff.; *Schaaf*, S. 38 f.; *Spiero*, S. 9 ff.; *Steffani*, S. 10 ff., 24 ff.; *Vogt*, S. 23 ff.; Differenzierend *Barholt*, S. 36 f.; *Brandi*, S. 27.

[47] Zum umgekehrten Fall, in dem die Grundgesellschaft Gesellschafterin der Organgesellschaft ist, vgl. oben I vor 1.

[48] Vgl. z. B. *Kern*, S. 87; *Siefer*, S. 128; *Werneburg*, ZBlHR 1929, 210.

Ein zweiter Gesichtspunkt steht bei der Syndikats-Doppelgesellschaft im Vordergrund: Die Lieferpflichten der Kartellmitglieder könnten nicht auf einem besonderen Vertragsverhältnis mit der Organgesellschaft beruhen; sie hätten ihre Grundlage vielmehr im Gesellschaftsvertrag[49].

Beide Gründe sind nicht überzeugend. Die wirtschaftliche Einheit der Doppelgesellschaft mag den Gedanken an eine zugleich rechtlich einheitliche Grundlage nahelegen. Notwendig ist eine solche Annahme indes nicht. Die wirtschaftliche Einheit kann auch durch kapitalistische, statutarische und obligatorische Beherrschung begründet werden. Der gesellschaftsrechtliche Charakter der Lieferpflicht von Syndikatsmitgliedern folgt daraus, daß sich diese Pflicht aus dem Kartellvertrag, d. h. aus dem Gesellschaftsvertrag der Grundgesellschaft ergibt; es bedarf dazu also nicht der Einbeziehung der Organgesellschaft in den Kartellverband.

Danach ist es nicht erforderlich, die Organgesellschaft als Mitgesellschafterin der Grundgesellschaft aufzufassen. Es ist darüber hinaus auch gar nicht möglich: Die Organgesellschaft besitzt keine Mitgliedschaftsrechte in der Grundgesellschaft[50]. Sie nimmt nicht an deren Verwaltung teil[51], hat kein Stimmrecht in der Gesellschafterversammlung[52] und ist nicht gewinnberechtigt[53]. Zwar läßt sich jedem einzelnen dieser Argumente entgegenhalten, daß das Gesellschaftsrecht insoweit dispositiv sei, daß also eine unterschiedliche Behandlung der Gesellschafter bezüglich ihrer Rechte und Pflichten zulässig sei[54], und daß die Teilnahme eines Gesellschafters an der Verwaltung beschränkt[55], sein Stimmrecht ausgeschlossen[56], und seine Gewinnbeteiligung abbedungen[57] werden könne. Doch dürfen derartige Beschränkungen einem Gesellschafter nicht kumulativ auferlegt werden. Die einseitige Beschneidung der Rechte eines einzelnen Gesellschafters würde zu dem genossenschaftlichen Grundcharakter der bürgerlich-rechtlichen Gesellschaft[58], der durch

---

[49] So *Bodmer*, S. 74 f.; *Niemeyer*, S. 32; *Sprey*, S. 63.

[50] *Wirsch*, S. 34.

[51] *Jacobshagen*, S. 65; *Vogt*, S. 28.

[52] *Brodmann*, § 192 Anm. 7; *Cohn*, S. 14; *Hamburger*, S. 274; *Held*, S. 101; P. *Mirow*, S. 25; *Reisert*, S. 27; *Steffani*, S. 12, 24; *Vogt*, S. 28; *Wirsch*, S. 35.

[53] *Brodmann*, a.a.O.; *Dalberg*, LZ 1915, 413; *Göke*, S. 25; *v. Hippel*, S. 62; *v. Klitzing*, S. 25; *Reisert*, S. 24; *Vogt*, S. 28.

[54] *Kern*, S. 88; *Leister*, S. 22; *Siefer*, S. 125 f.

[55] *Hannemann*, S. 32; vgl. auch *Brandi*, S. 22; *Niemeyer*, S. 32; *Siefer*, S. 117.

[56] *Brandi*, S. 26; *Hannemann*, S. 31 f.; *Leister*, S. 22; *Siefer*, a.a.O.

[57] *Brandi*, S. 23 f.; *Hannemann*, S. 31; *Naegeli*, S. 442; *Siefer*, S. 123.

[58] Vgl. dazu *Enneccerus - Lehmann*, S. 723; *Göke*, S. 25; *Larenz*, Bd. II, § 56 I; *Fischer* in RGRK, Anm. 1 vor § 705; *Schafheutle*, S. 28; *Staudinger - Keßler*, Rz 17 vor § 705.

das Prinzip der Gleichordnung gekennzeichnet ist, in Widerspruch stehen. Dem Wesen der personenrechtlichen Gemeinschaft entspricht es, daß die Partner in gleichberechtigtem Zusammenwirken zur Erreichung des gemeinsamen Zwecks beitragen. Dabei können zwar Art und Umfang des Einflusses der Gesellschafter verschieden sein; jedes Mitglied muß jedoch die Möglichkeit haben, auf den Verbandswillen und auf das Schicksal der Zweckverfolgung einen positiven Einfluß zu nehmen[59]. Eine solche Mitwirkung der Organgesellschaft in den Angelegenheiten der Grundgesellschaft ist nicht gegeben und auch nicht gewollt[60]. Die Organgesellschaft ist lediglich Werkzeug[61], ihr Pflichtenkreis wird den jeweiligen Bedürfnissen angepaßt[62].

Die Annahme, daß die Organgesellschaft Mitgesellschafterin der Grundgesellschaft sei, verbietet sich auch aus einem zweiten Grund: Die Gesellschaft bürgerlichen Rechts bedingt die Verfolgung eines gemeinsamen Zwecks. Gemeinsam ist der Zweck, wenn jeder Partner ihn ebensowohl als den eigenen, wie als den Zweck des anderen zu fördern verspricht. Die durch die Gesellschaft angestrebte Verwirklichung des Gesamtinteresses setzt also ein partielles Einzelinteresse voraus[63]. Ein eigenes Interesse an der Erreichung des Gesellschaftszwecks der Grundgesellschaft hat die Organgesellschaft aber nicht. Die funktionelle Unselbständigkeit beweist, daß ihre Tätigkeit rein altruistisch ist. Die Organgesellschaft hat ausschließlich fremde Interessen zu fördern, nämlich die der Grundgesellschaft, oder die deren Gesellschafter[64]. Die Gegenmeinung wendet ein, daß die Organgesellschaft die Verwirklichung des Zwecks der Grundgesellschaft zu ihrem eigenen Zweck gemacht habe, mithin für sie ein eigenes Interesse an der Zweckerreichung bestehe[65]. Dieser Einwand geht fehl. Richtig ist, daß eine Gesellschaft nicht notwendig egoistische Interessen der Gesellschafter zum Gegenstand haben muß. Sie kann auch allgemeine Interessen oder den Vorteil eines Dritten verfolgen. Dann wirken sämtliche Gesellschafter zur Erreichung dieses altruistischen Zwecks zusammen[66]. Ein gemeinsamer Zweck ist

---

[59] *Barkholt*, S. 36; *Göke*, a.a.O.; *Hamburger*, S. 274; *v. Hippel*, S. 62; *Lucas*, KR 1927, 10; *Fischer*, a.a.O.; *Schafheutle*, S. 28 f.; *Vogt*, S. 28; BGH, NJW 1951, 308.

[60] *Wirsch*, S. 34.

[61] *Cohn*, S. 14; *Hamburger*, S. 274; *Held*, S. 101; *Vogt*, S. 28.

[62] *Barkholt*, a.a.O.; *Göke*, a.a.O.; P. *Mirow*, S. 24; *Naegeli*, S. 444; *Reisert*, S. 27; *Wirsch*, S. 35.

[63] *Ballerstedt*, JuS 1963, 255; *Schaaf*, S. 38 f.

[64] *Aschoff*, S. 18; *Dalberg*, LZ 1915, 413; *Göke*, S. 24; *Hamburger*, S. 273; *Held*, S. 101; *v. Hippel*, S. 61; *Hüttner*, S. 55; *Jacobshagen*, S. 65; *Spiero*, S. 10; *Schaaf*, S. 38 f.

[65] *Brandi*, S. 24; *Flechtheim*, Kartellrecht, S. 34, 247; *Hannemann*, S. 32; *Kern*, S. 89 f.; *Niemeyer*, S. 34; *Siefer*, S. 129.

[66] *Enneccerus - Lehmann*, S. 727; *v. Klitzing*, S. 26.

aber dann nicht mehr gegeben, wenn der eine im eigenen, der andere im fremden Interesse handelt, so daß nur der Vorteil einzelner Partner angestrebt wird[67]. Dieser Grundsatz läßt sich auch nicht dadurch umgehen, daß sich ein „Gesellschafter“, seinerseits in der Rechtsform einer Gesellschaft, zum Ziel setzt, die Interessen der anderen zu fördern und damit formal ein eigenes Interesse an der Erreichung des Gesellschaftszwecks bekommt. Dieser „Gesellschafter“ dient in Wahrheit nur den Einzelgesellschaftern, er verfolgt nicht mit partiellem Individualinteresse einen ihm und den Gesellschaftern gemeinsamen Zweck.

Die Organgesellschaft ist mithin nicht Gesellschafterin der Grundgesellschaft. Sollte sie dennoch einmal formal in den Gesellschaftsvertrag mit einbezogen worden sein, so entsteht dadurch nicht etwa ein faktisches Gesellschaftsverhältnis. Eine Gesellschafterstellung der Organgesellschaft in der Grundgesellschaft muß an der Mißachtung des Gleichheitsgrundsatzes und am Mangel des gemeinsamen Zwecks scheitern. Der Gesellschaftsvertrag, an dem die Organgesellschaft beteiligt ist, ist daher in zwei Teile zu zerlegen: den Vertrag zwischen den Gesellschaftern der Grundgesellschaft einerseits, und den Anstellungsvertrag zwischen der Grundgesellschaft und der Organgesellschaft andererseits. Nachteile für Dritte können dabei nicht entstehen. Die Geschäftsführungsgesellschaft handelt vereinbarungsgemäß ohnehin zumeist im Namen der Grundgesellschaft oder deren Gesellschafter, so daß diese durch ihre Rechtshandlungen verpflichtet werden. Tritt die Organgesellschaft dagegen im eigenen Namen auf, dann gibt sie dem Geschäftsgegner keinen Grund zu der Annahme, die Grundgesellschaft hafte für ihre Verbindlichkeiten.

4. Ergebnis: Definition der Doppelgesellschaft

Eine Doppelgesellschaft ist die Verbindung zweier rechtlich selbständiger Gesellschaften, der Grundgesellschaft und der Organgesellschaft, zu einer wirtschaftlichen Einheit. Die Organgesellschaft ist nicht Mitglied der Grundgesellschaft. Sie ist aber dem Willen der Grundgesellschaft völlig unterworfen (sachlich abhängig) und in ihrem Zweck allein darauf gerichtet, den Zweck der Grundgesellschaft zu realisieren (funktionell abhängig)[68].

---

[67] RG, DJZ 1922, 321 f.; *Enneccerus - Lehmann,* a.a.O.; *Larenz,* Bd. II § 56 I a; *Siebert - Schultze - v. Lasaulx,* Rz 15, vor § 705; *Staudinger - Keßler,* Rz 76 vor § 705.

[68] Ähnlich *Naegeli,* S. 9; *Caflisch,* S. 52; E. *Huber,* S. 301; *Staudinger - Keßler,* § 705 Rz 63; weiter: *Graf,* S. 27, der begrifflich die Tochtergesellschaften einbezieht; *Friedländer,* Konzernrecht, S. 79; teilweise enger: *Geiler,* Zeitschrift für ausl. und internat. Privatrecht, 1936, 1028 ff.; *Leister,* S. 1.

II. Abgrenzung zur steuerrechtlichen Doppelgesellschaft

Von der zivilrechtlichen Doppelgesellschaft ist die steuerrechtliche Doppelgesellschaft zu unterscheiden. Hiermit wird allgemein die Aufspaltung eines Unternehmens in eine Besitz-Personengesellschaft und eine Betriebs-Kapitalgesellschaft, oder in eine Betriebs-Personengesellschaft und eine Vertriebs-Kapitalgesellschaft verstanden[69]. Im ersten Fall wird das Unternehmen in der Weise aufgespalten, daß das Anlagevermögen bei der Besitzgesellschaft verbleibt, während das restliche Betriebsvermögen in eine Kapitalgesellschaft eingebracht wird. Die Besitzgesellschaft verpachtet das Anlagevermögen an die Kapitalgesellschaft, die als sog. Betriebsgesellschaft die eigentliche Produktion und den Vertrieb der Erzeugnisse des Unternehmens fortführt[70]. Bei der zweiten Erscheinungsform verbleibt die Produktion bei der Personalgesellschaft, die Vertriebsabteilung des Unternehmens wird von einer Kapitalgesellschaft übernommen.

Zivilrechtlich ist die Betriebsspaltung vor allem aus dem Gesichtspunkt der Haftungsbeschränkung interessant: das gesamte Anlagevermögen bleibt außerhalb des betrieblichen Risikos[71]. Die eigentumsmäßige Trennung von Besitz und Betrieb ist auch in gewisser Hinsicht zur Ausschaltung außerbetrieblicher Einflüsse (Mitbestimmungsrecht, Sozialisierungsbestrebungen) geeignet[72]. Steuerlich bietet die Doppelgesellschaft die Möglichkeit, die Vorteile der Personengesellschaft und der Kapitalgesellschaft miteinander zu kombinieren[73]. Daneben kann durch Gewinnverlagerungen der Steuerprogression entgegengetreten werden. Bei der Betriebsspaltung in Besitz- und Betriebsgesellschaft haben die Gesellschafter der Besitzgesellschaft nur die nach Abzug der Abschreibungen auf das Anlagevermögen verbleibenden Pachtüberschüsse zu versteuern, während die Betriebsgesellschaft den Pachtzins als Betriebsausgaben absetzen kann[74].

---

[69] Zur steuerrechtlichen Doppelgesellschaft vgl. *Brönner*, S. 402; *Bühler*, S. 189 ff.; *Fikentscher*, Schuldrrecht § 88 I 4 c γ; *Fiegle*, S. 162; *Lohmann*, S. 248; ferner *Knur*, passim; *Paulick*, Gesellschaftsformen, passim, insbes. S. 867 ff.

[70] Vgl. als Bsp. die Frottierweberei Vossen, FAZ v. 26. 2. 1966.

[71] In Grenzfällen kann sich allerdings das Problem des Haftungsdurchgriffs ergeben. Vgl. dazu *Serick*, Rechtsform, passim; *Kuhn*, S. 199 ff.; *Müller-Freienfels*, AcP 156, 522 ff.

[72] Vgl. *Böttcher*, Steuerber. Jahrb. 1952, 77 ff.

[73] Zur steuerlichen Anerkennung der Doppelgesellschaft vgl. insbes. *Brönner*, S. 409 ff. m. w. N.; *Schneider - Martin*, S. 297 ff.; *Bühler*, S. 191; *Dürkes*, BB 1949, 65 ff.; OFH, BB 1948, 32.

[74] Dabei ist allerdings zu berücksichtigen, daß die Steuerbehörden in der Gewährung einer unangemessen hohen Pacht, d. h. in dem Mehrbetrag einer nach Sachlage angemessenen Pacht, eine verdeckte Gewinnausschüttung sehen, vgl. EStR 1965 Abschnitt 137.

Bei der Aufspaltung in Betriebs- und Vertriebsgesellschaft ist eine Gewinnverschiebung durch entsprechende Preisgestaltung für die zwischen den Gesellschaften gelieferten Waren möglich. Schließlich besitzt die Betriebsspaltung den Vorzug, daß man sich der jeweiligen Steuergesetzgebung anpassen kann[75]. So ist es durchaus denkbar, daß bei einer günstigeren Einkommensbesteuerung gegenüber der Körperschaftsbesteuerung eine umgekehrte Betriebsspaltung vorgenommen wird, d. h. eine Aufspaltung in Besitzkapital- und Betriebspersonalgesellschaft, oder in Betriebskapital- und Vertriebspersonalgesellschaft[76].

Zivilrechtliche und steuerrechtliche Doppelgesellschaft haben gemeinsam, daß die beiden an ihnen beteiligten Gesellschaften einen wirtschaftlich einheitlichen Organismus bilden. Sie unterscheiden sich aber zunächst dadurch, daß das Abhängigkeitsverhältnis bei der steuerrechtlichen Doppelgesellschaft schwächer ist, als bei der zivilrechtlichen. Bei vollständiger Beherrschung der Betriebsgesellschaft durch die Besitzgesellschaft würde die i. d. R. gewollte steuerlich getrennte Veranlagung der Gesellschaften entfallen[77]. Der wesentliche Unterschied ist jedoch der, daß bei der steuerrechtlichen Doppelgesellschaft nie die funktionelle Abhängigkeit einer Gesellschaft besteht. Besitz- und Betriebsgesellschaft bzw. Betriebs- und Vertriebsgesellschaft verfolgen jeweils einen selbständigen Zweck.

[75] *Brönner*, S. 408; *Schneider - Martin*, S. 289.

[76] *Brönner*, S. 405; *Bühler*, S. 190; *Leitze*, BB 1951, 160; *Schneider - Martin*, S. 151.

[77] Zur steuerlichen Behandlung der steuerrechtlichen Doppelgesellschaft vgl. außer den in Anm. 73 Genannten *Flume*, Betrieb 1950, 37; *Hohensee*, Betrieb 1951, 825; *Schultze - Schlutius*, GmbHR 1955, 179; *Zintzen*, GmbHR 1953, 35; *ders.*, BB 1957, 1177; *Zintzen - Lüthgen*, BB 1957, 816; BFH, BStBl 1957 III, 303.

§ 3 Erscheinungsformen der Doppelgesellschaft

Bei der Gestaltung der Doppelgesellschaft wählt man für die Grundgesellschaft gewöhnlich die Rechtsform einer bürgerlich-rechtlichen Gesellschaft, für die Organgesellschaft diejenige einer GmbH. Über 80 % der Kartelldoppelgesellschaften haben diese Zusammensetzung[1]. Sowohl für die Grundgesellschaft, als auch für die Organgesellschaft werden aber auch andere Gesellschaftstypen verwandt. Sie sind vorab aufzuführen, um den sachlichen Rahmen der weiteren Untersuchung abzustecken.

I. Rechtsformen der Grundgesellschaft

1. Die Grundgesellschaft als nicht rechtsfähige Personenvereinigung

Die Grundgesellschaft ist in aller Regel eine nicht rechtsfähige Personenvereinigung. In der älteren Literatur herrschte ein umfangreicher Streit über die Frage, ob diese nicht rechtsfähige Personenvereinigung notwendig eine Gesellschaft bürgerlichen Rechts[2] oder notwendig ein nicht rechtsfähiger Verein[3] sei. Es handelte sich dabei allerdings nicht um ein spezielles Problem der Doppelgesellschaft, sondern um das allgemeine Problem der Abgrenzung von nicht rechtsfähigem Verein und bürgerlich-rechtlicher Gesellschaft[4]. Darauf kann hier nicht eingegangen werden[5]. Heute ist anerkannt, daß der Verein[6] wie auch die Gesell-

[1] Nach dem Inkrafttreten des GWB wurde für 32 Kartell-Doppelgesellschaften eine Erlaubnis beantragt. In 25 Fällen liegt die genannte Kombination vor. (In der Anlage zur Denkschrift: 20 von 26 Fällen.)

[2] So *Aschoff*, S. 11 ff.; *Blum*, S. 22; *Callmann*, S. 124; *Eger*, S. 142 Anm. 3; *Hannemann*, S. 20 ff.; *Haußmann - Hollaender*, § 1 Anm. 3; *Hoeniger*, ZHR 84, 502 f.; *Hüttner*, S. 51; *Isay*, Studien, S. 27; *Reisert*, S. 19; *Spiero*, S. 7; *Wirsch*, S. 28 ff.

[3] So *Friedländer*, KAG, Einl. S. 24 f.; *Isay*, ABG Bd. II, S. 398 ff., 402; *Sprey*, S. 68, 73.

[4] Vgl. auch *Flechtheim*, Kartellrecht, S. 22.

[5] Vgl. hierzu *Erman - Westermann*, § 54 Anm. 2; *Erman - Schulze - Wenk*, § 705 Anm. 1 b; *Denecke* in RGRK, § 54 Anm. 3 ff.; *Fischer* in RGRK, § 705 Anm. 8; § 708 Anm. 4; *Soergel - Siebert*, § 54 Rz 1; *Staudinger - Coing*, § 54 Rz 1; *Staudinger - Keßler*, Vorbem. zu § 705 Rz 66.

[6] Bsp.: Fleurop-Kartell, WuW 1961, 90; Kartell der Hersteller von flüssiger Kohlensäure, WuW 1962, 744.

schaft als Rechtsform für die Grundgesellschaft Verwendung finden können[7].

Als OHG oder KG kann sich die Grundgesellschaft nur dann konstituieren, wenn sie ein Handelsgewerbe betreibt. Das ist jedoch üblicherweise nicht der Fall[8]. Die Gesellschaft selbst tritt nicht in den Geschäftsverkehr ein, sie hat sich vielmehr zu diesem Zweck die Organgesellschaft angegliedert[9]. Eine gewerbliche Tätigkeit würde zudem die Absicht einer Gewinnerzielung voraussetzen. Einen Gewinn aber will die Gesellschaft selbst i. d. R. gar nicht erzielen, dieser soll vielmehr ihren Mitgliedern zukommen. Ein derartiger Wille der bloßen Vorteilsvermittlung reicht aber nicht aus, die Tätigkeit der Grundgesellschaft als gewerbsmäßig zu bezeichnen[10]. Infolge dessen ist auch aus der Praxis keine Doppelgesellschaft bekannt, deren Grundgesellschaft die Rechtsform einer Handelsgesellschaft besitzt[11, 12].

2. Die Grundgesellschaft als rechtsfähige Personenvereinigung

Als Grund für die Schaffung einer Doppelgesellschaft wurde einleitend die Möglichkeit genannt, die Elastizität einer nicht rechtsfähigen Personenvereinigung mit den Vorteilen der rechtsfähigen Gesellschaft zu verbinden. Man könnte daraus zu folgern geneigt sein, daß eine juristische Person als Grundgesellschaft einer Doppelgesellschaft überhaupt nicht in Betracht komme. Dennoch findet man verschiedentlich einen eingetragenen Verein als Grundgesellschaft[13]. Teilweise bestand zu-

---

[7] *Benisch,* S. 22; *Held,* S. 97; aus der älteren Literatur: *Graf,* S. 58; *Hocke,* S. 33; *Isay - Tschierschky,* Einl. Anm. 5; *Jacobshagen,* S. 28, 52; *Leister,* S. 7 f.; *Nels,* S. 14; *Niemeyer,* S. 18; *Pleser,* S. 34; *Reichstein,* S. 12; *Rumpf,* S. 48; *Rundstein,* S. 26; *Schröter,* S. 45; *Staffel,* § 1 Anm. 8; *Walther,* S. 54.

[8] So *Hannemann,* S. 24; *Naegeli,* S. 287 f.; *Niemeyer,* S. 19; *Spiero,* S. 8. Sie wenden sich gegen *Bauch,* S. 30 ff.; *Bauch* qualifiziert aber — entgegen der Behauptung der genannten Autoren — nicht die Grundgesellschaft der Doppelgesellschaft, sondern die Kartell-Einheitsgesellschaft als OHG.

[9] *Hannemann,* S. 24; *Jacobshagen,* S. 30 f.; *Mauß,* S. 126; *Niemeyer,* S. 19; *Spiero,* S. 8; *Sprey,* S. 69.

[10] KG, KGJ 21, 77 ff.

[11] In der Literatur wird allerdings teilweise die theoretische Möglichkeit bejaht, daß die Grundgesellschaft eine OHG ist, vgl. *Flechtheim,* Kartellrecht, S. 102; *Naegeli,* S. 349 f.

[12] Die Entscheidung des RFH in RStBl 1939, 1059 betrifft eine Doppelgesellschaft, die aus einer „OHG" und einer GmbH besteht. Es dürfte sich jedoch lediglich um eine Schein-OHG (§ 5 HGB) handeln, da die Gesellschaft keinen eigenen Geschäftsbetrieb hat.

[13] Bsp.: ‚Badischer Bauernverein e. V.', Organgesellschaften: Zentralbezugs- und Absatzgenossenschaft des Badischen Bauernvereins eGmbH und Badische Bauernbank eGmbH, vgl. *Günther,* S. 52; ‚Vereinigte Webereien von Meerane-Glauchau e. V.', Organgesellschaft: Geschäftsstelle der Vereinigten Webereien von Meerane-Glauchau, eingetragener Verein, GmbH, vgl. *Gün-*

nächst dieser e. V. In der Befürchtung, die zunehmende wirtschaftliche Betätigung könne zum Entzug der Rechtsfähigkeit führen, wurde dann später eine Trennung zwischen idealen und wirtschaftlichen Tendenzen vorgenommen und letztere einer von den Vereinsmitgliedern gegründeten Organgesellschaft zur Wahrnehmung übertragen[14]. Allerdings läßt sich § 21 BGB auf diese Weise nicht umgehen[15]. Eine Kollision mit § 21 BGB liegt dagegen sicher in den Fällen nicht vor, in denen ein idealer Verein (e. V.) ein Vereinshaus, Museum, Theater, Stadion etc. durch eine von Vereinsmitgliedern gegründete GmbH oder AG errichten und betreiben läßt[16]. Für die Wahl der Rechtsform der Doppelgesellschaft kann dabei neben Haftungsgesichtspunkten der Umstand von Bedeutung sein, daß bei der Kreditsuche für die geplanten Objekte eine Kapitalgesellschaft auftritt. Diese besitzt gegenüber dem e. V. eine straffere Organisation, eine stärkere Kontrolle der Geschäftsführung und überschaubarere Kapitalverhältnisse. Auf Grund dessen wird sie auf dem Kapitalmarkt leichter einen Kreditgeber finden[17].

Aktiengesellschaft, GmbH und Genossenschaft sind als Rechtsformen für die Grundgesellschaft ungeeignet. Sie besitzen einerseits nicht die Anpassungsfähigkeit etwa der bürgerlich-rechtlichen Gesellschaft und sind andererseits selbst in der Lage, durch ihre Organe im Geschäftsverkehr tätig zu werden. In der Praxis gibt es daher keine Kapitalgesellschaft oder Genossenschaft als Grundgesellschaft einer Doppelgesellschaft[18].

3. Das System von Separatverträgen

Einen Sonderfall der Bildung einer Grundgesellschaft stellt das sogenannte System von Separatverträgen dar: Die Unternehmen, die sich z. B. zu einem Kartell oder einer Interessengemeinschaft zusammenschließen wollen, verzichten auf den Abschluß eines ausdrücklichen Gesellschaftsvertrages. Sie treten vielmehr als Einzelne an die zuvor gegründete Organgesellschaft heran und schließen mit dieser gleichlautende Einzelverträge ab[19].

---

ther, S. 60; ‚Holzinteressenten Südwestdeutschlands e. V.', Organgesellschaft: Südwestdeutsche Holzeinkaufsgesellschaft mbH, vgl. *Günther*, S. 61 f.

[14] So für den Badischen Bauernverein, *Günther*, S. 52.

[15] *Flechtheim*, Kartellrecht, S. 320; *Günther*, S. 59; *Lenz*, DJ 1937, 111; *Naegeli*, S. 311; *Nußbaum*, S. 117 ff.

[16] Bsp.: RG 85, 256 ff., ein Arbeitgeberverband in der Rechtsform eines e. V. betreibt ein Vereinshaus durch eine GmbH; vgl. ferner *Naegeli*, a.a.O.; *Nußbaum*, S. 176 f.

[17] Zum e. V. als Grundgesellschaft einer Doppelgesellschaft siehe auch *Friedländer*, Konzernrecht, S. 79; *Graf*, S. 58.

[18] Als theoretische Möglichkeit ist eine solche Gestaltung aber erwähnt bei *Friedländer*, Konzernrecht, S. 79; *Naegeli*, S. 320; *Niemeyer*, S. 21.

Die eigentliche Problematik des Systems von Separatverträgen liegt auf kartellrechtlichem Gebiet. Es geht dabei um die Frage, ob die Vertragspartner der Organgesellschaft untereinander ein Kartell i. S. d. § 1 GWB bilden[20].

Gesellschaftsrechtlich war früher umstritten, ob durch den Abschluß der Parallelverträge eine bürgerlich-rechtliche Gesellschaft der Vertragspartner untereinander entstehe[21] oder nicht[22]. Die Beurteilung dieser Streitfrage hat davon auszugehen, daß die Entstehung einer Gesellschaft nicht unbedingt einen ausdrücklichen Gesellschaftsvertrag voraussetzt. Eine Gesellschaft kann auch konkludent errichtet werden[23]. Werden mehrere Personen — ohne dies in einer besonderen Form zu vereinbaren — bewußt, und jeder mit Rücksicht auf das Verhalten des anderen zur Erreichung eines gemeinsamen Zwecks tätig, so bilden diese Personen eine Gesellschaft bürgerlichen Rechts. Ein derartiges einverständiges Handeln ist beim Abschluß gleichlautender Lieferverträge regelmäßig festzustellen: Verschiedene Unternehmen verpflichten sich in Einzelverträgen gegenüber einer Verkaufsgesellschaft, ihre Produkte nur über diese Gesellschaft zu vertreiben. Aus der Fassung der Einzelverträge läßt sich entnehmen, daß sie als Glieder einer Einheit verstanden werden. Es werden Beteiligungsquoten festgesetzt[24], so daß es ersichtlich um den gemeinsamen kartellmäßigen Absatz der Verbandsware geht. Auch die Preisgestaltung unterliegt nicht der Entscheidung der Einzelunternehmer, sondern ihrer Gesamtheit[25]. Die Gesamtheit der Unternehmer, zusammengefaßt in der Versammlung der Kontrahenten, hat ebenfalls über Vertragsänderungen zu beschließen[26]. Darüber hinaus enthalten die Einzelverträge zum Teil detaillierte organisatorische

---

[19] Bsp.: Zentral-Verkaufskomptoir von Hintermauerungssteinen AG, D I Anl. K 6; Verband Deutscher Kandisfabriken GmbH, D I Anl. N 3; Steinzeug Syndikat, WuW 1957, 528 ff.

[20] Vgl. dazu etwa *Frankfurter Kommentar*, § 1 Rz 9; *Langen*, 4. Aufl., § 1 Rz 23; *Müller - Henneberg* im Gemeinschaftskommentar, § 1 Rz 15 f.

[21] So die h. M., vgl. z. B. *Barkholt*, S. 35, 37 ff.; *Bodmer*, S. 82 ff.; *Callmann*, S. 124, 302, 304; *Geiler* in Hachenburg Bd. II/1, Rz 389 (S. 424); *Flechtheim*, Kartellrecht, S. 84, 87 ff.; *Friedländer*, Konzernrecht, S. 386; *Görtz*, S. 41; *Isay - Tschierschky*, § 1 Anm. 8; *Naegeli*, S. 301 ff.; RFH 15, 312; 19, 267; KartG, KR 1925, 344.

[22] So *Hüttner*, S. 46; *Jacobshagen*, S. 44, 46, 52, 71; A. *Müller*, S. 31; *Niemeyer*, S. 6 f.; *Rundstein*, S. 30; *Schülein*, S. 36; *Stroinsky*, S. 6, 18 f., 32 f.

[23] RG 7, 164 (168); 151, 321 (327); *Naegeli*, S. 304; *Siebert - Schultze - v. Lasaulx*, § 705 Rz 5; *Staudinger - Keßler*, § 705 Rz 29; *Fischer* in RGRK, § 705 Anm. 2.

[24] Vgl. §§ 4—6 des Verbandes Deutscher Kandisfabriken GmbH, D I Anl. N 3; § 10 Steinzeug-Syndikat, WuW 1957, 528 ff.

[25] Vgl. § 18 Zentral-Verkaufskomptoir von Hintermauerungssteinen AG, D I Anl. K 6; § 10 Verband Deutscher Kandisfabriken GmbH, a.a.O.; §§ 3, 4 Steinzeug Syndikat, a.a.O.

[26] § 18 Zentral-Verkaufskomptoir von Hintermauerungssteinen, a.a.O.

Regelungen, die die Versammlung der Kontrahenten betreffen[27]. Nach dem Einheitsvertrag des Steinzeug-Syndikats[28] haften die Kontrahenten sogar den Gläubigern der Verkaufsgesellschaft als Gesamtschuldner. Der Inhalt der Einzelverträge ergibt also unzweifelhaft, daß die Regelungen des Lieferverhältnisses nicht individuelle Angelegenheit von Einzelunternehmer und Verkaufsgesellschaft, sondern gemeinsame Angelegenheit aller Einzelunternehmer ist und sein soll. Die Einzelabschlüsse erfolgen daher im Bewußtsein und unter der Voraussetzung der Verfolgung eines gemeinsamen Kartellzwecks[29].

Allerdings liegt nicht jedem System von Separatverträgen eine bürgerlich-rechtliche Gesellschaft zugrunde. Erforderlich ist stets eine so weitgehende Übereinstimmung der Einzelverträge, daß sich aus ihrem Inhalt, insbesondere einer gewissen Kongruenz von Rechten und Pflichten, ein gemeinsamer Zweck ergibt, so daß eine Eigenexistenz des Einzelvertrages weder gewollt ist, noch möglich bleibt[30]. Wann diese Voraussetzungen vorliegen, ist im Einzelfall zu untersuchen. Im Rahmen dieser Arbeit bedurfte es lediglich des Nachweises, daß durch den Abschluß gleichlautender Separatverträge eine Grundgesellschaft gebildet werden kann.

II. Rechtsformen der Organgesellschaft

Als Rechtsform für die Organgesellschaft kommen theoretisch alle rechtsfähigen Gesellschaftstypen in Betracht, also die Aktiengesellschaft, die GmbH, die Genossenschaft und der eingetragene Verein. Die Wahl der Form wird im konkreten Fall davon abhängen, welcher Typus den Vorstellungen und Interessen der Gesellschafter am besten entspricht.

Die in der Praxis beliebteste Rechtsform für Organgesellschaften ist die GmbH[31]. Sie findet sich bei 85 % aller Karteldoppelgesellschaften[32].

---

[27] Vgl. vor allem §§ 46 ff. Verband Deutscher Kandisfabriken, a.a.O.; ferner § 19 Zentral-Verkaufskomptoir, a.a.O.; § 4 Steinzeug Syndikat, a.a.O.

[28] § 21 des Vertrages.

[29] Ebenso *Bodmer*, S. 88 f.; *Flechtheim*, Kartellrecht, S. 88; *Held*, S. 103; *v. Hippel*, S. 37; *Kern*, S. 107; *Naegeli*, S. 304; *Sprey*, S. 74.

[30] An einem besonderen gesellschaftlichen Zusammenschluß fehlt es z. B., wenn die Gesellschafter einer Nebenleistungsgesellschaft die Rechte und Pflichten, die bereits in der Satzung statuiert sind, durch schriftliche Nebenabkommen mit der Gesellschaft konkretisieren. Der Gesellschaftszweck wird allein durch die Nebenleistungsgesellschaft verfolgt, die gleichlautenden Einzelverträge enthalten lediglich Durchführungsbestimmungen. Vgl. dazu RG 87, 261 (265); 151, 321 (324); RG KR 1936, 480 (486); *Feine*, S. 130; *Flechtheim*, Kartellrecht, S. 82, 280; *Friedländer*, Konzernrecht, S. 386 f.; *Buchholz*, Jher.Jahrb. 74, 286 f., 272, 306 ff. Bsp.: Vereinigte Uhrglasfabriken GmbH, D I Anl. J 9; Basalt-Syndikat (§ 8), WuW 1958, 453 ff.

[31] Dazu *Feine*, S. 18; *Flechtheim*, Kartellrecht, S. 19; *Naegeli*, S. 347; *Rumpf*, S. 48; *Schilling* in Hachenburg. Anh. II zu § 3 Anm. 4.

Aber auch konzernmäßige Unternehmenszusammenschlüsse in Form von Doppelgesellschaften bedienen sich bevorzugt der GmbH als Organ[33, 34].

Demgegenüber hat die Aktiengesellschaft als Organ von Doppelgesellschaften eine geringere Bedeutung. Wegen ihrer im Vergleich zur GmbH kostspieligeren und komplizierteren Gründung und Organisation tritt die Häufigkeit ihrer Verwendung hinter derjenigen der GmbH stark zurück. Immerhin finden sich aber bei Kartell-[35] und Konzerndoppelgesellschaften[36] einige Beispielsfälle, in denen eine AG als Organgesellschaft fungiert.

Die Genossenschaft ist als Organgesellschaft zwar denkbar[37], von der Möglichkeit einer solchen Gestaltung ist aber, soweit ersichtlich, kein Gebrauch gemacht worden[38].

Wenig geeignet ist auch der rechtsfähige Verein. Seine Organisation ist nicht straff genug, sein Bestand zudem durch das satzungsmäßig nicht auszuschließende oder wirksam zu beschränkende Austrittsrecht jedes Mitglieds (§ 39 Abs. 2 BGB) gefährdet. Darüber hinaus darf der e. V. keinen wirtschaftlichen Geschäftsbetrieb unterhalten. Dennoch gibt es einzelne Doppelgesellschaften, deren Organgesellschaft ein e. V. ist[39, 40].

In Ausnahmefällen kann es schließlich zweckmäßig erscheinen, als Rechtsform für die Organgesellschaft eine OHG oder KG zu wählen[41].

---

[32] Nach Inkrafttreten des GWB wurde für 32 Kartell-Doppelgesellschaften die Erlaubnis beantragt; in 27 Fällen war die Organgesellschaft eine GmbH.

[33] Elektromontan Konzern; Kahlbaum Konzern; IG der Dynamit- und Pulvergruppe; vgl. dazu die näheren Hinweise oben § 1 Anm. 11.

[34] Über die Vorteile der GmbH in ihrer Verwendung als Organgesellschaft vgl. insbes. *Eger*, S. 36 Anm. 2; *Graf*, S. 54; *Naegeli*, S. 353 ff.; *Nels*, S. 12; *Ring - Schachian*, S. 3; *Schwidtal*, S. 22 f.; *Siefer*, S. 114.

[35] Bsp.: Rheinisch-Westfälisches Kohlen-Syndikat, D I Anl. A 1; Stahlwerke Syndikat, D I Anl. B 6; Deutsches Gußröhren-Syndikat, D I Anl. B 53; Dortmunder Verkaufsverein für Ziegeleifabrikate, D I Anl. K 4 a; Nordwest-Mitteldeutsches Portland-Zementsyndikat, D I Anl. L 2; Phenole Syndikat, WuW 1958, 667; Teererzeugnis-Syndikat, WuW 1958, 669; Ruhrstickstoff-Syndikat, WuW 1959, 107.

[36] Vgl. die Entscheidung des RFH, KR 1935, 599, der eine Einkaufsgemeinschaft in Form einer Doppelgesellschaft mit einer Organ-AG zugrunde liegt.

[37] *Flechtheim*, Kartellrecht, S. 100 f.; *Friedländer*, Konzernrecht, S. 71; *Leister*, S. 34; *Meyer - Meulenbergh*, § 3 Anm. 3; A. *Müller*, S. 25; *Rieß*, S. 172; RG 151, 139 (143); a. A. *Hoeniger*, ZHR 84, 494; dagegen *Naegeli*, S. 348.

[38] Über die Nachteile der Genossenschaft für ihre Verwendung als Organgesellschaft vgl. *Meyer - Meulenbergh*, a.a.O.; *Naegeli*, S. 357 f.

[39] Dazu *Eger*, S. 36 Anm. 3; *Wassermann*, KR 1914, 249 ff.

[40] Bsp.: Röhrendirekthändler-Kartell, WuW 1960, 32; ebenso die dem Urteil des OLG Düsseldorf v. 4. 11. 1931 zugrunde liegende Doppelgesellschaft, KR 1932, 183.

[41] *Hachenburg*, 5. Aufl. 1926, Excurs zu § 3 Anm. 1; *Hamburger*, S. 295 ff.; *Jacobshagen*, S. 35 f.

Voraussetzung ist dann aber stets, daß die Organgesellschaft ein Handelsgewerbe betreibt[42].

III. Zusammenfassung

Als Ergebnis des vorstehenden Abschnitts ist festzustellen:

Die Grundgesellschaft ist meistens eine Gesellschaft bürgerlichen Rechts, weniger häufig ein rechtsfähiger oder nichtrechtsfähiger Verein. Als Organgesellschaft wird die GmbH bevorzugt. Seltener finden sich Aktiengesellschaft, e. V. und Handelsgesellschaften. Andere Gestaltungsformen sind zwar theoretisch denkbar, kommen in der Praxis aber nicht vor; sie sollen daher aus der weiteren Untersuchung ausscheiden. Auf dieser Grundlage wird im Folgenden zu erörtern sein, wie der wirtschaftlichen und funktionellen Zusammengehörigkeit von Grund- und Organgesellschaft im Hinblick auf die Mitgliedschaft Rechnung getragen werden kann. Dabei ist zunächst zu untersuchen, ob die Beteiligungen an der Grundgesellschaft und an der Organgesellschaft schon kraft Gesetzes aneinander gebunden sind. Sodann sind die verschiedenen Möglichkeiten aufzuzeigen, bei der Gestaltung des Vertragswerks eine Abhängigkeit der Mitgliedschaften ausdrücklich zu vereinbaren. Es schließt sich die Frage an, ob und in welcher Weise eine solche Abhängigkeit auch mangels dahin gehender statutarischer Regelungen besteht.

---

[42] Vgl. als Bsp.: die folgenden Urteilen des RFH zugrunde liegenden Doppelgesellschaften: StuW 1930, Nr. 408; dazu *David*, S. 26 Anm. 5; StuW 1930, Nr. 411; RStBl 1931, 38.

Zweites Kapitel

§ 4 Gesetzliche Verknüpfung der Mitgliedschaften?

Ein gesetzliches Verbot, die Anteile an der Geschäftsführungsgesellschaft ohne oder gegen den Willen der Mitgesellschafter zu veräußern, besteht nicht. Es könnte sich aber aus dem Gesetz ergeben, daß ein Gesellschafter der Doppelgesellschaft mit dem Ausscheiden aus einer Teilgesellschaft zugleich seine Beteiligung an der anderen Teilgesellschaft verliert. Statutarische Bestimmungen über die Zusammengehörigkeit der Mitgliedschaften wären dann entbehrlich. Tatsächlich finden sich in der Literatur einzelne Stimmen, die die Doppelgesellschaft als rechtlich einheitliches Gesamtgebilde bezeichnen[1]. Sie sei — so wird gesagt — ein gemischtes Rechtsverhältnis, das nach dem Willen der Parteien und der tatsächlichen Struktur zwei Verträge zu einer unlösbaren Einheit verbinde. Das zeige sich vor allem daran, daß keiner der beiden Gesellschaftsverträge für sich allein errichtet werde und für sich allein den einheitlichen Zweck der Doppelgesellschaft erreichen könne. Die beiden Verträge seien demnach Glieder einer Gesamtvereinbarung, die als rechtliche, nicht nur als wirtschaftliche Einheit aufzufassen sei.

Hinsichtlich der Verknüpfung der Mitgliedschaften in Grund- und Organgesellschaft wird als Folgerung aus dieser Auffassung entweder § 738 BGB oder § 139 BGB entsprechend herangezogen.

I. Analoge Anwendung des § 738 Abs. 1 BGB

Nach Goldbaum[2] wächst beim Ausscheiden eines Gesellschafters aus der Grundgesellschaft dessen Geschäftsanteil an der Organgesellschaft den übrigen Gesellschaftern der Grundgesellschaft gemäß § 738 BGB zu. Dieser von Goldbaum nicht näher begründeten Meinung kann m. E. nicht gefolgt werden.

---

[1] *Goldbaum*, § 8 IV 4 a; *Hofmann*, S. 30 f.; *Strehmel*, S. 31; vgl. ferner *Geiler* in Staudinger, 9. Aufl. Bd. II/3 Anh. C. IV 1 d zum 14. Titel (S. 1384), der die Doppelgesellschaft ebenfalls als rechtliche Einheit bezeichnet, hinsichtlich der Mitgliedschaft aber nicht die Konsequenz zieht, daß nur ein gleichzeitiges Ausscheiden aus Grund- und Organgesellschaft möglich sei.

[2] A. a. O.

Scheidet ein Gesellschafter aus einer bürgerlich-rechtlichen Gesellschaft aus, so wächst sein Anteil am Gesellschaftsvermögen gemäß § 738 Abs. 1 BGB den übrigen Gesellschaftern zu. Eine solche Anwachsung findet aber hinsichtlich der Beteiligung des Ausscheidenden an der Geschäftsführungsgesellschaft nicht statt. Die Beteiligung gehört gerade nicht zum gesamthänderisch gebundenen Vermögen der Grundgesellschaft, sondern zum Privatvermögen des Ausscheidenden[3].

Die Gesellschafter können allerdings, ohne rechtliches Gesamthandsvermögen zu begründen, ein wirtschaftlich gemeinsames Vermögen schaffen, an dessen wertmäßiger Substanz sie im internen Verhältnis gemeinsam beteiligt sind[4]. Es läßt sich etwa vereinbaren, daß Gegenstände, die rechtlich im Alleineigentum eines Gesellschafters stehen, von diesem als Treuhänder für die Gesellschaft verwaltet werden. Der das Alleineigentum besitzende Gesellschafter kann auch, ohne Treuhänder zu sein, durch obligatorische Bindungen gegenüber den anderen Gesellschaftern gehalten sein, die in Betracht kommenden Vermögenswerte als gemeinschaftliches Vermögen zu behandeln. Die gleichen Vereinbarungen sind hinsichtlich des Geschäftsanteils an der Geschäftsführungsgesellschaft möglich. Der Inhaber des Anteils kann verpflichtet sein, die aus dem Anteil sich ergebenden Rechte und Pflichten ausschließlich im Interesse der bürgerlich-rechtlichen Gesellschaft wahrzunehmen. Nach der Gestaltung des Innenverhältnisses zählt dieser Anteil zum wirtschaftlichen Vermögen der Gesellschaft.

Beim Ausscheiden des Gesellschafters, der sein Eigentum oder seine Anteile an der Geschäftsführungsgesellschaft der bürgerlich-rechtlichen Gesellschaft wirtschaftlich zur Verfügung stellt, wachsen diese Gegenstände den übrigen Gesellschaftern allerdings nicht an. Auf die nur wirtschaftlich zum Vermögen der Gesellschaft gehörenden Werte findet § 738 Abs. 1 BGB keine Anwendung[5]. Man mag das Anwachsungsprinzip als notwendige Konsequenz einer Gesamthandsberechtigung ansehen, oder lediglich als Zweckmäßigkeitsregelung[6]. Jedenfalls ist es eine Sonderregelung für eine dingliche Vermögensgemeinschaft mit ge-

---

[3] Werden die Anteile der Organgesellschaft von der Grundgesellschaft gehalten, so ergeben sich keine Schwierigkeiten. Die Mitberechtigung des Ausscheidenden an den Anteilen wächst den übrigen Gesellschaftern zu, vgl. dazu *Schilling* in Hachenburg, § 15 Anm. 12 m. w. N.

[4] Vgl. etwa *Siebert - Schultze - v. Lasaulx*, Rz 19 ff. vor § 705; *Staudinger - Keßler*, Rz 45 ff. vor § 705.

[5] *Siebert - Schultze - v. Lasaulx*, Rz 28 vor § 705, *Staudinger - Keßler*, Rz 45 d vor § 705.

[6] Vgl. zu diesem Streit bereits *Achilles - Gebhard - Spahn*, Protokolle Bd. II 139 (zu § 658, S. 446). Der Erste Entwurf zum BGB sah in § 658 einen Übertragungsakt des Ausscheidenden vor. In den Beratungen der Kommission für die zweite Lesung des BGB blieb der genannte Streit offen.

meinschaftlicher Rechtszuständigkeit und Verfügungsgemeinschaft. Nur im Rahmen einer solchen Gesamthandsgemeinschaft kann die Rechtszuständigkeit des Ausscheidenden am Vermögen ipso iure erlöschen. Eines besonderen Übertragungsaktes seitens des Ausscheidenden bedarf es nicht, da das Gesetz trotz des Ausscheidens eines Beteiligten die Identität des Rechtsträgers, der verbundenen Personengemeinschaft, noch als gewahrt ansieht[7]. Auf Vermögensgegenstände, die im Alleineigentum eines Gesellschafters stehen, auf Grund schuldrechtlicher Vereinbarungen aber intern allen Gesellschaftern zustehen sollen, kann diese gesetzliche Ausnahmewertung nicht ausgedehnt werden: Eine dingliche Gesamtberechtigung liegt nicht vor, die schuldrechtlichen Bindungen sind ohne Einfluß auf die Rechtszuständigkeit.

Eine unmittelbare Bindung der Mitgliedschaft in der Organgesellschaft an diejenige in der Grundgesellschaft ist also nicht dadurch gegeben, daß der aus der Grundgesellschaft Ausscheidende seine Beteiligung an der Organgesellschaft ipso iure gem. § 738 BGB verliert[8].

II. Analoge Anwendung des § 139 BGB

Es ließe sich aber erwägen, ob das Ausscheiden aus der Grundgesellschaft in entsprechender Anwendung des § 139 BGB zugleich die Rechtsbeziehungen des Ausscheidenden zur Organgesellschaft löst, und ob sich umgekehrt der Austritt aus der Organgesellschaft zugleich mit auf die Grundgesellschaft erstreckt. Dieser Gedanke klingt in der kartellrechtlichen Literatur an. Langen[9] und Müller-Gries[10] sind der Ansicht, die Wirkung der Kartellkündigung gemäß § 13 GWB auf die Kartellorganisation beurteile sich nach § 139 BGB[11]. Sie berufen sich zur Begründung — allerdings zu Unrecht — auf den Bericht des Ausschusses für Wirtschaft zum GWB-Entwurf[12]. Ihre Meinung geht davon aus, daß die

[7] *Larenz*, Bd. II § 56 VI c.

[8] Dagegen wäre § 738 BGB anwendbar, wenn alle Gesellschaftsanteile bzw. Aktien im Eigentum der Grundgesellschaft stehen und jeder Gesellschafter statutarisch berechtigt wäre, hinsichtlich eines Anteils die Rechte der Gesellschaft gemäß § 18 GmbHG gegenüber der GmbH oder gemäß § 69 AktG gegenüber der AG wahrzunehmen. Eine solche Konstruktion ist denkbar, aber wenig praktikabel. Sie ist, soweit ersichtlich, in der Praxis nicht gewählt worden.

[9] § 13 Anm. III 2.

[10] § 13 Rz 9.

[11] Ebenso *Tetzner*, S. 42 und in der älteren Literatur zu § 8 KartVO *Homann*, S. 39.

[12] Vgl. schriftlicher Bericht des Ausschusses für Wirtschaftspolitik (21. Ausschuß) über den Entwurf eines Gesetzes gegen Wettbewerbsbeschränkungen, Deutscher Bundestag, Drucksache II zu 3644, S. 20 *(Kurlbaum)*. Dort wird die Streichung der durch den Bundesrat in die Regierungsvorlage eingefügten Bestimmung begründet, wonach die Nichtigkeit einer Kündigungsklausel (ge-

Kartellkündigung lediglich die Kartellpflichten ergreife, nicht auch zugleich auf die gesellschaftsrechtlichen Bindungen bezogen sei (Trennungstheorie[13]). Ob § 139 BGB auch bei der Doppelgesellschaft im Hinblick auf die Beteiligung an der Organgesellschaft gelten soll, ist nicht ausdrücklich gesagt. Wenn man aber die Kartellpflichten als selbständig kündbaren Teil der Kartellgesellschaft ansieht und sie dem organisatorischen Teil gegenüberstellt, so ist eine gewisse Ähnlichkeit zur Doppelgesellschaft gegeben. Die bei einer so gesehenen Konstruktion der Kartellgesellschaft entwickelten Grundsätze können daher für die Doppelgesellschaft möglicherweise entsprechend herangezogen werden. Es fragt sich mithin, ob die Kündigung der Grundgesellschaft gemäß § 139 BGB die Mitgliedschaft in der Organgesellschaft ergreift.

§ 139 BGB ist eine Auslegungsregel für die Feststellung des maßgeblichen Parteiwillens bei teilnichtigen Rechtsgeschäften[14]. Die entsprechende Anwendung dieser Vorschrift kann also nicht zur Folge haben, daß der

---

mäß § 13 Abs. 3 der geltenden Fassung des GWB) die Gültigkeit der übrigen Bestimmungen des Kartellvertrages nicht berühren soll. Für die Frage der Wirkung einer nichtigen Kündigungsklausel auf den Bestand des Vertrages soll nach Meinung des Ausschusses § 139 BGB gelten. Zur Wirkung der Kartellkündigung wird dagegen in dem zitierten Bericht nicht Stellung genommen.

[13] Die Frage, welche Wirkung die Kartellkündigung hat, war in der älteren Literatur zu § 8 KartVO Gegenstand eines umfangreichen Streites. Nach der *Trennungstheorie* ist der Kartellvertrag ein mit der Gesellschaft verbundener Vertrag sui generis. Die Kündigung nach § 8 KartVO ergreift nur diesen Vertrag. Hinsichtlich der Beteiligung an der Kartellgesellschaft wird teilweise angenommen, daß die Kündigung des Kartellvertrages auf die Gesellschafterstellung ohne Einfluß sei (so *Pleser*, S. 46 ff.; *Staffel*, § 1 Anm. 8, § 8 Anm. 1; *Stroinsky*, S. 62 ff.; ebenso — jedoch beschränkt auf Kartelle in Form einer Kapitalgesellschaft — *Blum*, S. 101; *Buchholz*, Jher. Jahrb. 74, 353 f.; *Hauf*, S. 77), teilweise wird gesagt, daß der Kündigung der Kartellpflichten ein Ausscheiden aus der Kartellgesellschaft zu folgen habe (*Haussmann - Holländer*, § 1 Anm. 4, § 8 Anm. 10; *Friedländer*, KAG S. 11 ff.; 107 ff.). Nach der *Einheitstheorie* sind Kartellvertrag und Kartellgesellschaftsvertrag nicht voneinander zu trennen. Nach einer Meinung schafft § 8 KartVO eine neue, für alle Gesellschaftsformen geltende Kündigungsvorschrift mit der Wirkung des sofortigen Ausscheidens aus dem Kartell (so *Friedländer*, JR 1925, 151, *Goldbaum*, S. 37 f., 104 ff.; 113 ff.). Nach der h. M. ist § 8 KartVO eine Sonderform der Kündigung aus wichtigem Grund. Das Ausscheiden aus der Kartellgesellschaft vollzieht sich in der Form, die der jeweilige Gesellschaftstypus vorsieht, wobei allerdings die Kartellpflichten bereits mit der Kündigung ruhen (*Caro*, S. 11 ff.; *Eger*, S. 108; *Fagg*, KR 1924, 378; *Feine*, S. 356; *Flechtheim*, KR 1927, 57 ff.; *Hofmann*, S. 20 f.; *Isay*, DJZ 1924, 967; *Isay - Tschiersky*, Einl. Anm. 29; § 8 Anm. 61; *Jacusiel*, LZ 1924, 674; *Kisselstein*, KR 1928, 275 f.; *Körting*, KR 1934, 471; *Kreismann*, S. 27 ff.; *Langen*, JW 1928, 1542; *Reichstein*, S. 27; *Schulte - Overberg*, S. 49 f.; *Strehmel*, S. 18 ff.; *Tiemann*, S. 50).

Heute findet diese Streitfrage keine große Beachtung mehr. Man bezieht sich auf die Ergebnisse der unter der Geltung der KartVO entwickelten h. M. (vgl. *Dörinkel* im Gemeinschaftskommentar, § 13 Rz 15 ff.; *Rasch - Westrick*, § 13 Rz 5).

[14] Allg. Meinung; vgl. statt aller *Siebert - Hefermehl*, § 139 Rz 1.

nicht gekündigte Teil des Rechtsgeschäfts nichtig ist[15]. Vielmehr kann sich die Auslegungsregel, wenn überhaupt, nur auf die Kündigungserklärung auswirken, in der Weise, daß bei der Kündigung eines Rechtsverhältnisses im Zweifel Gesamtkündigung anzunehmen ist. Das setzt wiederum voraus, daß verschiedene Teile des Rechtsverhältnisses selbständig kündbar sind. Nur unter diesen Einschränkungen ist die analoge Heranziehung des § 139 BGB hier zu erörtern.

Die Auslegungsregel gilt für einheitliche Rechtsgeschäfte. Nun erfordert die Einheitlichkeit allerdings nicht eine Gleichzeitigkeit des Abschlusses aller Teile des Geschäfts oder die Zusammenfassung in einer einzigen Vertragsurkunde[16]. Es reicht vielmehr aus, daß mehrere rechtlich selbständige Rechtsgeschäfte zu einem wirtschaftlich einheitlichen Geschäft miteinander verbunden sind[17]. M. E. bestehen keine Bedenken, den Beitritt in den beiden Teilgesellschaften der Doppelgesellschaft zusammen als einheitliches Rechtsgeschäft und die Mitgliedschaften als einheitliches Rechtsverhältnis i. S. d. § 139 BGB anzusehen[18]. Denn mit beiden Mitgliedschaften wird nach dem Willen der Gesellschaft und der Ausgestaltung der Gesellschaftsverträge ein wirtschaftlich einheitlicher Zweck verfolgt[19].

Problematisch ist die Frage, ob die Teilkündigung dieser einheitlichen Mitgliedschaft einer Teilnichtigkeit, so wie sie § 139 BGB voraussetzt, gleichgestellt werden kann. Dabei kommt es nicht so sehr darauf an, daß die Kündigung ex nunc, die Nichtigkeit aber ex tunc wirkt. Denn auch bei nachträglich eintretender, ex nunc wirkender Nichtigkeit — etwa in-

---

[15] So aber *Langen* und *Müller - Gries*, a.a.O.

[16] RG, Warn. Rspr. 1918 Nr. 214; RG 79, 439.

[17] *Siebert - Hefermehl*, § 139 Rz 7 ff.; *Staudinger - Coing*, § 139 Rz 2 ff. m. w. N.

[18] Damit ist nicht gesagt, daß die Nichtigkeit der Beitrittserklärung zur Grundgesellschaft gemäß § 139 BGB auch die Beitrittserklärung zur Organgesellschaft ergreift. Die Anwendung des § 139 BGB im Fall der Nichtigkeit der Beitrittserklärung zur Grundgesellschaft setzt zunächst voraus, daß die Nichtigkeit der Beitrittserklärung zur Organgesellschaft überhaupt geltend gemacht werden kann. Das ist — grob gesagt — bei Körperschaften nur bis zu deren Eintragung ins Handelsregister (für die GmbH vgl. *Schilling* in Hachenburg, § 2 Anm. 31 ff.; für die AG vgl. *Gadow - Heinichen*, § 2 Anm. 4 f.; für den Verein vgl. *Soergel - Siebert*, Rz 35 ff. vor § 21 jeweils mit ausf. Nachw.), bei Handelsgesellschaften vor In-Vollzugsetzung (vgl. *Staudinger - Keßler*, § 705 Rz 91 ff. m. w. N.) der Fall. Für Minderjährige gelten diese Beschränkungen allerdings nicht (vgl. die aufgeführten Nachweise). Soweit die Beitrittserklärung zur Grundgesellschaft nichtig ist, und die Nichtigkeit der Beitrittserklärung zur Organgesellschaft geltend gemacht werden kann, ist § 139 BGB m. E. anwendbar.

[19] Für die Frage, ob ein einheitliches Rechtsgeschäft i. S. d. § 139 BGB vorliegt, ist in erster Linie der Parteiwille maßgebend, für den aber die wirtschaftliche Zusammengehörigkeit der Geschäfte ein wichtiges Indiz bildet, vgl. *Erman - Westermann*, § 139 Anm. 9; *Siebert - Hefermehl*, § 139 Rz 9.

folge einer Gesetzesänderung — läßt sich § 139 BGB u. U. entsprechend anwenden[20].

Entscheidend ist letztlich die Bedeutung von Teilnichtigkeit und Teilkündigung für die Vertragsparteien. Die Nichtigkeit kann willkürlich bestimmte Bestandteile eines Vertrages treffen. Das von den Parteien als einheitliches gewollte Rechtsgeschäft wird dadurch in Teile zerrissen, auf deren Bildung die Beteiligten keinen Einfluß haben. Ist aber durch Gesetz oder Parteivereinbarung die Kündigung von Teilen eines wirtschaftlich einheitlichen Rechtsgeschäftes vorgesehen, so wird durch die Ausübung des Kündigungsrechts dieses Rechtsgeschäft nicht in einer von den Parteien nicht gewollten und vorhersehbaren Weise auseinandergerissen. Die Parteien wissen von vornherein, daß die selbständig kündbaren Bestandteile des Rechtsgeschäfts für sich allein entfallen können. Für diesen Fall bedarf es keiner Auslegungsregel, die einen vermuteten Parteiwillen enthält. § 139 BGB beruht auf der Erwägung, daß den Beteiligten, die einen einheitlichen, umfassenderen Rechtserfolg zu verwirklichen bezwecken, eine nur teilweise Verwirklichung dieses Erfolges nicht gegen ihren Willen aufgedrungen werden darf[21]. Diese Erwägungen sind aber nicht mehr anzustellen, wenn die Parteien selbst sich dafür entschieden haben, daß der angestrebte Erfolg durch eine gesetzlich zugelassene oder vertraglich vereinbarte Kündigung nur teilweise eintritt. Der Gedanke des § 139 BGB ist daher auf die Kündigung von Teilen eines wirtschaftlich einheitlichen Rechtsgeschäfts jedenfalls dann nicht anwendbar, wenn sich die Kündigung ausdrücklich auf einen Teil des Rechtsgeschäfts bezieht. Aber auch bei unklaren Kündigungserklärungen wird man alle mit der Erklärung im Zusammenhang stehenden Umstände des Einzelfalles zur Auslegung heranzuziehen haben. Aus den oben genannten Gründen dürfte es nicht richtig sein, dem Kündigenden grundsätzlich den Beweis dafür aufzubürden, daß seine Kündigung nur einen Teil des Rechtsgeschäfts betraf. Allerdings sind bei der Auslegung der Kündigungserklärung die Grundsätze von Treu und Glauben zu berücksichtigen (§ 133 BGB). Ist der Kündigende verpflichtet, alle Teile des Rechtsverhältnisses zugleich zu kündigen, so ist eine unklare Kündigung dahin auszulegen, daß sie sich auf das gesamte Rechtsverhältnis bezieht. Nach dem Willen der an der Doppelge-

---

[20] So *Staudinger - Coing*, § 139 Rz 11; a. A. aber *Enneccerus - Nipperdey*, § 202 IV 1 e; RG 146, 366. Der BGH kehrt § 139 in diesen Fällen um: bei nachträglicher Nichtigkeit aufgrund einer Gesetzesänderung trete i. d. R. keine Gesamtnichtigkeit ein; damit werden willkürliche Vertragslösungen verhindert. Wenn dagegen die Aufrechterhaltung des nicht von der Nichtigkeit betroffenen Vertragsteils zu gesetzlich unerwünschten Folgen führen würde, wird — ausnahmsweise — Gesamtnichtigkeit angenommen, BGH 5, 173 (176); BGH, NJW 1952, 299; 1955, 829.

[21] RG, JW 1908, 445.

sellschaft Beteiligten soll der aus der Grundgesellschaft Ausscheidende i. d. R. auch nicht weiter in der Geschäftsführungsgesellschaft mitwirken. Wenn die Mitgliedschaft in der Organgesellschaft durch eine Kündigung gelöst werden kann — also bei Handelsgesellschaften und Vereinen[22] — werden die Gesellschafter eine undeutliche Kündigung daher nach Treu und Glauben so verstehen dürfen, daß der Ausscheidende von beiden Mitgliedschaften, in Grund- sowie in Organgesellschaft, loskommen will. Bezieht sich dagegen die Kündigungserklärung unmißverständlich nur auf die Grundgesellschaft, so ist trotz der möglicherweise vertragswidrigen Beschränkung kein Raum für eine Auslegung. Treu und Glauben ist in § 133 BGB lediglich ein Auslegungsmaßstab, kann aber nicht der Korrektur eindeutiger, jedoch gegen Treu und Glauben verstoßender Willenserklärungen dienen[23].

Das gleiche gilt für die Folgen des Ausscheidens aus der Organgesellschaft auf die Beteiligung an der Grundgesellschaft. Nur in den Fällen, in denen der Vertrag unmißverständliche Anhaltspunkte dafür gibt, daß das Ausscheiden aus beiden Gesellschaften gleichzeitig erfolgen soll[24], kann eine Abtretung der Anteile an der Organgesellschaft auch als konkludente Kündigung der Grundgesellschaft angesehen werden.

Zusammenfassend ist festzustellen: Gesetzliche Vorschriften, auf Grund deren beim Ausscheiden eines Gesellschafters der Doppelgesellschaft aus der Grundgesellschaft zugleich seine Beteiligung an der Organgesellschaft endet, gibt es nicht. Es wird daher zu untersuchen sein, in welcher Weise eine Verknüpfung der Mitgliedschaften durch statutarische Regelungen herbeigeführt werden kann, und wie die Rechtslage ist, wenn solche Regelungen fehlen.

---

[22] Kündigung und Austritt sind insoweit gleich zu behandeln.

[23] Allg. Meinung, besonders klar *Soergel - Siebert*, § 133 Rz 19 m. w. N.

[24] Daß die Gesellschafter auch einmal daran interessiert sein können, dem Austritt aus der Organgesellschaft das Ausscheiden aus der Grundgesellschaft folgen zu lassen, zeigt der Kartellvertrag Dreizylinderspinnereien (WuW 1966, 879). § 12 Abs. 3 S. 2 des Vertrages lautet: „Eine Kündigung des GmbH-Vertrages aus wichtigem Grunde gilt zugleich und mit gleicher Frist als Kündigung dieses Kartellvertrages."

Drittes Kapitel

Verknüpfung der Mitgliedschaften durch ausdrückliche vertragliche Regelungen

Die statutarische Verknüpfung der Mitgliedschaften in Grund- und Organgesellschaft verfolgt den Zweck, entsprechend der Zusammengehörigkeit dieser Mitgliedschaften nur ein einheitliches Ausscheiden aus der Doppelgesellschaft zu ermöglichen. Die bei einer isolierten Lösung aus nur einer der beiden Gesellschaften für die übrigen Gesellschafter bestehenden Gefahren wurden oben aufgezeigt[1]. Der Vertrag muß gewährleisten, daß einerseits ein Ausscheiden aus der Grundgesellschaft den Verlust der Beteiligung an der Organgesellschaft zur Folge hat, und daß andererseits eine unkontrollierte Veräußerung der Anteile der Geschäftsführungsgesellschaft ausgeschlossen ist.

Erster Abschnitt

Das Ausscheiden aus der Grundgesellschaft und seine Wirkung auf die Beteiligung an der Organgesellschaft

Das Vertragswerk der Doppelgesellschaft kann den Fall, daß ein Gesellschafter aus der Grundgesellschaft ausscheidet, ausdrücklich regeln und Bestimmungen über den Anteil des Ausscheidenden an der Organgesellschaft treffen. Derartige Bestimmungen lassen sich entweder in die Satzung der Organgesellschaft, oder in den Vertrag der Grundgesellschaft aufnehmen.

---

[1] § 1.

§ 5 Regelungen im Statut der Organgesellschaft

Es ist naheliegend, die Wirkung des Ausscheidens aus der Grundgesellschaft auf die Beteiligung an der Organgesellschaft im Statut der Organgesellschaft festzusetzen. Denn Gegenstand einer solchen Regelung ist ja das Mitgliedschaftsverhältnis in der Organgesellschaft. Es sollen daher zunächst die Möglichkeiten aufgezeigt werden, mit Hilfe statutarischer Bestimmungen in der Satzung der Geschäftsführungsgesellschaft eine Abhängigkeit der Beteiligung an dieser Gesellschaft von der Mitgliedschaft in der Grundgesellschaft herbeizuführen. Dabei werden die Gesellschaft mit beschränkter Haftung und die Aktiengesellschaft im Vordergrund stehen. Sie finden als Rechtsform für Organgesellschaften am weitaus häufigsten Verwendung, bieten andererseits aber auch im Hinblick auf die hier zu behandelnden Satzungsbestimmungen gegenüber den weniger gebräuchlichen Handelsgesellschaften und dem eingetragenen Verein erheblich schwierigere Probleme.

I. Die Organgesellschaft als GmbH

Die Satzung der GmbH kann bestimmen, daß dem Ausscheiden aus der Grundgesellschaft der Austritt aus der GmbH zu folgen habe.

Die Rechtsbeziehungen zur Grundgesellschaft werden i. d. R. durch einseitige Kündigungs- oder Austrittserklärungen gelöst. Demgegenüber kann der GmbH-Gesellschafter seine Mitgliedschaft nicht durch eine einfache Erklärung beenden[1]; er bleibt Gesellschafter, solange er Inhaber seines Geschäftsanteils ist. Infolge dessen wird sich häufig eine zeitliche Differenz zwischen dem Ausscheiden aus der Grundgesellschaft und dem satzungsmäßig vorgeschriebenen Ausscheiden aus der GmbH ergeben. Auch für diesen Übergangszeitraum sollte die Satzung Vorsorge treffen und bestimmen, in welchem Umfang der bereits aus der Grundgesellschaft ausgetretene Gesellschafter noch zur Wahrnehmung seiner im Rahmen der GmbH bestehenden Rechte und Pflichten berechtigt ist.

---

[1] Auch nach der Ausübung des Abandonrechts gehört der Geschäftsanteil bis zum Verkauf oder Verkaufsversuch dem Gesellschafter, vgl. *Baumbach - Hueck*, GmbHG, § 27 Anm. 4 A; *Schmidt* in Hachenburg, § 27 Anm. 13.

1. Die Regelung des Ausscheidens aus der GmbH

Für die statutarische Regelung des Ausscheidens eines GmbH-Gesellschafters bieten sich drei Wege: der unentgeltliche Ausschluß des Gesellschafters (Kaduzierung), die Einziehung seines Geschäftsanteils (Amortisation) und die Verpflichtung zur Übertragung des Anteils.

a) Kaduzierung

Der unentgeltliche Ausschluß eines Gesellschafters ist in § 21 GmbH nur für den Fall vorgesehen, daß der Gesellschafter mit der Leistung seiner Einlage säumig ist. Die Gesellschaft darf im Falle der Säumnis in einem Kaduzierungsverfahren unter Beachtung bestimmter Form- und Fristerfordernisse den Gesellschafter seines Anteils zugunsten der Gesellschaft für verlustig erklären.

Durch die Satzung kann die Kaduzierung auch für andere Fälle als die Nichtleistung der Kapitaleinlage angeordnet werden[2]. Dabei kann von der Regelung der §§ 21—24 GmbHG beliebig abgewichen werden[3]. Da es sich bei dem unentgeltlichen Ausschluß aber um eine privatrechtliche Strafmaßnahme handelt[4], wird man sie nur als Sanktion für die Nichterfüllung oder Verletzung einer Pflicht androhen können. Um ein Auseinanderfallen der Mitgliedschaften in Organ- und Grundgesellschaft zu vermeiden, ließe sich darnach folgende Satzungsgestaltung erwägen: Den Gesellschaftern wird die Pflicht auferlegt, sich an der Grundgesellschaft zu beteiligen. Erfüllen sie diese Pflicht nicht oder nicht mehr, so erfolgt ihr unentgeltlicher Ausschluß aus der GmbH.

Eine solche Klausel würde allerdings die Mitgliedschaft in der Grundgesellschaft von der Beteiligung an der Organgesellschaft abhängig machen, obwohl das Abhängigkeitsverhältnis der Sache nach umgekehrt ist. Abgesehen von diesen Bedenken ist eine Satzungsbestimmung des genannten Inhalts bei Syndikaten stets nichtig. Denn gemäß § 13 Abs. 3 GWB darf das Kündigungsrecht von Kartellmitgliedern weder rechtlich noch wirtschaftlich eingeschränkt werden. Mit dem Verbot des § 13 Abs. 3 GWB ist es unvereinbar, wenn dem kündigenden Kartellmitglied sein Anteil an der GmbH unentgeltlich entzogen wird, da die Kündigung mit unmittelbaren wirtschaftlichen Nachteilen verbunden würde. Aber auch außerhalb des Bereiches der Kartell-Doppelgesellschaften dürfte es

---

[2] KG, KGJ 35, 178; KG, OLG 42, 220; *Baumbach - Hueck,* GmbHG, § 21 Anm. 2 A; *Buchholz,* Jher. Jahrb., 74, 328 f.; *Schmidt* in Hachenburg, § 21 Anm. 41; *Scholz,* § 21 Rz 4, 32; a. A. OLG Kiel, OLG 19, 364; *Brodmann,* § 21 Anm. 8.

[3] *Schmidt* in Hachenburg, § 21 Anm. 41.

[4] *Scholz,* Ausschließung, S. 4.

i. d. R. unangebracht sein, den Austritt aus der Grundgesellschaft mit dem unentgeltlichen Ausschluß aus der GmbH zu sanktionieren. Ein einvernehmliches Ausscheiden eines Gesellschafters wird dadurch erheblich erschwert. Zudem würde die Kaduzierungsandrohung bei einem Gesellschafter mit hoher Kapitalbeteiligung nicht dazu führen, daß er zugleich mit dem Ausscheiden aus der Grundgesellschaft seine Beteiligung an der GmbH verliert, sondern dazu, daß es jedenfalls zu einem freiwilligen Ausscheiden gar nicht erst kommt. Damit wäre aber der Gesellschafter in einer mit § 723 Abs. 3 BGB bzw. § 39 BGB nicht zu vereinbarenden Weise an die Grundgesellschaft gekettet[5].

Eine satzungsmäßige Kaduzierung ist mithin nicht geeignet, die Beteiligung an der Organgesellschaft an die Mitgliedschaft in der Grundgesellschaft zu binden.

b) Amortisation

Die Satzung der GmbH kann gemäß § 34 GmbHG vorsehen, daß der Anteil des aus der Grundgesellschaft Ausscheidenden eingezogen wird. Die Amortisation erfolgt durch die Gesellschaft und führt zur Vernichtung des Geschäftsanteils. Der Ausscheidende wird nun seinerseits häufig ein Interesse daran haben, seine Beteiligung an der GmbH zugleich mit dem Austritt aus der Grundgesellschaft aufzugeben: Er kann nach der Amortisation wieder über bisher gebundenes Kapital verfügen, seine Ausfallhaftung gemäß §§ 24, 31 Abs. 3 GmbHG endet, und er wird von einer eventuell bestehenden Nachschußpflicht befreit. Es fragt sich daher, ob man satzungsmäßig der GmbH ein Amortisationsrecht, und den Gesellschaftern einen korrespondierenden Anspruch auf Amortisation einräumen kann und soll.

aa) Amortisationsrecht der Gesellschaft

Die Amortisation dient in der Praxis den verschiedensten Zwecken[6]. Sie ist auch ein durchaus geeignetes Instrument, um bei der Doppelgesellschaft die Beteiligung an der Organgesellschaft von der Mitgliedschaft in der Grundgesellschaft abhängig zu machen. Allerdings treten bei der Wahl dieses Mittels eine Reihe von Problemen auf, die bei der Gestaltung der Satzung zu bedenken sind.

Voraussetzung für die Amortisation ist die Vollbezahlung des Geschäftsanteils. Das ergibt sich aus dem Verbot des § 19 Abs. 2 GmbHG,

---

[5] Vgl. im einzelnen *Siebert - Schultze - v. Lasaulx*, § 723 Rz 22 ff. m. w. N.; *Soergel - Siebert*, § 39 Rz 4 m. w. N.

[6] *Schmidt* in Hachenburg, § 34, Einleitung.

den Gesellschaftern die Stammeinlagen zu erlassen. Denn mit der Vernichtung des nicht voll bezahlten Anteils und der damit verbundenen Rechte und Pflichten würde die Einzahlungspflicht wegfallen[7]. Die GmbH kann den nicht voll bezahlten Anteil allerdings unter Herabsetzung des Grundkapitals einziehen[8]. Das Herabsetzungsverfahren ist indes langwierig und ist nicht durchführbar, wenn die GmbH — was bei Organgesellschaften nicht selten ist — lediglich mit dem gesetzlichen Mindestkapital ausgestattet ist. Die Satzung sollte daher vorsehen, daß bei der Einziehung eines nicht voll bezahlten Geschäftsanteils der fehlende Betrag von den übrigen Gesellschaftern im Verhältnis ihrer Anteile aufzubringen ist[9].

Bei der Amortisation eines voll eingezahlten Anteils ist gemäß §§ 34 Abs. 3, 30 Abs. 1 GmbHG der Grundsatz der Erhaltung des Stammkapitals zu beachten. Die Gesellschaft darf also, wenn die Einziehung nicht unentgeltlich erfolgt[10], ein Entgelt für den eingezogenen Anteil nur aus dem Überschuß des reinen Gesellschaftsvermögens über das Stammkapital gewähren. Reicht der Überschuß des Reinvermögens nicht aus, so kann die Amortisation erst nach einer Kapitalherabsetzung durchgeführt werden. Aus den oben genannten Gründen ist auch in diesem Fall eine Satzungsbestimmung zweckmäßig, die den übrigen Gesellschaftern eine anteilige Nachschußpflicht auferlegt[11].

bb) Anspruch des Ausscheidenden auf Amortisation

Die Gesellschafter werden, wie bereits dargestellt, regelmäßig ein Interesse daran haben, daß es bei ihrem Ausscheiden aus der Grund-

---

[7] *Baumbach - Hueck*, GmbHG, § 34 Anm. 2 C; *Schmidt* in Hachenburg, § 34 Anm. 17; *Scholz*, § 34 Rz 7; BGH 9, 157 (168); KG, OLG 42, 220.

[8] *Schmidt*, a.a.O.; *Vogel*, § 34 Anm. 7; RG 93, 326.

[9] Die Nachzahlungsverpflichtung kann als Nebenleistungspflicht i. S. d. § 3 Abs. 2 GmbHG, oder als Nachschußpflicht i. S. d. § 26 GmbHG vereinbart werden. Zu der unterschiedlichen Bedeutung dieser Pflichten, sowie zu der im Einzelfall oft schwierigen Abgrenzung zwischen Nebenleistungs- und Nachschußpflicht, vgl. *Schmidt* in Hachenburg, § 26 Anm. 2 ff.; *Scholz* § 26 Rz 1, jeweils m. w. N.

[10] Bei unentgeltlicher Einziehung des voll eingezahlten Anteils ist § 34 Abs. 3 GmbHG ohne Bedeutung. Gegen die Zulassung einer unentgeltlichen Amortisation sprechen allerdings die zu a) aufgeführten Argumente.

[11] Diese Nachzahlungspflicht ist unbegrenzt, da der Wert des einzuziehenden Geschäftsanteils und damit der auf den einzelnen Gesellschafter entfallende Nachzahlungsbetrag nicht vorhersehbar ist. Die Gesellschafter können sich daher der Nachzahlungspflicht, soweit sie als Nachschußpflicht i. S. d. § 26 GmbHG vereinbart ist, durch Ausübung des Abandonrechts entziehen.

Dagegen ist die Nachschußpflicht zur Herbeiführung der Vollbezahlung des Geschäftsanteils begrenzt durch die Höhe des Stammkapitals; insoweit besteht also kein Abandonrecht.

gesellschaft nicht im freien Ermessen der GmbH steht, ob ihr Anteil eingezogen wird oder nicht. Sie werden daher in der Satzung die GmbH zur Amortisation nicht nur berechtigen, sondern auch verpflichten.

Gegen eine derartige statutarische Amortisationspflicht bestehen an sich keine Bedenken[12]. Zweifelhaft ist allerdings, ob der Gesellschafter seinen Anspruch auf Einziehung seines Geschäftsanteils durchsetzen kann, wenn die GmbH untätig bleibt.

Scholz[13] meint unter Hinweis auf die reichsgerichtliche Rechtsprechung[14], eine Verurteilung der GmbH zur Einziehung sei nicht möglich, wenn mangels abweichender Zuständigkeitsregelungen in der Satzung die Gesellschafterversammlung den Einziehungsbeschluß zu fassen habe (§ 46 Ziff. 4 GmbHG)[15]. In den von Scholz zitierten Entscheidungen hat das RG ausgesprochen, daß die Verpflichtung eines Gesellschafters, in der Gesellschafterversammlung in einem bestimmten Sinne zu stimmen, zwar rechtsverbindlich, aber nicht vollstreckbar sei. Es könne daher nicht auf Erfüllung, sondern nur auf Schadensersatz wegen Nichterfüllung oder gegebenenfalls auf Zahlung einer Konventionalstrafe geklagt werden. Die Zubilligung eines Erfüllungsanspruchs sei mit den Vorschriften über die freie Willensbildung der Gesellschaft unvereinbar. Überdies habe die Verurteilung zur Stimmrechtsausübung in einem bestimmten Sinn nach § 894 ZPO nur zur Folge, daß mit Rechtskraft des Urteils die Willenserklärung als abgegeben gelte, was nicht hindere, in der Gesellschafterversammlung anders zu stimmen. Die genannten Entscheidungen betreffen also das heute sehr umstrittene Problem der Durchsetzbarkeit privater Stimmrechtsvereinbarungen[16].

Dieses Problem bedarf indes für die Frage, ob ein statutarischer Anspruch auf Amortisation nach § 894 ZPO vollstreckbar ist, keiner Lösung. Denn dort handelt es sich um die Verpflichtung eines Gesellschafters, sein Stimmrecht in bestimmter Weise auszuüben, hier um die Verpflichtung der GmbH, die Einziehung durchzuführen. Die Gesellschafter haben sich mit der bindenden Festlegung der Voraussetzungen für die Amortisation einer Entscheidungsfreiheit begeben, ein Urteil greift daher nicht in den Kompetenzbereich der Gesellschafterversammlung ein.

---

[12] *Schmidt* in Hachenburg, § 34 Anm. 27.

[13] Ausschließung, S. 5, 9, 49.

[14] RG 107, 67; 112, 273; 119, 386; 160, 257 (262); 165, 68 (78).

[15] Dazu, daß auch andere Organe, z. B. der bzw. die Geschäftsführer oder der Aufsichtsrat zur Einziehung ermächtigt werden können, vgl. *Schmidt* in Hachenburg, § 34 Anm. 23; *Scholz*, § 34 Rz 8.

[16] Für die Durchsetzbarkeit: *Fischer*, GmbHR 1953, 65 ff.; *Scholz*, § 47 Rz 8; *Vogel*, § 47 Anm. 4 und neuerdings BGH, NJW 1967, 1963; gegen die Durchsetzbarkeit: *Baumbach - Hueck*, GmbHG, § 47 Anm. 3 C; *Feine*, S. 519 f.; *Schmidt* in Hachenburg, § 47 Anm. 29.

Die Versammlung hat die Einziehung lediglich zu vollziehen, die Freiheit der Willensbildung steht daher nicht in Frage. Daß aber ein Gesellschafter seine durch Gesetz oder Satzung ausreichend konkretisierten Rechte im Klagewege gegen die GmbH verfolgen kann, ist anerkannt[17]. Dabei kommt es nicht darauf an, welches Organ der Gesellschaft für die gebotene Handlung, Unterlassung oder Willenserklärung zuständig ist[18]. Mithin kann ein Gesellschafter, der einen statutarischen Anspruch auf Einziehung seines Anteils hat, die GmbH auf Einziehung verklagen, unabhängig davon, ob sie vom Geschäftsführer[19] oder von der Gesellschafterversammlung vorzunehmen ist. Das Urteil ersetzt gemäß § 894 ZPO die Einziehungserklärung.

Es fragt sich weiter, auf welche Weise der Gesellschafter sein Recht auf entgeltliche Amortisation durchsetzen kann, wenn die GmbH nicht in der Lage ist, die Einziehung ohne Verletzung des § 30 Abs. 1 GmbHG durchzuführen, und auch das durch eine Kapitalherabsetzung freiwerdende Vermögen zur Befriedigung des Ausscheidenden nicht ausreicht.

In der Literatur findet sich — allerdings im Zusammenhang mit der Ausschließung eines Gesellschafters — der Vorschlag, § 30 Abs. 1 GmbHG zu durchbrechen, wenn die zur Befriedigung des ausscheidenden Gesellschafters erforderlichen Mittel nicht ohne Zugriff auf das Stammkapital aufgebracht werden können[20]. Die Interessen der Gläubiger sollen dadurch gewahrt werden, daß die übrigen Gesellschafter im Verhältnis ihrer Anteile für den Fehlbetrag haften. Überdies hafte der Geschäftsführer, wenn er nicht für einen alsbaldigen Ausgleich des Fehlbetrages sorge. Diese Lösung will offenbar den Einbruch in den Grundsatz des § 30 Abs. 1 GmbHG durch eine Heranziehung des Gedankens der Ausfallhaftung, wie er in §§ 24, 31 Abs. 3 GmbHG niedergelegt ist, wettmachen. Eine Einschränkung des § 30 GmbHG ist jedoch

---

[17] *v. Godin*, ZAkDR 1943, 214; *Peters*, AcP 156, 332 ff.; vgl. zum Recht auf Vorlage und Einsicht der Bücher und Geschäftsbelege und zum Recht auf Auskunftserteilung BGH 14, 53; zum Gewinnrecht *Schmidt* in Hachenburg, § 29 Anm. 3 ff.; *Scholz*, § 29 Rz 1 ff.

[18] RG 87, 383 (386) hält es für zulässig, einen gegen den Gewinnverteilungsschlüssel verstoßenden Gesellschafterbeschluß aufzuheben und durch eine der Satzung entsprechende Bestimmung des Richters zu ersetzen.

Ebenso ist anerkannt, daß der Geschäftsführer einer GmbH und der Vorstand einer AG einen Anspruch auf Entlastung durch die Gesellschafter — bzw. Hauptversammlung haben und diesen im Wege der Leistungsklage durchsetzen können. Vgl. für die GmbH: RG 89, 396; *Baumbach - Hueck*, GmbHG, § 46 Anm. 7 D; *Vogel*, § 46 Anm. 6; für die AG: *Gadow - Heinichen*, § 104 Anm. 5; *Ritter*, § 104 Anm. 2 b.

[19] Ist die Einziehung vom Geschäftsführer auszusprechen, hat auch *Scholz* keine Bedenken gegen die Durchsetzbarkeit des Anspruchs; vgl. *Scholz*, Ausschließung S. 5 f., 9.

[20] E. und W. *Mangold*, BB 1953, 399.

unzulässig. Die Vorschrift ist, wie Schmidt[21] anschaulich sagt, „ein Grundpfeiler des GmbH-Rechts". Das Stammkapital ist die der Disposition der Gesellschafter entzogene Kreditbasis der Gesellschaft. Die Gläubiger müssen sich, da die Gesellschafter nicht persönlich haften, auf jeden Fall auf das Vorhandensein des aus dem Handelsregister ersichtlichen Stammkapitals verlassen können[22]. Dieser Grundsatz wird durch §§ 24, 31 Abs. 3 GmbHG nicht durchbrochen, sondern gerade bestärkt, indem die übrigen Gesellschafter mit dafür einzustehen haben, daß die Kapitalgrundlage geschaffen und erhalten wird.

Darüber hinaus würde auch dieser Lösungsvorschlag versagen, wenn das gesetzliche Mindestkapital in Anspruch genommen werden müßte. Hierzu hat der BGH[23] ausgesprochen, die Ausschließung eines Gesellschafters sei nicht möglich, wenn zur Beachtung der Gläubigerschutzvorschriften eine Kapitalherabsetzung in einem solchen Umfang erforderlich sei, daß das Stammkapital entgegen dem Verbot der §§ 58 Abs. 2, 5 Abs. 1, 3 GmbHG das gesetzliche Mindestkapital unterschritten würde. Dieser Grundsatz kann hier aber nicht herangezogen werden. Er betrifft die Frage, wieweit die GmbH von einem ihr zustehenden Ausschließungsrecht Gebrauch machen kann. Dagegen kann der Einziehungsanspruch eines Gesellschafters nicht ohne weiteres wegen Kapitalmangels der GmbH hinfällig werden.

In der Rechtsprechung und Literatur zur Kündigung nach der Kartellverordnung ist die Meinung verbreitet, daß ein Gesellschafter die Auflösungsklage gemäß § 61 GmbHG erheben könne, wenn die GmbH ihrer Pflicht zur Einziehung nicht nachkomme oder nicht nachkommen könne[24]. Dabei wird teilweise auf das Erfordernis des § 61 Abs. 2 S. 2 GmbHG, wonach der klagende Gesellschafter $^{1}/_{10}$ des Stammkapitals besitzen muß, verzichtet[25]. Der Umstand, daß die Gesellschaft zur Durchführung der Einziehung nicht in der Lage sei, stelle einen in der Gesellschaft liegenden wichtigen Grund dar[26].

Diese Lösung ist allerdings unbefriedigend. Die Auflösung der Gesellschaft durch Urteil ist nur ein äußerstes Hilfsmittel[27], zu dem erst

---

[21] In Hachenburg, § 30 Einleitung mit ausf. Nachw.

[22] *Baumbach - Hueck*, GmbHG, § 30 Anm. 1; *Ballerstedt*, Kapital, S. 170 f.; *Feine*, S. 246; *Schilling*, JZ 1954, 636; *Scholz*, § 30 Rz 1.

[23] BGH 9, 157 ff. (174).

[24] RG 125, 118; JW 1929, 2601; *Isay - Tschierschky*, § 8 Anm. 60; P. *Mirow*, S. 46; *Pleser*, S. 66; *Reichstein*, S. 45 f.

[25] *Mirow*, a.a.O.; *Pleser*, a.a.O.; *Reichstein;* a.a.O.

[26] Vgl. hierzu auch *Schilling* in Hachenburg, Anhang II zu § 3 Anm. 14; *Scholz*, Ausschließung, S. 51.

[27] *Baumbach - Hueck*, GmbHG, § 61 Anm. 1 A; *Schilling* in Hachenburg, § 61 Anm. 12; *Scholz*, a.a.O.

gegriffen werden sollte, wenn alle weniger einschneidenden Möglichkeiten ausgeschöpft sind. Ist die GmbH nicht in der Lage, das Einziehungsentgelt aufzubringen, so ist der Ausscheidende im Interesse der Gesellschaft trotz seines statutarischen Amortisationsanspruchs gehalten, seinen Anteil erwerbswilligen Mitgesellschaftern oder Dritten anzubieten. Finden sich aber keine Interessenten, dann ist zu erwägen, ob die GmbH selbst den Anteil erwirbt.

Gemäß § 33 Abs. 2 GmbHG soll die Gesellschaft eigene, voll eingezahlte[28] Anteile nur erwerben, soweit der Erwerb aus dem über den Betrag des Stammkapitals hinaus vorhandenen Vermögen geschehen kann. § 33 Abs. 2 GmbHG ist nach heute h. M. Sondervorschrift gegenüber § 30 Abs. 1 GmbHG[29]. Der verbotene Erwerb ist wirksam, führt aber unter Umständen zu einer Schadensersatzpflicht der Geschäftsführer. Den Erwerb eigener Anteile unter Angreifung des Stammkapitals wird man rechtfertigen können, wenn er dazu dient, schweren Schaden von der Gesellschaft abzuwenden. Dieser in § 71 Abs. 1 AktG formulierte Ausnahmefall gilt auch für die GmbH[30]. Das Gesetz macht das dadurch erkennbar, daß es das Verbot des § 33 Abs. 2 GmbHG, anders etwa als in den Fällen der §§ 30 Abs. 1, 33 Abs. 1 GmbHG nur in der Form einer Sollvorschrift ausgesprochen hat. Allerdings wird man diese Ausnahme nur vorsichtig handhaben dürfen. Die Durchbrechung des Grundsatzes des § 30 Abs. 1 GmbHG, der den Interessen der Gläubiger dient, ist ihrerseits wiederum an Gläubigerschutzgesichtspunkten zu messen. Wenn also die GmbH zur Abwendung der Auflösung entgegen dem Verbot des § 33 Abs. 2 GmbHG eigene Anteile erwirbt, so muß die Erhaltung der Gesellschaft gerade im Interesse der Gläubiger liegen.

Der Erwerb eigener Anteile kann allerdings nur erfolgen, wenn die Anteile voll eingezahlt sind und das gesetzliche Mindestkapital nicht in Angriff genommen wird. Eine für alle Fälle gangbare und befriedigende Lösung ist mithin nur dadurch zu erzielen, daß den Gesellschaftern Nachschußpflichten auferlegt werden.

cc) Einziehung kraft Statuts

Unter der „Einziehung kraft Statuts" versteht man die Vernichtung des Geschäftsanteils bei Eintritt eines von der Satzung festgesetzten Er-

---

[28] Anteile, auf die die Stammeinlage noch nicht vollständig eingezahlt ist, können gemäß § 33 Abs. 1 GmbHG von der Gesellschaft nicht erworben werden.

[29] *Baumbach - Hueck*, GmbHG, § 33 Anm. 3 A; *Feine*, S. 415; *Schmidt* in Hachenburg, § 33 Anm. 10; *Scholz*, § 33 Rz 6; *Vogel*, § 33 Anm. 6.

[30] BGH, Betrieb 1956, 709 f.; *Scholz*, § 33 Rz 8.

eignisses. Die statutarische Einziehung wird vor allem im Zusammenhang mit der Vererbung des Geschäftsanteils diskutiert[31]. Sie soll dort dem Ausschluß der Vererblichkeit des Anteils und damit dem Schutz vor der Überfremdung der GmbH dienen. Die Einziehung auf den Todesfall geht insofern weiter als ein Amortisationsrecht der Gesellschaft, als der Geschäftsanteil mit dem Tod des Gesellschafters ohne weiteres untergeht, so daß nicht die Gefahr zwischenzeitiger Verfügungen der Erben besteht.

In ähnlicher Weise ließe sich an eine Bestimmung in der Satzung der Organgesellschaft denken, kraft deren beim Ausscheiden eines Gesellschafters aus der Grundgesellschaft sein Anteil an der Organ-GmbH erlischt[32]. Die Zulässigkeit einer solchen Einziehung kraft Satzung ist allerdings stark umstritten[33].

Gegen die Zulässigkeit der statutarischen Einziehung werden im wesentlichen folgende Argumente vorgetragen: Gemäß §§ 45 Abs. 2, 46 Nr. 4 GmbHG erfolge die Einziehung durch Beschluß der Gesellschafter oder eines anderen statutarisch vorgesehenen Einziehungsorgans auf der Grundlage einer Ermächtigung durch die Satzung. Die Einziehung sei ein einseitiger Rechtsakt, der als empfangsbedürftige Willenserklärung dem Betroffenen zuzustellen sei. Bei der statutarischen Einziehung fehle es bereits an dem besonderen Einziehungsakt, der neben der Zulassung der Einziehung durch die Satzung erforderlich sei[34]. Die Satzungsvereinbarung trage zudem Vertragscharakter, sei also keine einseitige, gegen einen Gesellschafter gerichtete Rechtshandlung[35]. Im übrigen erfolge keine Mitteilung an den betroffenen Gesellschafter[36]. Darüber hinaus sei im Zeitpunkt der Errichtung der Satzung noch gar nicht abzusehen, ob bei Eintritt des bezeichneten Ereignisses die Einziehungsvoraussetzungen (Vollzahlung des Anteils, Entgeltzahlung aus dem Reinvermögen) vorlägen[37]. Schließlich könne die Wirkung einer Ein-

---

[31] Dazu vor allem *Däubler*, S. 117 ff.; ferner *Barella*, GmbHR 1959, 45; *Baumbach - Hueck*, GmbHG, § 15 Anm. 1 A; *Hueck*, DNotZ 1952, 550 (556); *Schefer*, Betrieb 1961, 57; *Schilling* in Hachenburg, § 15 Anm. 3; *Scholz*, § 34 Rz 8; *Schuler*, GmbHR 1962, 114; *Sudhoff*, Betrieb 1963, 1109; *Vogel*, § 34 Anm. 4.

[32] *Schuler* (a.a.O.) hält die Einziehung kraft Satzung gerade auch für den Fall für geeignet, daß der GmbH-Gesellschafter aus einem bestimmten Personenkreis ausscheidet.

[33] Die Zulässigkeit wird bejaht von: KG, GmbHRspr. IV § 34 Nr. 10; *Däubler*, a.a.O.; *Schefer*, a.a.O.; *Schilling*, a.a.O.; *Schuler*, a.a.O.; *Sudhoff*, a.a.O.; *Vogel*, a.a.O.; Die Zulässigkeit verneinen: *Baumbach - Hueck*, a.a.O.; *Hueck*, a.a.O.; *Knur*, S. 108; *Scholz*, a.a.O.

[34] *Barella*, a.a.O.

[35] *Scholz*, a.a.O.

[36] *Scholz*, a.a.O.

[37] *Scholz*, a.a.O.

ziehung nicht auf einen zukünftigen, ungewissen Zeitpunkt hinausgeschoben werden[38].

Diese Argumentation ist m. E. nicht überzeugend: Es trifft zwar zu, daß die Zulassung der Einziehung und der Einziehungsbeschluß gewöhnlich in zwei zeitlich getrennten Akten vollzogen werden. Notwendig ist eine derartige, rein äußerliche Trennung indes nicht. Die Gesellschafter können sich durchaus darüber einigen, daß die Amortisation der Geschäftsanteile in bestimmten Fällen durchgeführt werden kann, und zugleich auf der Grundlage dieser Einigung von der Amortisationsmöglichkeit Gebrauch machen[39]. Dagegen spricht nicht die Tatsache, daß der Gesellschaftsvertrag im Gegensatz zum Einziehungsakt ein schuldrechtlicher Vertrag ist[40]. Es ist nichts Ungewöhnliches, daß eine Vereinbarung mehrere Rechtshandlungen von jeweils unterschiedlicher Rechtsnatur enthält[41]. Der Einziehungsbeschluß bedarf auch keiner besonderen Mitteilung an den Betroffenen, da dieser selbst bei der Beschlußfassung zugegen ist[42]. Etwas anderes ergibt sich auch nicht für die später, also nach der Gründung eintretenden Gesellschafter: Sie haben Gelegenheit, vom Inhalt der Satzung Kenntnis zu nehmen und unterwerfen sich ihr mit dem Erwerb des Geschäftanteils[43]. Unter diesen Umständen ist eine ausdrückliche Erklärung über die Einziehung überflüssig. Der weitere Einwand der Gegenmeinung, im Zeitpunkt der Gründungsvereinbarungen lasse sich noch nicht das Vorliegen der Zulässigkeitsvoraussetzungen für die Amortisation feststellen, ist zwar tatsächlich richtig, spricht aber nicht gegen die Einziehung kraft Statuts. Er trifft in vielen Fällen auch den üblchen Einziehungsbeschluß der Gesellschafterversammlung. Denn die Frage, ob das Einziehungsentgelt ohne Rückgriff auf das Stammkapital aufgebracht werden kann, ist nach h. M. nach dem Zeitpunkt der Abfindungszahlung zu beurteilen[44]. Bei der Fassung des Einziehungsbeschlusses wird man daher häufig noch nicht sagen können, ob im maßgeblichen Zeitpunkt den Voraussetzungen der §§ 34 Abs. 3, 30 Abs. 1 GmbHG Genüge getan sein wird. Daher sieht man den Einziehungsbeschluß als unter der Rechtsbedingung gefaßt an, daß die Zahlung unter Wahrung des in § 30 Abs. 1 GmbHG niedergelegten Verbots der Auszahlung des Stammkapitals erfolgen kann[45]. In gleicher Weise ist die

[38] *Knur,* a.a.O.

[39] *Schefer,* a.a.O.; *Schilling,* a.a.O.; *Schuler,* a.a.O.; *Sudhoff,* a.a.O.

[40] Zur Rechtsnatur der GmbH-Satzung vgl. *Scholz,* § 2 Rz 12 m. ausf. Nachw.; ferner *Feine,* S. 52, 162 ff., 167 f.

[41] *Däubler,* S. 118.

[42] RG 142, 286.

[43] *Däubler,* a.a.O.; *Schuler,* a.a.O.

[44] *Baumbach - Hueck,* GmbHG, § 34 Anm. 2 C; *Brodmann,* § 34 Anm. 5; *Schmidt* in Hachenburg, § 34 Anm. 14; *Scholz,* § 34 Rz 6; BGH 9, 157 (169).

[45] RG 133, 393; 142, 286; 168, 301; BGH a.a.O.

statutarische Einziehung als bedingt zu verstehen[46]. Die Einziehung ist als einseitiges Rechtsgeschäft mit Rücksicht auf die Interessen des Betroffenen zwar bedingungfeindlich[47]. Doch ist es unbedenklich, bedingungsfeindlichen Rechtsgeschäften eine Rechtsbedingung beizufügen[48]. Schließlich ist auch nichts dagegen einzuwenden, daß die Wirkungen der Einziehung erst beim Ausscheiden eines Gesellschafters aus der Grundgesellschaft eintreten sollen. Insoweit besteht eine weitere, aufschiebende Bedingung. Diese ist zulässig, weil sich die Gesellschafter als Gegner des einseitigen Rechtsgeschäfts mit der bedingten Regelung einverstanden erklärt[49], und damit auf den Schutz verzichtet haben, den ihnen das Bedingungsverbot gewähren sollte[50].

Die Einziehung kraft Statuts ist mithin zulässig. Werden bereits bei der Gründung der GmbH die Geschäftsanteile der Gesellschafter unter der Bedingung amortisiert, daß die Mitgliedschaft der Gesellschafter in der Grundgesellschaft endet, so bedarf es keines Anspruchs der Gesellschafter auf Einziehung mehr. Für die Nachschußpflichten gilt das zu aa) Gesagte entsprechend.

dd) Zusammenfassung

Zusammenfassend ist festzustellen: Die Beteiligung an der Organ-GmbH kann von der Mitgliedschaft in der Grundgesellschaft dadurch abhängig gemacht werden, daß der Anteil des aus der Grundgesellschaft Ausscheidenden nach der Satzung der GmbH einzuziehen ist. Die Satzung sollte dem Ausscheidenden einen korrespondierenden Anspruch auf Einziehung einräumen. Um die Durchführbarkeit der Amortisation in jedem Fall zu gewährleisten, sollte die Satzung den Gesellschaftern folgende Nachschußpflichten auferlegen: Bei der Einziehung von Gesellschaftsanteilen haben die übrigen Gesellschafter im Verhältnis ihrer Anteile das Entgelt aufzubringen, soweit es nicht aus dem das Stammkapital der Gesellschaft übersteigenden Vermögen gezahlt werden kann. Bei der Einziehung eines nicht voll eingezahlten Anteils haben die übrigen Gesellschafter außerdem den fehlenden Betrag im Verhältnis ihrer Anteile aufzubringen.

---

[46] Vgl. auch *Däubler*, S. 120.

[47] Dazu allgemein *Flume*, AT., § 38 5; *Siebert - Seydel*, § 158 Rz 8; *Staudinger - Coing*, Vorbem. zu § 158 Rz 6 ff.

[48] *Enneccerus - Nipperdey*, § 194 II 2 c; *Staudinger - Coing*, Vorbem. zu § 158 Rz 10.

[49] *Däubler*, a.a.O.; vgl. auch *Flume*, a.a.O.

[50] In den meisten Fällen wird das Ausscheiden aus der Grundgesellschaft zudem vom Willen des Gesellschafters abhängen. Dann ist die bedingte Einziehung auch deswegen zulässig, weil bei einseitigen Rechtsgeschäften die Beifügung einer auf den Gegner des Rechtsgeschäfts gestellten Potestativbedingung unbedenklich ist, vgl. *Flume*, a.a.O.

Das einfachere und schnellere Verfahren ist die Einziehung kraft Statuts. Bereits bei der Gründung der GmbH erfolgt die Einziehung der Geschäftsanteile unter der aufschiebenden Bedingung, daß der Inhaber des Geschäftsanteils aus der Grundgesellschaft ausscheidet. Hinsichtlich der Nachschußpflichten ergeben sich dabei die gleichen Erfordernisse, wie sie oben genannt sind. Die statutarische Einziehung dürfte allerdings wegen des heute noch offenen Streites um ihre Zulässigkeit für die Praxis nicht zu empfehlen sein.

c) Übertragung des Geschäftsanteils

An Stelle der bisher untersuchten Amortisationsmöglichkeit bietet sich noch ein anderer Weg, auf dem die Beteiligung an der Organgesellschaft von der Mitgliedschaft in der Grundgesellschaft abhängig gemacht werden kann: die Gesellschafter vereinbaren, daß der Geschäftsanteil des aus der Grundgesellschaft ausscheidenden Gesellschafters nicht vernichtet wird, sondern seinen Inhaber wechselt. Die Abtretung des Anteils wird gewöhnlich auf der Grundlage einer Abtretungsverpflichtung, ergänzt durch einen Abnahmeanspruch erfolgen. Daneben ist eine durch die Beendigung der Mitgliedschaft in der Grundgesellschaft aufschiebend bedingte Übertragung des Geschäftsanteils zu erörtern.

aa) Übertragungspflicht des Ausscheidenden

Die Verpflichtung zur Übertragung des Geschäftsanteils kann entweder schuldrechtlichen oder gesellschaftsrechtlichen Charakter haben.

Unproblematisch ist die Begründung einer obligatorischen Abtretungspflicht. Der die Verpflichtung enthaltende Vertrag kann die übrigen Gesellschafter oder — als Vertrag zugunsten Dritter die GmbH, die Grundgesellschaft oder auch deren Gesellschafter als Erwerber vorsehen. Er bedarf allerdings gemäß § 15 Abs. 4 GmbHG der gerichtlichen oder notariellen Form. Diese ist gewahrt, wenn die Vereinbarung formell Bestandteil der Satzung ist (§ 2 Abs. 1 GmbHG). Nun hat das Reichsgericht[51] jedoch ausdrücklich darauf hingewiesen, daß das Statut einer GmbH keine schuldrechtlichen Bindungen zwischen den Gesellschaftern beinhalte. Es schaffe eine neue Rechtspersönlichkeit, die dann ihrerseits in Rechtsbeziehungen zu den einzelnen Gesellschaftern stehe. Richtig daran ist, daß eine Abtretungsverpflichtung bei der Aufnahme in die Satzung ihren rein schuldrechtlichen Charakter verliert und zur gesellschaftsrechtlichen Nebenpflicht i. S. d. § 3 Abs. 2 GmbHG wird. Denn die Satzung regelt die mitgliedschaftliche Rechtsstellung der Gesellschafter, nicht

---

[51] RG 169, 65 (82).

schuldrechtliche Austauschbeziehungen der Gesellschafter untereinander. Andererseits ist es zulässig, bei der Gründung der GmbH schuldrechtliche Nebenvereinbarungen zu treffen und diese zugleich mit der Satzung niederzulegen[52]. Derartige Vereinbarungen werden aber durch die äußere Verbindung mit der Satzung nicht zu deren Bestandteil. Bei der Zusammenfassung schuldrechtlicher und gesellschaftsrechtlicher Abreden in einer Urkunde wird es allerdings häufig schwierig sein, diese von jenen im Wege der Auslegung zu scheiden[53]. Falls schuldrechtliche Übertragungspflichten gewollt sind, ist es daher zu empfehlen, sie in einer auch formal gesonderten Nebenabrede zu fixieren.

Günstiger und interessengerechter als schuldrechtliche Abtretungspflichten ist indes die Begründung einer gesellschaftsrechtlichen Übertragungspflicht. Die obligatorische Bindung trifft nur den Vertragspartner und seine Gesamtrechtsnachfolger. Ist die Abtretungspflicht dagegen gesellschaftsrechtlicher Natur, so wird sie Teil der mitgliedschaftlichen Stellung des Verpflichteten, richtet sich mithin auch gegen den Einzelrechtsnachfolger[54]. Der schuldrechtliche Nebenvertrag ist selbständig anfechtbar und kündbar. Demgegenüber ist die gesellschaftsrechtliche Nebenleistungsplicht eng an den Geschäftsanteil gebunden. Sie ist zwar u. U. aus wichtigem Grunde zu kündigen, hat dann aber den Ausschluß des Gesellschafters aus der GmbH zur Folge[55]. Danach ist die gesellschaftsrechtliche Regelung bei der Doppelgesellschaft vorzuziehen. Jeder Gesellschafter übernimmt mit seinem Eintritt in die GmbH die Abtretungspflicht und besitzt nicht die Möglichkeit sich von ihr loszusagen.

Gegen eine Satzungsbestimmung, die dem aus der Grundgesellschaft ausscheidenden Gesellschafter die Übertragung seines GmbH-Anteils zur Pflicht macht, bestehen keine Bedenken[56]. Der Verpflichtete wird aber nicht immer sofort einen erwerbswilligen Abnehmer finden. Der GmbH-Anteil besitzt keinen Markt- oder Börsenpreis. Es ist also wegen der Unsicherheit über den inneren Wert des Anteils nicht leicht, eine Einigung über das Entgelt zu erzielen. Auf der anderen Seite ist die GmbH i. d. R. daran interessiert, daß kein Fremder in die Gesellschaft eindringt, und daß die bestehenden Beteiligungsverhältnisse erhalten bleiben. Die Satzung muß daher festlegen, an wen die Übertragung zu erfolgen hat. Als Erwerber kommen die GmbH selbst, deren Gesellschafter oder Dritte in Frage.

---

[52] Vgl. *Schilling* in Hachenburg, § 3 Anm. 47 m. w. N.; *Scholz*, § 3 Rz 18.

[53] Dazu *Scholz*, a.a.O.

[54] Vgl. *Däubler*, S. 72.

[55] Vgl. dazu im einzelnen *Schilling* in Hachenburg, § 3 Anm. 36 m. ausf. Nachw.; ferner Scholz, § 3 Rz 23.

[56] RG, JW 1928, 2623 ff. mit zust. Anm. von *Netter; Scholz*, Ausschließung, S. 5.

(1) Übertragung auf die GmbH

Die sich beim Erwerb eigener Anteile ergebenden Probleme wurden bereits dargestellt[57]. Die Satzung sollte die GmbH als Erwerber nur dann vorsehen, wenn sie zugleich durch entsprechende Nachschußpflichten die Durchführbarkeit des Erwerbs sicherstellt.

Durchweg enthält die Satzung der Geschäftsführungsgesellschaft die Bestimmung, daß die Abtretung eines Geschäftsanteils an die Genehmigung der Gesellschaft gebunden ist. Die Genehmigung ist aber entbehrlich, wenn die Gesellschaft selbst den Anteil erwirbt[58]. Denn die Genehmigung wird stets vom Geschäftsführer ausgesprochen[59]. In der dinglichen Einigung über die Abtretung des Anteils liegt zugleich die erforderliche Genehmigung seitens des Geschäftsführers. Es wäre leerer Formalismus, wollte man eine gesonderte Genehmigungserklärung verlangen[60].

(2) Übertragung auf die übrigen Gesellschafter

Soll der aus der Grundgesellschaft ausscheidende Gesellschafter seinen GmbH-Anteil an die übrigen Gesellschafter der Organgesellschaft abtreten, so muß klargestellt werden, ob eine Gesamtabtretung oder eine Teilabtretung vorzunehmen ist. Das Statut kann vorsehen, daß die übrigen Gesellschafter den ungeteilten Anteil zu ideellen oder realen Bruchteilen erwerben. In diesem Fall wäre eine zusätzliche Regelung hinsichtlich der Wahrnehmung der Rechte aus dem gemeinsamen Anteil zu empfehlen. Die Gesamtabtretung hat aber zur Folge, daß jedem Gesellschafter neben seinem ursprünglichen Anteil eine Mitberechtigung an dem gemeinsamen Anteil zusteht, ein Zustand, der insbesondere nach dem Ausscheiden mehrerer Gesellschafter zu sehr komplizierten Beteiligungsverhältnissen führen kann. Diese Schwierigkeiten werden bei der Teilabtretung vermieden. Ihre Anordnung sollte durch eine statutarische Befreiung von dem Genehmigungserfordernis der Teilabtretung (gem. § 17 Abs. 3 GmbHG) ergänzt werden. Zur weiteren Vereinfachung kann

---

[57] Oben b) bb).

[58] *Schilling* in Hachenburg, § 15 Anm. 52 a E.; *Schmidt* in Hachenburg, § 33 Anm. 13; *Scholz*, § 33 Anm. 9.

[59] So die h. M., vgl. *Baumbach - Hueck*, GmbHG, § 15 Anm. 5 C; *Scholz*, § 15 Rz 45 m. w. N.; RG 64, 153; 104, 415; 160, 231; BGH 14, 37; a. A. *Schilling* in Hachenburg, § 15 Anm. 52 m. w. N. Selbst wenn die Abtretung des Geschäftsanteils im Statut ausdrücklich von der Genehmigung der Gesellschafterversammlung abhängig gemacht ist, hat dies nur Bedeutung für die Verantwortlichkeit des Geschäftsführers nach innen, vgl. *Scholz*, a.a.O.; RG 104, 415; und — für die Mindermeinung — *Schilling*, a.a.O.

[60] Zum Abnahmeanspruch des Ausscheidenden gegen den bezeichneten Erwerber vgl. unten bb).

eine Zusammenlegung des bisherigen Geschäftsanteils mit dem erworbenen Teilanteil vorgeschrieben werden. Eine Zusammenlegung mehrerer selbständiger Geschäftsanteile in der Hand eines Gesellschafters setzt voraus, daß alle Anteile voll einbezahlt sind, und daß eine Nachschußpflicht nicht besteht[61]. Anderenfalls würden die Interessen der Gesellschaftsgläubiger beeinträchtigt, insofern als bei nicht voll geleisteter Einzahlung der Stammeinlage oder des Nachschusses der Rückgriff gegen die Vormänner oder die Mithaft der Gesellschafter erschwert wird[62]. Weiter muß die Zusammenlegung, da sie eine Abweichung von § 15 Abs. 2 GmbHG darstellt, in der Satzung vorgesehen sein[63]. Schließlich bedarf es eines Gesellschafterbeschlusses sowie der Zustimmung des von der Zusammenlegung betroffenen Gesellschafters[64].

Die statutarische Festsetzung einer gesellschaftsrechtlichen Pflicht zur Abtretung des Geschäftsanteils an die übrigen Gesellschafter ist an sich unproblematisch. Zweifelhaft ist allerdings, ob die übrigen Gesellschafter dadurch einen unmittelbaren Übertragungsanspruch erhalten, so daß sie auf Abtretung klagen können, wenn der Ausscheidende sich weigert, ihnen seinen Anteil anzubieten. Scholz[65] bejaht diese Frage ohne nähere Begründung. Will man die Grundlage dieser Klagemöglichkeit in einem sich aus der Satzung ergebenden Anspruch auf Übertragung sehen, so stellt sich das Problem, ob gesellschaftsrechtliche Ansprüche zwischen den Gesellschaftern einer GmbH begründet werden können. In der Literatur wird die Annahme derartiger Beziehungen teilweise abgelehnt, da sie mit der körperschaftlichen Struktur der GmbH nicht in Einklang zu bringen seien[66]. Die hier zu erörternde Frage unmittelbarer gegenseiti-

---

[61] *Schilling*, in Hachenburg, § 15 Anm. 69 a; *Scholz*, § 15 Rz 55; *ders.*, JW 1933, 2805; *Vogel*, § 15 Anm. 10; entgegen dieser Meinung will *Feine* (S. 396) auch bei nicht voller Einbezahlung des Geschäftsanteils eine Zusammenlegung zulassen. Um den Gläubigerinteressen gerecht zu werden, nimmt er an, daß die Rechtsvorgänger im Verhältnis ihrer früheren, jetzt zusammengelegten Anteile zur Regreßhaftung herangezogen werden können, und dann eine erneute Teilung des zusammengelegten Geschäftsanteils kraft Gesetzes eintritt, wenn ein Teilanteil gemäß § 22 Abs. 4 GmbHG durch Zahlung des rückständigen Betrages vom Vormann erworben oder im Wege des § 23 GmbHG verkauft wird. Eine solche Konstruktion der Teilung kraft Gesetzes findet im GmbHG aber keine Stütze.

[62] RG 142, 36 (39).

[63] *Becker*, ZBlHR 1927, S. 94 ff.; *Krabbenhöft*, Der Deutsche Rechtspfleger 1951, 157 f.; *Schilling*, a.a.O.; *Scholz*, a.a.O. In RG 142, 36 ist von dieser Voraussetzung nicht ausdrücklich die Rede.

Ein Beschluß über die Zusammenlegung von Geschäftsanteilen ohne Grundlage in der Satzung ist, da § 15 Abs. 2 GmbHG nachgiebigen Rechts ist, nicht nichtig, sondern nur anfechtbar. *Krabbenhöft*, a.a.O.; *Scholz*, § 15 Rz 55.

[64] *Becker*, a.a.O.; *Krabbenhöft*, a.a.O.; *Schilling*, a.a.O.; ferner *Baumbach - Hueck*, § 15 Anm. 2.

[65] Ausschließung, S. 24.

[66] Vgl. z. B. *Schilling* in Hachenburg, § 13 Anm. 3; ebenso RG 169, 65 (82).

ger Ansprüche ist nicht identisch mit der Frage der Treupflicht gegenüber den Mitgesellschaftern. Es ist heute allgemein anerkannt, daß jedem an der Gesellschaft Beteiligten eine Treupflicht gegenüber der GmbH und den übrigen Gesellschaftern obliegt[67]. Der Gesellschafter hat eine Schädigung der Interessen der Gemeinschaft und der durch den Gemeinschaftszweck umfaßten Interessen der Mitbeteiligten zu unterlassen und darüber hinaus diese Interessen im Rahmen der durch die Gemeinschaft bedingten Tätigkeit zu fördern. Dabei braucht er jedoch die eigenen Interessen nicht hinter diejenigen der Gesellschaft oder der anderen Gesellschafter zurückzustellen[68]. Die Pflicht zur Rücksichtnahme ist ihm nur auferlegt, soweit es der Billigkeit entspricht. Der Inhalt der gegenseitigen gesellschaftsrechtlichen Treupflicht besteht also nicht in der Fürsorge für die Interessen der Mitgesellschafter, sondern in der Förderung des Gemeinschaftszwecks. Die Anerkennung der Treupflicht besagt daher noch nichts über die Zulässigkeit von unmittelbaren Ansprüchen der Gesellschafter gegeneinander, die sich nicht aus der korporativen Gebundenheit der Gesellschafter und dem Gesellschaftszweck ergeben. Unzweifelhaft können die Gesellschafter außerhalb des Rahmens der GmbH schuldrechtlich beliebige Rechte und Pflichten begründen[69]. Zweifelhaft kann lediglich sein, ob solche Rechtsbeziehungen auch gesellschaftsrechtlich hergestellt werden können, so daß sie als Mitgliedschaftsrechte oder -pflichten an den Geschäftsanteil gebunden sind. Nach Schilling[70] folgt aus der „juristischen Persönlichkeit" der GmbH, daß unmittelbare Ansprüche der Gesellschafter gegeneinander nicht möglich sind. Soll mit dem Begriff „juristische Persönlichkeit der GmbH" deren Rechtsfähigkeit bezeichnet werden[71], so ist die Folgerung Schillings unrichtig. Die Tatsache, daß eine Personenvereinigung rechtsfähig ist, besagt nicht mehr, als daß sie Zuordnungsendpunkt selbständiger Rechte und Pflichten ist, und zwar sowohl gegenüber ihren Mitgliedern, als auch gegenüber Dritten[72]. Die Rechtsfähigkeit der GmbH hat also mit dem gegenseitigen Verhältnis der Gesellschafter nichts zu tun. Schilling könnte unter „juristischer Persönlichkeit der GmbH" aber auch deren korporativen Verbandscharakter verstehen. Es bedarf hier indes keiner Erörterung, ob sich aus dem Wesen oder der typischen Struktur einer Körperschaft herleiten läßt,

---

[67] BGH 9, 157 (163); 14, 25 (38); *Baumbach - Hueck*, GmbHG, Anm. 2 B vor § 13; *Ballerstedt*, Kapital, S. 181 ff.; *Knöpfel*, S. 37 ff., 60 ff.; 91 ff.; *Schmidt*, GmbHR 1960, 137 ff. m. ausf. Nachw.

[68] BGH 14, 38.

[69] Vgl. oben vor (1).

[70] In Hachenburg, § 13 Anm. 3.

[71] Die Verweisung *Schillings*, a.a.O. auf Anm. 1 spricht für dieses Verständnis.

[72] *Müller - Freienfels*, AcP 156, 529.

daß Ansprüche zwischen den Mitgliedern nicht bestehen können. Denn die GmbH mag zwar — ähnlich wie die Aktiengesellschaft — vom Gesetzgeber als Körperschaft des privaten Rechts konzipiert sein. Doch ist heute allgemein anerkannt, daß die GmbH einer personalistischen Ausgestaltung zugänglich ist, und zwar in einem so weitgehenden Maße, daß auf das Innenverhältnis der Gesellschaft das Recht der OHG anzuwenden ist[73]. Eine solche Abweichung vom Typus der GmbH ist zulässig, soweit nicht gegen die gesetzlichen Wertungen verstoßen wird[74]. Die Begründung unmittelbarer Ansprüche der Gesellschafter gegeneinander erweitert die Rechte und Pflichten der Gesellschafter im Innenverhältnis. Dadurch werden die Wertungen des GmbHG nicht mißachtet oder umgangen. Das Gesetz kennt nicht den Grundsatz begrenzter Rechte und Pflichten[75]. Ebensowenig besteht ein Verbot unmittelbarer Rechtsbeziehungen der Gesellschafter untereinander. Es ist z. B. anerkannt, daß ein Gesellschafter, der die Zahlungspflichten gemäß §§ 24, 31 Abs. 3 GmbHG zunächst für die Mitgesellschafter mit erfüllt, gegen diese einen gesellschaftsrechtlichen Regreßanspruch hat[76]. Aus den genannten Gründen bestehen somit keine Bedenken, durch die Satzung unmittelbare, gesellschaftsrechtliche Ansprüche der Gesellschafter gegeneinander zu begründen[77].

Die Satzung kann daher bestimmen, daß der aus der Grundgesellschaft Ausscheidende seine GmbH-Anteile an die übrigen Gesellschafter — ungeteilt oder anteilig — zu übertragen hat. Weigert sich der Ausscheidende, seinen Anteil anzubieten, so können die übrigen Gesellschafter auf Abtretung klagen[78].

Eine durch die Satzung gemäß § 15 Abs. 5 GmbHG vorgesehene Abtretungsgenehmigung ist nicht erforderlich, wenn die Abtretung in Erfüllung der statutarischen Übertragungspflicht erfolgt[79]. Denn die Satzung würde sich mit sich selbst in Widerspruch setzen, wenn sie einerseits die Gesellschafter zur Abtretung ihres Geschäftsanteils beim Ausscheiden aus der Grundgesellschaft verpflichtet, sich aber anderer-

---

[73] *Baumbach - Hueck*, GmbHG, § 1 Anm. 8 F; *Ballerstedt*, Kapital, S. 181 f.; *Schilling* in Hachenburg, Allg. Einl. Anm. 25; *Schmidt*, GmbHR 1960, 137 f. *Woite*, NJW 1965, 2141.

[74] Vgl. dazu *Caflisch*, S. 160 ff.

[75] Dazu nur *Schilling* in Hachenburg, § 3 Anm. 24; § 14 Anm. 18 ff.; davon zu unterscheiden ist der Grundsatz der beschränkten Haftung.

[76] *Ballerstedt*, Kapital, S. 182 ff.; *Hoffmann*, GmbHR 1963, 62; *Schmidt* in Hachenburg, § 24 Anm. 29.

[77] Vgl. dazu *Brecher*, S. 257; *Siebert*, DJZ 1935, 718, 722; *Woite*, NJW 1965, 2141.

[78] Zum Abnahmeanspruch des Ausscheidenden gegen den bezeichneten Erwerber vgl. unten unter bb).

[79] Vgl. dazu *Däubler*, S. 80.

seits die Möglichkeit vorbehält, die Erfüllung dieser Pflicht durch Verweigerung der Genehmigung zu vereiteln. Eine Satzungsbestimmung, die ganz allgemein für jede Veräußerung von Geschäftsanteilen eine Genehmigung verlangt, ist daher im Wege teleologischer Reduktion[80] dahin auszulegen, daß das Zustimmungserfordernis entfällt, wenn die Veräußerung durch die Satzung vorgeschrieben ist.

(3) Übertragung auf Dritte

Als Erwerber des Anteils des Ausscheidenden kommen schließlich die Grundgesellschaft, oder — ganz allgemein — Dritte in Betracht. Auch hier stellt sich wiederum die Frage, ob der Erwerber den Gesellschafter auf Übertragung verklagen kann. Ein sich aus Gesetz oder der Satzung ergebender unmittelbarer Anspruch Dritter gegen die Gesellschafter der GmbH wird von einigen unter Berufung auf das „Wesen der GmbH" abgelehnt[81]. Gesellschaftliche Pflichten beständen nur zwischen der GmbH und ihren Gesellschaftern. Gemeint ist wohl, daß die Zulassung eines solchen Anspruchs mit dem Grundsatz der beschränkten Haftung unvereinbar sei. Dieser Grundsatz will lediglich den Zugriff auf das persönliche Vermögen der Gesellschafter verwehren. Es widerspricht aber nicht dem Zweck der beschränkten Haftung, wenn dem Gesellschafter Handlungspflichten nicht gegenüber der Gesellschaft zugunsten Dritter, sondern unmittelbar gegenüber Dritten auferlegt werden[82]. Die Literatur läßt daher auch überwiegend die statutarische Begründung von Drittrechten zu[83]. Im übrigen kann die GmbH — wenn man einen Anspruch des Dritten ablehnt — den Dritten ermächtigen, den Anspruch der Gesellschaft im eigenen Namen klageweise geltend zu machen, da der Dritte als Erwerber ein unmittelbares rechtliches Interesse an der Realisierung des Anspruchs hat[84].

Für eine etwa nach § 15 Abs. 5 GmbHG erforderliche Genehmigung der Abtretung gilt das zu (2) Gesagte unverändert[85].

---

[80] Dazu *Soergel - Siebert*, § 157 Rz 118 ff., 122 ff.; ferner *Larenz*, Methodenlehre, S. 296 ff.

[81] *Schilling* in Hachenburg, Allg. Einl. Anm. 25; § 13 Anm. 16; ebenso RG 169, 65 (82).

[82] Vgl. dazu RG, GmbHR 1919, 49, wo ein Konkurrenzverbot der Gesellschafter gegenüber Dritten angenommen wird.

[83] Vgl. z. B. *Däubler*, S. 75 m. w. N.; *Feine*, S. 378; *Scholz*, § 15, Rz 12.

[84] Zur gewillkürten Prozeßstandschaft BGH 4, 165; 25, 258; 38, 281 m. w. Nachw.

[85] Zum Abnahmeanspruch gegen den bezeichneten Erwerber sogleich unter bb).

bb) Übernahmepflicht des Erwerbers

Als Korrelat zur Übertragungspflicht des Ausscheidenden ist aus den oben genannten Gründen[86] eine Abnahmepflicht des in der Satzung bezeichneten Erwerbers erforderlich. Soll die GmbH den Anteil des Ausscheidenden übernehmen, so ist die Erfüllbarkeit dieser Pflicht durch statutarische Nachschußpflichten zu sichern. Bei einer Übernahmepflicht der übrigen Gesellschafter kann der Ausscheidende, wenn die Übernahme verweigert wird, auf Abgabe der Annahmeerklärung klagen. Dritten kann die Erwerbspflicht seitens der GmbH nur schuldrechtlich auferlegt werden, jedoch in der Weise, daß dem Ausscheidenden ein unmittelbarer Anspruch auf Übernahme gegen den Dritten zusteht (§ 328 BGB).

cc) Aufschiebend bedingte Übertragung des Geschäftsanteils

Abschließend ist zu erwägen, ob sich die Gesellschafter an Stelle einer Verpflichtung zur Übertragung ihres Geschäftsanteils beim Ausscheiden aus der Grundgesellschaft bereits bei der Gründung der GmbH ihres Anteils mit dinglicher Wirkung begeben können, und zwar unter der aufschiebenden Bedingung, daß ihre Mitgliedschaft in der Grundgesellschaft endet.

Schilling hält die bedingte Abtretung eines Geschäftsanteils für grundsätzlich unzulässig[87]. Die Abtretung sei als Austritt des veräußernden und Beitritt des erwerbenden Gesellschafters personenrechtlicher Natur und deswegen bedingungsfeindlich. Dagegen hat das Reichsgericht, allerdings ohne Begründung, die bedingte Übertragung eines GmbH-Anteils für unbedenklich gehalten[88]. Schilling hebt ausschließlich auf die personenrechtliche Seite des Geschäftsanteils ab. Dabei bleibt dessen vermögensrechtliche Komponente[89] unberücksichtigt, die insbesondere bei der kapitalistischen GmbH durchaus im Vordergrund stehen kann. Es trifft zwar zu, daß durch den Erwerb des Geschäftsanteils die Mitgliedschaft in der GmbH begründet wird. Doch ist der Geschäftsanteil selbst ein Recht des Gesellschafters[90], das, ähnlich wie die Aktie, seine rechtliche Beteiligung am Gesamtvermögen der Gesellschaft darstellt[91]. Rechte können grundsätzlich bedingt übertragen werden. Das

---

[86] § 5 I 1 b, vor aa.

[87] In Hachenburg, § 15 Anm. 61.

[88] RG 79, 182 (185 f.).

[89] Dazu *Serick*, Eigentumsvorbehalt, § 29 IV 2, Anm. 86; *Schilling* in *Hachenburg*, § 14 Anm. 17.

[90] *Scholz*, § 14 Rz 2 m. w. N.

[91] KG, KGJ 34, 91.

GmbHG gibt keinen Hinweis dafür, daß — in Abweichung von diesem Grundsatz — die Abtretung des Geschäftsanteils wegen dessen personenrechtlichen Einschlags nicht unter einer Bedingung erfolgen dürfe[92]. Der Auffassung des Reichsgerichts ist daher beizutreten[93].

Erwerber des aufschiebend bedingt übertragenen Geschäftsanteils können die übrigen Gesellschafter der GmbH sein. Dabei bestehen wiederum die oben aufgezeigten Variationsmöglichkeiten: Gesamtabtretung zu realen Anteilen, Gesamtabtretung zu ideellen Anteilen, Teilabtretung. Ebenso kommt die GmbH als Erwerberin des Anteils in Betracht. Die Abtretung steht dann allerdings unter der weiteren gesetzlichen Bedingung, daß beim Eintritt der ersten Bedingung, nämlich dem Ausscheiden des Gesellschafters aus der Grundgesellschaft, die Zulässigkeitsvoraussetzungen für den Erwerb eigener Anteile (Vollbezahlung des Geschäftsanteils, Entgeltzahlung aus dem Reinvermögen, § 33 GmbHG) gegeben sind.

Auf Einzelfragen der bedingten Übertragung des Geschäftsanteils, etwa die Rechtslage beim Wechsel der Gesellschafter oder bei der Einziehung eines Geschäftsanteils, soll hier nicht eingegangen werden. Denn die bedingte Abtretung ist zwar rechtlich zulässig, m. E. jedoch für die Praxis nicht zu empfehlen. Die Gesellschafter würden sich bereits endgültig ihres Anteils begeben, ohne Gewißheit darüber zu haben, ob sie für dieses u. U. sehr wertvolle Recht ein Entgelt bekommen werden. Mit der Begründung einer Übertragungspflicht ist dem Interesse der Beteiligten besser gedient. Der in Anspruch genommene Gesellschafter kann dabei dem Abtretungsverlangen seiner Mitgesellschafter so lange ein Zurückbehaltungsrecht entgegenhalten, bis diese ihm den Wert seines Anteils vergütet haben. Zudem führt die „dingliche Lösung" zu einer unerwünschten Starrheit. Soll z. B. der Geschäftsnachfolger eines Gesellschafters in die Doppelgesellschaft eintreten, oder will man aus irgendeinem Grund die Beteiligungsverhältnisse ändern, so sind komplizierte Verfügungen erforderlich, um den Gesellschaftsvertrag und das System dinglicher Anwartschaften wieder aufeinander abzustimmen.

Diese Bedenken gelten um so mehr, wenn nicht die übrigen Gesellschafter oder die GmbH, sondern Dritte, etwa die Grundgesellschaft

---

[92] Dann ist aber auch im Fall der auflösend bedingten Übertragung bei Bedingungseintritt keine Rückübertragung in der Form des § 15 Abs. 3 GmbHG erforderlich; der Geschäftsanteil fällt automatisch und formlos zurück. (A. A. *Schilling* in Hachenburg, § 15 Anm. 68 a. E.; Anh. I zu § 15 Anm. 10 a; *Scholz,* § 15 Rz 18; wohl auch *Vogel,* § 15 Anm. 5). Etwas anderes mag dort gelten, wo sich die Bedingungskonstruktion unter Umgehung des Zwecks des Formenerfordernisses als Ersatz einer an sich gewollten doppelten Vollübertragung darstellt.

[93] Vgl. auch *Däubler,* GmbHR 1967, 246.

oder deren Gesellschafter den Anteil des Ausscheidenden erwerben sollen. Dabei ist bereits zweifelhaft, ob der Geschäftsanteil durch eine Abtretungsverfügung der Gesellschafter untereinander auf Dritte übergehen kann[94]. Diese Streitfrage kann hier indes offenbleiben. Denn selbst wenn man eine Verfügung zugunsten Dritter rechtlich für möglich hält, wird man aus den genannten Gründen tatsächlich von ihr keinen Gebrauch machen.

dd) Zusammenfassung

Als Ergebnis des vorstehenden Abschnitts ist festzustellen:

Die Gesellschafter können entweder durch schuldrechtliche Nebenvereinbarungen oder durch die Satzung verpflichtet werden, beim Ausscheiden aus der Grundgesellschaft ihren Geschäftsanteil abzutreten. Die Aufnahme der Übertragungspflicht in die Satzung ist vorzuziehen. Als Erwerber des Anteils kann die GmbH bestimmt werden. In diesem Fall sollte durch entsprechende Nachschußpflichten gewährleistet werden, daß der Erwerb unter allen Umständen stattfinden kann. Als zweite Möglichkeit kommt ein Erwerb des Anteils durch die übrigen Gesellschafter in Betracht. Diese erhalten einen unmittelbaren gesellschaftsrechtlichen Abtretungsanspruch gegen den Ausscheidenden. Der Anspruch richtet sich entweder auf Abtretung des ungeteilten Geschäftsanteils zu realen oder ideellen Bruchteilen oder auf Abtretung von Teilanteilen. Zweckmäßiger ist die Teilabtretung, insbesondere wenn eine spätere Zusammenlegung des Teilanteils mit dem ursprünglichen Anteil des Erwerbers im Statut vorgesehen ist. Eine dritte Möglichkeit ist die Verpflichtung zur Abtretung an die Grundgesellschaft oder deren Gesellschafter. Auch für sie kann ein statutarischer Abtretungsanspruch begründet werden. Eine korrespondierende Abnahmepflicht läßt sich durch die Satzung nur der GmbH und den übrigen Gesellschaftern auferlegen. Nichtgesellschafter müssen sich durch gesonderte schuldrechtliche Vereinbarungen zur Übernahme des Anteils des Ausscheidenden verpflichten. Eine durch das Ausscheiden aus der Grundgesellschaft aufschiebend bedingte Übertragung des Geschäftsanteils bereits bei der Errichtung der GmbH ist nicht zu empfehlen.

2. Regelungen für die Übergangszeit

Die bisher erörterten Satzungsbestimmungen dienen dem Zweck, beim Ausscheiden eines Gesellschafters aus der Grundgesellschaft auch dessen Beteiligung an der GmbH aufzuheben. Zwischen der Beendigung

---

[94] Vgl. dazu die ausführliche Wiedergabe des Standes der Meinungen in Rechtsprechung und Literatur bei *Däubler*, S. 101 ff.

der beiden Mitgliedschaften kann aber eine zeitliche Differenz bestehen: Die Mitgliedschaft in der Grundgesellschaft wird durch eine einseitige Erklärung aufgelöst, diejenige in der GmbH erst nach Abtretung des Anteils bzw. nach Abwicklung des Amortisationsverfahrens. Für diesen Übergangszeitraum, in dem der Gesellschafter nicht mehr an der Grundgesellschaft, aber vorläufig noch an der GmbH beteiligt ist, wird sich i. d. R. das Bedürfnis einer besonderen Regelung ergeben. Es ist unerwünscht, daß der aus der Grundgesellschaft Ausscheidende noch aktiv in der GmbH mitwirkt, die als Geschäftsführerin dieser Grundgesellschaft fungiert. Bei einer Kartell-Doppelgesellschaft will man dem jetzigen Außenseiter nicht über die GmbH Einblick in das Geschäftsgebaren seiner Konkurrenten gewähren. Die Satzung kann daher Bestimmungen enthalten, nach denen die Rechte und Pflichten der Gesellschafter mit ihrem Ausscheiden aus der Grundgesellschaft in einem bestimmt geregelten Umfang ruhen. Das Ruhen von Gesellschaftsrechten und -pflichten ist im Gesetz nicht vorgesehen[95]. Doch haben Rechtsprechung und Literatur für zwei Sonderfälle der Abwicklung eines Mitgliedschaftsverhältnisses die Figur des ruhenden Geschäftsanteils entwickelt: bei der Kartellkündigung[96] und der Ausschließung eines Gesellschafters aus wichtigem Grund[97]. Die Kartellkündigung führt zunächst nur zur Beendigung der Kartellpflichten. Da aber einerseits den übrigen Kartellmitgliedern eine weitere Mitwirkung des Außenseiters in den Angelegenheiten des Kartells nicht zuzumuten ist, andererseits der Außenseiter noch Inhaber des Geschäftsanteils ist, hat man als interessengerechten Ausweg das Ruhen der sich aus dem Anteil ergebenden Rechte und Pflichten gefunden. Eine ähnliche Lösung wird beim Ausschluß eines Gesellschafters für die Zeit zwischen dem Erlaß des Ausschlußurteils und der entgeltlichen Übernahme bzw. Amortisation des Geschäftsanteils vertreten[98].

Beim Ausscheiden aus der Grundgesellschaft besteht die gleiche Interessenlage wie bei der Kündigung der Nebenleistungspflichten einer Nebenleistungs-GmbH. Denn für die Interessenlage ist es ohne Belang, ob die Kartellpflichten gemäß § 3 Abs. 2 GmbH im Rahmen der GmbH, oder im Rahmen einer besonderen Grundgesellschaft vereinbart sind.

---

[95] Dagegen können durch die Satzung einzelne Gesellschafterrechte ausgeschlossen werden, vgl. dazu *Baumbach - Hueck*, GmbHG, Anm. 2 D vor § 13; *Feine*, S. 527 ff.; *Schilling* in Hachenburg, § 14 Anm. 21; *Scholz*, § 47 Rz 11 jeweils m. w. N.

[96] Vgl. dazu oben § 4 Anm. 13.

[97] *Baumbach - Hueck*, GmbHG, Anm. 2 B, C vor § 34; *Hueck*, Betrieb 1953, 778; *Schmidt* in Hachenburg, § 34 Anm. 18 a.

[98] Der BGH brauchte in seinem grundlegenden Urteil BGH 9, 157 ff. zu dieser Frage nicht Stellung zu nehmen. Andeutungen für eine Einschränkung der Rechte und Pflichten nach Erlaß des Ausschlußurteils finden sich auf S. 176.

Mit der Beendigung der Mitgliedschaft in der Grundgesellschaft ruhen also bereits ohne dahin gehende Satzungsbestimmungen die Rechte und Pflichten des Gesellschafters in der GmbH[99]. Die Satzung kann allerdings konkretisieren, in welchem Umfang der Gesellschafter von der Wahrnehmung seiner Mitgliedschaftsrechte und -pflichten ausgeschlossen sein soll. Dazu lassen sich hier keine abstrakten Richtlinien aufstellen. Maßgeblich ist die Ausgestaltung der Rechtsposition der Gesellschafter im Einzelfall. Sie ist beim Ausscheiden des Gesellschafters aus der Grundgesellschaft soweit zu beschränken, daß die schutzwürdigen Belange der übrigen Gesellschafter nicht beeinträchtigt werden.

II. Die Organgesellschaft als Aktiengesellschaft

Die Satzung der AG kann, wie diejenige der GmbH, die Lösung des aus der Grundgesellschaft ausscheidenden Aktionärs regeln und andererseits Bestimmungen für den Übergangszeitraum treffen, währenddessen die Beziehungen zur Grundgesellschaft beendet sind, diejenigen zur AG aber noch bestehen.

1. Regelung des Ausscheidens aus der AG

Für das Ausscheiden aus der AG stellt das Aktiengesetz an sich die gleichen Möglichkeiten zur Verfügung, wie sie im vorhergehenden Abschnitt bei der GmbH behandelt wurden: Kaduzierung, Amortisation und Übertragung der Aktie. Gegenüber der GmbH ist es bei der AG wegen deren ausgeprägter kapitalistischer Struktur aber noch schwieriger, durch Satzungsbestimmungen die Beteiligung an der AG von der Mitgliedschaft in der Grundgesellschaft abhängig zu machen.

a) Kaduzierung

Nach § 64 AktG können Aktionäre, die mit der Einzahlung ihrer Einlage säumig sind, in einem besonders ausgestatteten Kaduzierungsverfahren ihrer Aktien und der geleisteten Einlagen zugunsten der Gesellschaft verlustig erklärt werden. Nach herrschender Auffassung kann die Satzung — im Gegensatz zur GmbH[100] — die Kaduzierungsmöglichkeit nicht auf andere Fälle als die Säumnis ausdehnen[101]. Dies wird

---

[99] Siehe dazu näher unten, § 11 III 1 b.

[100] S. oben I 1 a).

[101] OLG Karlsruhe, OLG 43, 309; *Düringer - Hachenburg*, Bd. III/1, § 219 Anm. 2; *Gadow - Heinichen*, § 58 Anm. 2; Karl *Lehmann*, Bd. II, S. 374 Anm. 7; *Schlegelberger - Quassowski*, § 58 Rz 1; *Staub - Pinner*, § 219 Einl. A. A. A. *Pinner*, JW 1930, 2712; wohl auch H. *Pinner*, ZBlHR 1930, 307 f.

mit der begrenzten Leistungspflicht des Aktionärs und der auf sie bezogenen Sicherungsfunktion des § 64 AktG begründet. Die einzige Hauptpflicht des Aktionärs sei die Erbringung einer Kapitalleistung[102]. Zweck der Kaduzierung sei es, die Erfüllung dieser Pflicht im Interesse der Gesellschaftsgläubiger zu erzwingen[103]. Der Ausschluß eines Aktionärs sei nur zulässig, soweit er diesem Zweck diene[104, 105].

Es kann offenbleiben, ob der herrschenden Meinung ausnahmslos beizutreten ist, oder ob bei Aktiengesellschaften mit personalistischem Einschlag eine erweiterte Kaduzierungsmöglichkeit einzuräumen ist[106]. Denn bei einer Doppelgesellschaft ist der Zweck, die Mitgliedschaften in Grund- und Organgesellschaft aneinander zu binden, nicht mit Hilfe einer satzungsmäßig vorgesehenen Kaduzierung der Aktien des aus der Grundgesellschaft Ausscheidenden zu erreichen. Aus den oben dargelegten Gründen[107] ist die Kaduzierung für diesen Zweck ungeeignet.

b) Amortisation

Als weiteres Instrument, einen Aktionär aus der AG auszuschließen, bietet das AktG die Einziehung von Aktien. Das Gesetz kennt verschiedene Arten der Einziehung, wobei, entsprechend der jeweiligen Interessenlage, die Einziehungsverfahren voneinander abweichende Ausgestaltungen gefunden haben. Es ist — hinsichtlich des Verfahrens — zunächst zu unterscheiden zwischen der Einziehung im ordentlichen Kapitalherabsetzungsverfahren (§ 237 Abs. 2 AktG) und der vereinfachten Einziehung (§ 237 Abs. 3 AktG). Die vereinfachte Einziehung setzt voraus, daß die Aktie voll einbezahlt ist und der Gesellschaft entweder un-

---

[102] Zu der umstrittenen Frage ob die Kaduzierung durch die Satzung auch für den Fall angeordnet werden kann, daß Aktionäre mit der Erbringung einer Sacheinlage säumig sind, vgl. *Gadow - Heinichen*, a.a.O., mit ausf. Nachw.

[103] *Lehmann*, a.a.O.; *Schlegelberger - Quassowski*, a.a.O.

[104] *Flechtheim* (in Düringer - Hachenburg, a.a.O.) vertritt die Auffassung, die gesetzliche Festlegung der Voraussetzungen der Kaduzierung und die Regelung des Verfahrens durch die Novelle vom 18. 7. 1884 (RGBl S. 123) hätten auch dazu gedient, den Aktionär, insbesondere den künftigen Aktienerwerber vor übertrieben scharfen Kaduzierungsbestimmungen zu schützen. Er beruft sich dabei auf die Begründung zur Novelle von 1884. Die Novelle wollte indes die Kaduzierung in der bisherigen Form nur einschränken, weil es keine wirksame Haftung für rückständige Einlagen gab. Es ging also gerade um den Gläubigerschutz (vgl. Verhandlungen des Reichstags, 5. Legislaturperiode [IV Session 1884] Bd. III, S. 253 ff).

[105] Das weitere Argument des RG (RG 49, 77 [80]), die Ausdehnung der Kaduzierungsmöglichkeit gefährde die Erhaltung des Stammkapitals, geht fehl, da die Kaduzierung unentgeltlich erfolgt.

[106] Dafür *Wieland*, Bd. II, S. 175.

[107] S. o. I 1 a).

entgeltlich zur Verfügung gestellt wird, oder zu Lasten des Reingewinns oder einer freien Rücklage, die zu diesem Zweck verwandt werden darf, eingezogen wird. In diesen Fällen wird die Substanz des Gesellschaftsvermögens nicht verringert. Die Gläubigerschutzvorschriften des ordentlichen Herabsetzungsverfahrens brauchen daher nicht beachtet zu werden. Bei beiden Arten des Einziehungsverfahrens ist — hinsichtlich der Zulässigkeit — zu trennen zwischen der zwangsweisen, d. h. ohne den Willen des Aktionärs erfolgenden Einziehung, und der Einziehung nach Erwerb der Aktie durch die Gesellschaft. Die Zwangseinziehung ist nur zulässig, wenn sie in der ursprünglichen Satzung oder durch eine Satzungsänderung vor Übernahme oder Zeichnung der Aktie angeordnet oder gestattet war. Schließlich sind — hinsichtlich der Zuständigkeit zur Entscheidung über die Einziehung — die freiwillige Einziehung eigener Aktien sowie die satzungsmäßig gestattete Zwangseinziehung einerseits von der satzungsmäßig angeordneten Zwangseinziehung andererseits zu unterscheiden. Grundsätzlich beschließt die Hauptversammlung über die Einziehung von Aktien[108]. Ordnet aber die Satzung die Einziehung an und enthält sie zugleich alle wesentlichen Bedingungen der Einziehung[109], so ist die Durchführung der Einziehung eine reine Verwaltungsmaßnahme, zu deren Vornahme gemäß § 237 Abs. 6 AktG der Vorstand zuständig ist[110].

Nach diesem Überblick soll untersucht werden, ob die Satzung einer Organ-AG die Einziehung der Aktien des aus der Grundgesellschaft Ausscheidenden vorsehen kann. Dabei sind wiederum das Amortisationsrecht der AG und der Anspruch des Ausscheidenden auf Amortisation getrennt zu behandeln.

aa) Amortisationsrecht der AG

Das Aktienrecht kennt im Gegensatz zu § 34 GmbHG keine Amortisation ohne Herabsetzung des Grundkapitals. Das folgt aus der unterschiedlichen Bedeutung von Aktie und Geschäftsanteil. Aus den Geschäftsanteilnennbeträgen ergibt sich das Beteiligungsverhältnis der jeweils an der GmbH beteiligten Gesellschafter. Bei der Gründung der GmbH entspricht die Summe der Nominalbeträge aller Anteile dem Stammkapital. Dies verschiebt sich jedoch bei einem Wechsel des Mit-

---

[108] Für den Beschluß bedarf es gemäß § 222 Abs. 1 AktG der 3/4 Mehrheit; im vereinfachten Verfahren genügt dagegen einfache Mehrheit: § 237 Abs. 4 AktG.

[109] Fehlt es an der Festlegung wesentlicher Einziehungsbedingungen, so liegt nur eine satzungsmäßige Zulassung der Amortisation vor; vgl. *Baumbach - Hueck*, AktG, § 237 Rz 13; *Gadow - Heinichen*, § 192 Anm. 7.

[110] Der Vorstand kann allerdings einen Beschluß der Hauptversammlung verlangen: § 119 Abs. 2 AktG.

gliederbestandes. Das im Hinblick auf die Sicherheit der Gesellschaftsgläubiger unantastbare Stammkapital bleibt erhalten. Die Summe der Geschäftsanteile wird bei einem Eintritt neuer Gesellschafter höher, beim Ausscheiden von Gesellschaftern geringer als das Stammkapital. Es ändert sich dann das Beteiligungsverhältnis der Geschäftsanteile an der Gesellschaft.

Dagegen bezeichnet die Aktie eine summenmäßig bestimmte Beteiligung am Grundkapital der AG. Die Summe der Nennwerte aller Aktien muß stets dem Grundkapital entsprechen (§ 1 Abs. 2 AktG). Daher verlangt eine Änderung der Zahl der Aktien stets entweder eine entsprechende Änderung des Grundkapitals oder eine Änderung des Nennwertes der Aktien. Eine § 34 GmbHG entsprechende Amortisation ohne Herabsetzung des Grundkapitals ist daher im Aktienrecht nicht denkbar.

Damit ist aber nicht gesagt, daß die Einziehung ausschließlich der Herabsetzung des Grundkapitals dienen dürfe[111]. Die Kapitalherabsetzung ist lediglich notwendig mit der Vernichtung einzelner Mitgliedschaftsrechte verbunden, sofern der Nennbetrag der übrigen Aktien nicht erhöht wird. Zu welchem Zweck die Amortisation erfolgen kann, ist vom Gesetz nicht ausgesprochen. Nach allgemeiner Meinung kann sie zunächst denselben Zwecken dienen, wie die ordentliche Kapitalherabsetzung, also vor allem der Sanierung[112]. Sie kann aber auch Selbstzweck sein und bestimmte Aktien oder Aktiengruppen — etwa Vorzugsaktien — vernichten[113]. Bei vinkulierten Namensaktien kann die Amortisation für alle Fälle nicht-rechtsgeschäftlichen Übergangs vorgesehen sein, um die AG vor dem Eindringen unerwünschter Gesellschafter zu bewahren[114].

Streitig ist allerdings, ob die Einziehung der Aktien von Umständen abhängig gemacht werden kann, die in den persönlichen Verhältnissen des Aktionärs liegen. Insbesondere ist im Anschluß an eine Entscheidung des RG[115] bestritten, ob die Aktien eines Aktionärs eingezogen werden können, wenn er nicht mehr Mitglied einer bestimmten Vereinigung ist.

Soweit eine derartige Amortisation für unzulässig gehalten wird, beruft man sich weitgehend auf die begrenzte Leistungspflicht des Aktio-

---

[111] Mißverständlich daher *Gadow - Heinichen*, § 192 Anm. 1 a. E.

[112] *Düringer - Hachenburg*, § 227 Anm. 2; *Gadow - Heinichen*, § 192 Anm. 17; *v. Godin - Wilhelmi*, § 237 Anm. 12; *Würdinger*, S. 198.

[113] *Düringer - Hachenburg*, a.a.O.; *v. Godin - Wilhelmi*, a.a.O.

[114] *Düringer - Hachenburg*, § 222 Anm. 6, 8; § 227 Anm. 12; *v. Godin - Wilhelmi*, § 237 Anm. 12; *Ritter*, § 192 Anm. 4 b.

[115] RG 49, 77.

närs (§ 54 Abs. 1 AktG)[116]. Der Aktionär habe, wenn man einmal von dem Sondertypus der Nebenleistungs-AG absehe, lediglich eine Kapitalleistung zu erbringen. Dieser zum Wesen der Aktiengesellschaft gehörende Grundsatz werde vollständig ausgehöhlt, wenn man eine Satzungsbestimmung zulasse, nach der die Aktien eines Aktionärs, in dessen Person bestimmte Voraussetzungen nicht oder nicht mehr vorliegen, einzuziehen sind. Jede AG könne dann als Gesellschaft mit Nachschußverpflichtungen errichtet werden, oder durch Satzungsbestimmungen erreichen, daß Aktionäre, die ihr nicht passen, ausgeschlossen werden[117]. Man dürfe also nicht den Grundsatz des § 54 Abs. 1 AktG durch Sanktionen für eine Nicht-Leistung unterlaufen.

Diese Argumentation wirft zunächst die Frage auf, ob man die Mitgliedschaft in einer bestimmten Gesellschaft als Leistung bezeichnen kann. Nur wenn das zu bejahen sein sollte, könnte eine Satzungsbestimmung, die an den Austritt aus dieser Gesellschaft die Einziehung der Aktien knüpft, als Umgehung des § 54 Abs. 1 AktG angesehen werden. Das RG[118] hat ausdrücklich festgestellt, daß als Leistungen in diesem Sinne nur vermögensrechtliche Leistungen in Geld oder anderer Art aufzufassen sind. Die Zugehörigkeit des Aktionärs zu einer bestimmten Gesellschaft sei daher nicht Inhalt einer Leistung, sondern Voraussetzung für die Zeichnung von Aktien und Resolutivbedingung für die Aktionärseigenschaft[119]. Dem ist zuzustimmen, soweit es um die Auslegung des Begriffs „Leistung“ geht[120]. § 54 Abs. 1 AktG betrifft die Leistungspflichten des Aktionärs gegenüber der Gesellschaft. Die Mitgliedschaft in einer bestimmten Vereinigung kann aber nicht als Leistung an die AG erbracht werden. Deshalb wird auch nicht durch die Amortisation der Aktien des aus der Grundgesellschaft Ausscheidenden mittelbar eine über den Rahmen des § 54 AktG hinausgehende Leistungspflicht begründet.

Im übrigen gilt das Verbot auch faktischer Leistungspflichten heute nicht mehr als unumstößlicher Grundsatz. Dies zeigt sich an der Gewährung von Sondervorteilen zugunsten freiwillig zuzahlender Aktio-

---

[116] *Düringer - Hachenburg*, § 227 Anm. 12; *Staub - Pinner*, § 227 Anm. 3; *Staub*, DJZ 1901, 498; KG, OLG 2, 232; OLG Karlsruhe, OLG 43, 309.

[117] OLG Karlsruhe, a.a.O.

[118] RG 49, 77 (78).

[119] Ebenso *Dietz*, ZBlHR 1927, 176.

[120] Dagegen ist die Konstruktion der Resolutivbedingung gesetzwidrig, soweit bereits bei der Gründung der AG Aktien unter einer auflösenden Bedingung übernommen werden. Das war im alten Aktiengesetz in § 30 Abs. 3 für die Stufengründung ausdrücklich verankert, galt aber auch für die Einheitsgründung (vgl. z. B. *Ritter*, § 2 Anm. 4). Der Wegfall der Vorschriften über die Stufengründung im neuen Aktiengesetz (vgl. zur Begründung BT-Drucksache III/1915, S. 110) ändert daher nichts an der Unzulässigkeit bedingter Zeichnungen.

näre. Die AG kann, um ihre Liquidität zu erhöhen oder eine Unterbilanz auszugleichen, ihre Aktionäre zu Zahlungen auffordern und ihnen dafür die Umwandlung ihrer Aktien in Vorzugsaktien oder andere Vorteile zusagen[121]. Auf diese Weise wird ein wirtschaftlicher Druck auf die Aktionäre zur Zahlung ausgeübt, da die Aktien der Nichtzahlenden durch die Vorrechte der Zahlenden u. U. stark entwertet werden[122]. Die Frage der Zulässigkeit faktischer Leistungspflichten wird allerdings nicht allgemein zu bejahen oder zu verneinen sein. Entscheidend ist, ob im Einzelfall die Grenzen eingehalten werden, die durch den Zweck des § 54 Abs. 1 AktG und durch sonstige gesetzliche Wertungen gesetzt sind.

In gleicher Weise ist eine Satzungsbestimmung, die die Aktionärstellung von der Mitgliedschaft in einer anderen Gesellschaft abhängig macht, letztlich daran zu messen, ob sie mit den Grundprinzipien des Aktienrechts zu vereinbaren ist, da § 54 AktG insoweit nicht eigentlich „paßt". Das RG[123] hat denn auch die Ablehnung einer solchen Satzungsbestimmung damit begründet, daß sie dem Wesen der AG widerspreche. Bei der AG trete die Person des Aktionärs, seine persönliche Leistung und Qualifikation ganz zurück. Nicht die Person, sondern die Aktie, die vermögensrechtliche Beteiligung zähle. Auf die Vereinigung von Personen zu gemeinsamer Tätigkeit für einen bestimmten individuellen, nur von bestimmten Einzelpersonen zu erreichenden oder nur solchen dienenden Zweck sei die Aktiengesellschaft vom Gesetz nicht angelegt. Dafür stelle das Gesetz andere Gesellschaftsformen zur Verfügung[124].

Die Begründung des RG fußt noch auf der heute überholten Ansicht, daß das Aktienrecht einer Ausgestaltung durch die Satzung nur insoweit zugänglich sei, als das Gesetz selbst auf die Satzung verweise und ihr abändernde oder ergänzende Bestimmungen überlasse[125]. Da das RG im Aktienrecht weder eine ausdrückliche, noch eine sich aus dem Gesamtzusammenhang der Bestimmungen ergebende Ermächtigung für eine Satzungsbestimmung fand, nach der die Aktien des aus einer anderen Vereinigung austretenden Aktionärs einzuziehen sind, war die Zulässigkeit einer solchen Bestimmung zu verneinen. Demgegenüber kann heute gemäß § 23 Abs. 4 AktG die Satzung von den Vorschriften des Aktiengesetzes abweichen, wenn es ausdrücklich zugelassen ist. Ergän-

---

121 RG 52, 287; 80, 85; *v. Godin - Wilhelmi,* § 11 Anm. 7; § 149 Anm. 2; *Hämmerle,* Bd. II, S. 641; *Hueck,* Gesellschaftsrecht S. 200 f.; *Würdinger,* S. 206.

122 Vgl. das Beispiel bei *Hueck,* a.a.O.

123 RG 49, 77 (79); vgl. auch RG 120, 177; RG, JW 1928, 2623.

124 Ähnlich *Staub - Pinner,* § 227 Anm. 3.

125 Vgl. zum Verhältnis von Gesetz und Satzung RG 49, 77; 65, 91; gegen das RG schon in der älteren Literatur: *Düringer - Hachenburg,* § 182 Anm. 38 mit ausf. Nachw.; *Lehmann,* Bd. II, S. 13 ff.; H. *Pinner,* ZBlHR 1928, 385 f.; 1930, 307 f.

zende Satzungsbestimmungen sind zulässig, soweit das Gesetz keine abschließende Regelung enthält[126]. Da die Frage, ob die Beteiligung an der AG von persönlichen Eigenschaften und Verhältnissen des Aktionärs abhängig gemacht werden kann, vom Gesetz nicht ausdrücklich geregelt ist, ist zu prüfen, ob es sich insoweit um ein qualifiziertes Schweigen[127] handelt, das die Möglichkeit einer solchen Abhängigkeit positiv ausschließt.

Aus der Funktion der Aktie als Kapitalbeschaffungsmittel und der Versachlichung der Mitgliedschaft folgt, daß die Mitgliedschaften negotiabel sind und der Individualität der Mitglieder keine Bedeutung zukommt. An diesen Grundsätzen ist die Struktur der AG orientiert[128]. In der Praxis besteht allerdings häufig das Bedürfnis, daß die Aktien einer AG nur von bestimmten Personen gehalten oder erworben werden. Dies ist besonders bei Familiengesellschaften der Fall[129]. Aber auch Geschäftsführungsgesellschaften, Gemeinschaftsunternehmen und Gesellschaften mit nichtvermögensrechtlichen Zielen[130] sind oft daran interessiert, den Erwerb ihrer Aktien an besondere persönliche oder sachliche Voraussetzungen zu binden. Diesem Bedürfnis hat der Gesetzgeber durch Schaffung der vinkulierten Namensaktie (§ 68 Abs. 2 AktG) Rechnung getragen. Eine AG, deren Aktien vinkuliert sind, besitzt die Kontrolle über die Erwerber ihrer Aktien. Sie kann sogar durch grundsätzliche Verweigerung der Zustimmung zur Übertragung der Aktien[131] eine personelle Änderung der Aktionäre ausschließen, so daß eine AG mit geschlossenem Mitgliederkreis entsteht. Die AG mit vinkulierten Namensaktien bildet somit einen gesetzlich vorgesehenen Sondertypus, bei dem die Funktion der Aktie als umlauffähiger Kapitalwert und die Anonymität der AG keine wesentliche Bedeutung besitzen. Der Gesellschaft ist die Möglichkeit eingeräumt, auf die Auswahl ihrer Mitglieder Einfluß zu nehmen; sie kann also auch das Vorliegen besonderer persönlicher Eigenschaften oder Verhältnisse verlangen. Bei einer so strukturierten AG bestehen dann aber auch keine Bedenken, einem Gesell-

[126] Die amtliche Begründung zu dieser Bestimmung lautet: „Der neue Absatz 4 entspricht der herrschenden Lehre. Da aber demgegenüber die Rechtsprechung zur Frage der Zulässigkeit ergänzender Satzungsbestimmungen kein einheitliches Bild ergibt und es sich in beiden Fragen, der Zulässigkeit abweichender und der Zulässigkeit ergänzender Satzungsbestimmungen, um das gesellschaftsrechtlich sehr wichtige Verhältnis von Gesetz und Satzung handelt, erscheint eine ausdrückliche Klarstellung angebracht“; Deutscher Bundestag III/1915.

[127] Vgl. auch *Canaris,* S. 40 ff.

[128] Vgl. im einzelnen *Würdinger,* S. 4 ff.

[129] *Gadow - Heinichen,* § 192 Anm. 12; *Mestmäcker,* S. 176 ff.

[130] Vgl. die Beispiele bei *Dietz,* ZBlHR 1927, 176 ff.

[131] Die Zustimmung steht im freien Ermessen der AG; diese ist lediglich an die allgemeinen Grundsätze und Schranken für die Ausübung von Rechten gebunden; *Gadow - Heinichen,* § 61 Anm. 15.

schafter bei Wegfall dieser Voraussetzungen die Mitgliedschaft zu entziehen. Denn der Entzug ist sachlich nichts anderes als das Pendant zur Zulassung. Eine Organ-AG mit vinkulierten Namensaktien kann daher in ihrer Satzung bestimmen, daß die Aktien des aus der Grundgesellschaft ausscheidenden Aktionärs eingezogen werden[132].

Dem läßt sich nicht mit dem häufig anzutreffenden Hinweis auf „das Wesen der AG"[133] begegnen. Dieser Einwand impliziert die Unzulässigkeit der genannten Satzungsbestimmung in das Wesen der AG, um sie dann aus ihm zu deduzieren[134]. Das Wesen der AG ergibt sich aus der gesetzlichen Ausgestaltung des Aktienrechts. Zu dieser Ausgestaltung gehört auch § 68 AktG, der die Berücksichtigung der persönlichen Verhältnisse des Aktionärs zuläßt.

Schließlich verstößt die Einziehung der Aktien bei Ausscheiden aus der Grundgesellschaft auch nicht gegen den Grundsatz der Gleichbehandlung aller Aktionäre, soweit sie zwingend vorgeschrieben ist[135]. Denn für sämtliche Aktionäre ist die Amortisation an die gleiche Bedingung geknüpft[136, 137].

Diejenigen Autoren, die ebenfalls eine Einziehung der Aktien beim Ausscheiden des Aktionärs aus einer anderen Vereinigung für zulässig erachten[138], lassen offen, ob dies für jede AG, oder nur für die AG mit vinkulierten Namensaktien gelten soll. Dieser Frage braucht hier allerdings nicht näher nachgegangen zu werden. Denn alle bekannt gewordenen Organ-Aktiengesellschaften sind solche mit vinkulierten Namensaktien[139], und jedenfalls bei diesem Typ der AG ist die Amortisation aus Gründen, die in der Person eines Aktionärs liegen, möglich. Ob die gleiche Möglichkeit bei der AG mit Inhaberaktien besteht, ist angesichts der Anonymität der Beteiligung und der Funktion der Aktie mindestens zweifelhaft[140].

---

[132] Im Ergebnis ebenso *Baumbach - Hueck*, AktG, § 237 Rz 2; *Brodmann*, JW 1931, 776; *Dietz*, a.a.O.; *Netter*, JW 1928, 2623; *Pinner*, ZBlHR 1928, 385; *Ritter*, § 192 Anm. 4 b, c.

[133] Vgl. z. B. *Staub - Pinner*, § 227 Anm. 3.

[134] Zum Wesensargument *Scheuerle*, AcP 163, 429 ff. (450 ff.); vgl. auch *Müller - Freienfels*, AcP 156, 522 ff. (531 f.).

[135] A. A. *Schlegelberger - Quassowski*, § 192 Anm. 9.

[136] *Gadow - Heinichen*, § 192 Anm. 12.

[137] Insoweit besteht kein Unterschied zu einer Satzungsbestimmung, die die Amortisation für den Fall des Konkurses eines Aktionärs oder der Pfändung von Aktien vorsieht; dazu oben Anm. 114.

[138] Vgl. Anm. 132.

[139] Vgl. die Nachweise unten, Einleitung zum 4. Kapitel, vor § 10 Anm. 2 und 3.

[140] Vor allem dann, wenn man der vorstehenden Argumentation folgt und den Ausschluß aus persönlichen Gründen als Pendant zur Zulassung betrachtet.

Die Einziehung von Aktien ist nur durchführbar, wenn bei der mit ihr verbundenen Kapitalherabsetzung die Grenze des gesetzlichen Mindestkapitals nicht unterschritten wird. Organaktiengesellschaften mit geringem Grundkapital sollten daher den Aktionären schuldrechtliche Nachschußpflichten[141] auferlegen, oder, was im Hinblick auf das vereinfachte Verfahren am zweckmäßigsten ist, eine freie Rücklage zur Bereitstellung des Einziehungsentgelts bilden.

bb) Anspruch des Ausscheidenden auf Amortisation

Die Satzung kann den Aktionären für den Fall, daß sie aus der Grundgesellschaft ausscheiden, einen dem Einziehungsrecht der Gesellschaft korrespondierenden Anspruch auf Amortisation ihrer Aktien einräumen[142]. Dieser Anspruch ergibt sich allerdings noch nicht von selbst aus der Anordnung der Amortisation, da durch sie lediglich der Vorstand verpflichtet ist[143]. Vielmehr bedarf es einer ausdrücklichen Bestimmung, daß dem Aktionär ein Individualanspruch zustehen soll. Eine solche Bestimmung verstößt nicht gegen das Rückzahlungsverbot des § 57 Abs. 1 AktG, da für die Kapitalherabsetzungsvorschriften das Verbot des § 57 AktG nicht gilt[144].

Der Einziehungsanspruch ist wiederum nur durchsetzbar, wenn bei der Kapitalherabsetzung das gesetzliche Mindestkapital nicht unterschritten wird[145]. Es sollten daher, damit der Anspruch realisierbar ist, schuldrechtliche Nachschußpflichten[146] vereinbart oder eine zweckgebundene freie Rücklage gebildet werden.

Bleibt die AG untätig, so kann der aus der Grundgesellschaft Ausscheidende die Gesellschaft, vertreten durch den für die angeordnete Einziehung zuständigen Vorstand[147], auf Vornahme der Einziehung verklagen.

---

[141] Schuldrechtliche Nachschußpflichten können in beliebigem Umfang vereinbart werden. Möglich sind aber auch ‚faktische gesellschaftsrechtliche Nachschußpflichten' (dazu oben S. 76 f.) durch die satzungsmäßige Zusage von Sondervorteilen zugunsten freiwillig zuzahlender Aktionäre. Da aber keine rechtliche Zahlungspflicht besteht, ist dieser Weg nicht zu empfehlen: die Durchführbarkeit der Einziehung ist nicht mit Sicherheit gewährleistet.

[142] *Dietz*, ZBlHR 1927, 178 f.; *Düringer - Hachenburg*, § 227 Anm. 6; *Gadow - Heinichen*, § 192 Anm. 9 a. E.; *Ritter*, § 192 Anm. 3; *Wieland*, Bd. II, S. 175.

[143] *Düringer - Hachenburg*, § 227 Anm. 13; *Gadow - Heinichen*, a.a.O.

[144] *v. Godin - Wilhelmi*, § 57 Anm. 2; *Ritter*, a.a.O.

[145] Das AktG sieht nicht die Möglichkeit vor, daß der Aktionär notfalls auf Auflösung der AG klagt, wenn sein Amortisationsanspruch nicht durchsetzbar ist. Zur GmbH vgl. oben I 1 b) bb).

[146] Vgl. hierzu und zur Frage freiwilliger Nachzahlungen der Aktionäre Anm. 141 mit Verweisung.

[147] Um dem Gleichheitsgrundsatz zu genügen, ist die Einziehung anzuordnen (nicht nur zu gestatten); der Vorstand ist damit stets zuständig. Das bei

cc) *Einziehung zugunsten Dritter*

Das RG hat in einer vieldiskutierten Entscheidung[148] eine Satzungsbestimmung für zulässig erklärt, die die sog. Einziehung der Aktien zugunsten Dritter vorsah[149, 150]. Die der Entscheidung zugrunde liegende Satzung gab der Gesellschaft das Recht, ihren Aktionären die Mitgliedschaft in der Weise zu entziehen, daß die Entziehung nicht zur Vernichtung des Aktienrechts, sondern zu dessen Weitergabe an Dritte führen sollte. Die Auswahl der von der „Einziehung" betroffenen Aktionäre erfolgte durch Los. Das RG läßt unklar, wie der Übergang des Aktienrechts vor sich geht. Die Auslosung habe die Wirkung, daß das Aktienrecht nicht untergehe, sondern auf eine andere Person übergehe. Der Aktionär sei satzungsmäßig verpflichtet, die Aktienurkunde, die in seiner Hand keine Rechte mehr verkörpere, der Gesellschaft zur Aushändigung an den Dritten zu übergeben.

Diese Argumentation ist sicher insoweit unzutreffend, als sie annimmt, daß die Auslosung den Übergang des Aktienrechts bewirke. Die Auslosung ist ein rein technischer Vorgang, der die Grundlage für weitere Maßnahmen der Gesellschaft bildet. Sieht man aber von der Auslosung ab, so fragt es sich, ob das Aktienrecht durch die „Einziehungs"-Erklärung des Vorstandes vernichtet, oder dem bisherigen Aktionär entzogen und auf einen Dritten übertragen wird. Eine Vernichtung des Rechts muß im Ergebnis schon deswegen ausscheiden, weil sie einen Erwerb des Rechts durch den Dritten unmöglich machen würde. Das RG hat daher ausdrücklich festgestellt, daß das Aktienrecht nicht untergehe. Die Übertragung des Rechts auf Dritte durch eine Rechtshandlung des Vorstandes scheitert einerseits daran, daß zum Übergang des Rechts die Übereignung der Urkunde erforderlich ist. Das Aktiengesetz kennt nur in kasuistischen Ausnahmefällen[151] (§§ 72, 73, 226 AktG) die Loslösung des Rechts von der Urkunde[152, 153]. Zum anderen bedarf es auf seiten des

---

der GmbH behandelte Problem (I 1 b) bb)), ob die Gesellschaft zur Einziehung verurteilt werden kann, wenn die Gesellschafterversammlung (Hauptversammlung) die Einziehung zu beschließen hat, tritt also nicht auf.

[148] RG 120, 177.

[149] Zustimmend: *Gadow - Heinichen (Schilling)*, § 192 Anm. 3; *Goldschmit*, JW 1928, 2619; H. *Pinner*, ZBlHR 1928, 385; *ders.*, JW 1928, 1556; *Staub - Pinner*, § 227 Anm. 1.

[150] Ablehnend: *Düringer - Hachenburg*, § 227 Anm. 50; *Gadow - Heinichen (Fischer)*, § 49 Anm. 7; v. *Godin - Wilhelmi*, § 54 Anm. 10; *Nord*, JW 1928, 2617; *Ritter*, § 192 Anm. 14; *Simon*, JW 1938, 2618; *Würdinger*, S. 203.

[151] Vgl. *Würdinger*, a.a.O.

[152] Insoweit tritt auch H. *Pinner*, ZBlHR 1928, 387 dem RG entgegen, obwohl er der Entscheidung im Ergebnis zustimmt.

[153] Bei der Lösung des RG tauchen noch die Fragen auf, wie einem gutgläubigen Erwerb der Aktie vom bisherigen Inhaber des Rechts, der noch

Erwerbers einer Annahmeerklärung. Durch eine Rechtshandlung des Vorstandes der AG kann er nicht Inhaber des Aktienrechts werden.

Die vom RG zu beurteilende Satzungsbestimmung kann schließlich auch nicht dahin verstanden werden, daß der Aktionär zur Übertragung seiner Aktien auf einen von der AG zu bezeichnenden Erwerber verpflichtet ist. Eine solche Verpflichtung würde dem in §§ 54, 55 AktG niedergelegten Grundsatz der begrenzten Leistungspflicht widersprechen[154].

Die sog. Einziehung der Aktien zugunsten Dritter ist also unzulässig. Sie kann mithin für die Bindung der Beteiligung an der Organ-AG an die Mitgliedschaft in der Grundgesellschaft nicht nutzbar gemacht werden.

dd) Zusammenfassung

Zusammenfassend ist festzustellen: Die Beteiligung an der Organ-AG mit vinkulierten Aktien kann von der Mitgliedschaft in der Grundgesellschaft dadurch abhängig gemacht werden, daß die Aktien des aus der Grundgesellschaft Ausscheidenden nach der Satzung der AG einzuziehen sind. Die Satzung hat die Bedingungen der Einziehung genau festzulegen. Sie sollte dem Ausscheidenden außerdem einen korrespondierenden Anspruch auf Amortisation einräumen. Um die Durchführbarkeit der Amortisation in jedem Fall zu gewährleisten, können den Aktionären schuldrechtliche Nachschußpflichten auferlegt werden. Im Hinblick auf die Vereinfachung des Kapitalherabsetzungsverfahrens ist es allerdings zweckmäßiger, eine freie Rücklage für die Deckung von Einziehungsentgelten zu bilden. Die sog. Einziehung der Aktien zugunsten Dritter ist unzulässig.

c) Übertragung der Aktien

Es bleibt zu erörtern, ob in gleicher Weise wie bei der GmbH[155] durch statutarische Abtretungspflichten bzw. Abnahmerechte die Mitgliedschaften in Organ- und Grundgesellschaft aneinander gebunden werden können.

aa) Übertragungspflicht des Ausscheidenden

Zur Erreichung dieses Zwecks müßte die Satzung der AG den Aktionären die Pflicht auferlegen, bei Ausscheiden aus der Grundgesellschaft ihre

---

die Urkunde in der Hand hat, entgegengetreten werden kann, und ob die vom Dritten zu erbringende Gegenleistung einen Einfluß auf den Erwerb hat.

[154] Dazu näher sogleich unten c).

[155] S. o. I 1 c).

Aktien den übrigen Aktionären, der AG, oder einem von dieser bezeichneten Dritten zur Übernahme anzubieten. Eine solche Satzungsbestimmung wird in der kartellrechtlichen Literatur verschiedentlich vorgeschlagen[156], in der gesellschaftsrechtlichen Literatur[157] und Rechtsprechung[158] dagegen einhellig als unzulässig abgelehnt.

Gemäß § 54 Abs. 1 AktG haben die Aktionäre ihre Einlage zu erbringen. Darüber hinaus können die Inhaber vinkulierter Namensaktien (§ 68 Abs. 2 AktG) gemäß § 55 Abs. 1 AktG durch die Satzung zu wiederkehrenden, nicht in Geld bestehenden Leistungen verpflichtet werden. Brodmann[159] meint, man könne die Aktionäre nicht verpflichten, Mitglieder eines bestimmten Vereins zu sein, da die Vereinszugehörigkeit keine Leistung i. S. d. § 212 HGB (heute § 55 AktG) sei. Diesem Einwand könnte sich die AG freilich entziehen, wenn sie in der Satzung nicht die Mitgliedschaft in der Grundgesellschaft fordert, sondern eine Abtretungspflicht beim Austreten aus dieser Gesellschaft statuiert. In diesem Fall wäre sicherlich eine „Leistungs"-Pflicht gegeben. Es bedarf hier aber keiner Klärung des nicht immer einheitlich ausgelegten Begriffes der Leistung i. S. d. § 55 AktG. Denn jedenfalls würde es bei einer Satzungsbestimmung des genannten Inhalts an der Periodizität fehlen[160]. Eine statutarische Abtretungspflicht läßt sich daher nicht unmittelbar auf § 55 AktG stützen.

Die Satzung kann den Aktionären auch keine über den Rahmen des § 55 AktG hinausgehenden Nebenleistungspflichten auferlegen. Die Vorschriften über die Nebenleistungs-AG wurden durch das Handelsgesetzbuch von 1897[161] eingeführt, um den besonderen Verhältnissen der deutschen Rübenzuckerindustrie Rechnung zu tragen[162]. Die amtliche Begründung ergibt eindeutig, daß damit nicht unter Zurückstellung des Grundsatzes der begrenzten Leistungspflicht die Möglichkeit eröffnet werden sollte, den Aktionären Pflichten beliebigen Inhalts aufzubürden[163]. Vielmehr wurde ein neuer, singulären wirtschaftlichen Bedürf-

---

[156] *Dörinkel* im Gemeinschaftskommentar, § 13 Rz 17; *Isay - Tschierschky*, § 8 Anm. 60; *Müllensiefen - Dörinkel*, VII 9.

[157] *Brodmann*, § 212 Anm. 2; *Düringer - Hachenburg*, § 222 Anm. 7; *Gadow - Heinichen*, § 49 Anm. 7; § 50 Anm. 8; *Goldschmit*, § 227 Anm. 8; *Ritter*, § 49 Anm. 3; *Staub*, DJZ 1901, 498; *Staub - Pinner*, § 211 Anm. 11; a. A. anscheinend *Dietz*, ZBlHR 1927, 176 ff.

[158] Vgl. z. B. RG 49, 77; RG, JW 1928, 2622; KG, OLG 2, 232.

[159] § 212 Anm. 2.

[160] *Gadow - Heinichen*, § 50 Anm. 8; KG, OLG 2, 232.

[161] § 212.

[162] Vgl. die Denkschrift zum Entwurf eines Handelsgesetzbuches, Stenographische Berichte über die Verhandlungen des Reichstags, 9. Legislaturperiode, IV Session 1895/97, Aktenstück zu Nr. 632, S. 3203 f.

[163] Denkschrift a.a.O.

nissen angepaßter Sondertypus geschaffen[164]. Die späteren Aktiengesetze haben diese Regelung der Nebenleistungs-AG übernommen, ohne sie sachlich zu ändern[165]. § 55 AktG bestimmt daher abschließend den Kreis zulässiger Nebenleistungspflichten. Für ergänzende Satzungsbestimmungen ist gemäß § 23 Abs. 4 AktG kein Raum[166].

Die Aktionäre können sich allerdings schuldrechtlich verpflichten, ihre Aktien bei Ausscheiden aus der Grundgesellschaft den übrigen Aktionären, der AG, oder einem von dieser bezeichneten Dritten anzubieten[167, 168]. Sieht die Satzung der AG eine Abtretungspflicht vor, so wird man im Wege der Umdeutung zu einer derartigen schuldrechtlichen Vereinbarung kommen können[169]. Bei vinkulierten Aktien hat es die Gesellschaft in der Hand, die Zustimmung zur Übertragung nur dann zu erteilen, wenn der Erwerber seinerseits die schuldrechtliche Pflicht übernimmt. Da aber das Zustimmungsrecht bei der Pfändung und im Konkurs nach h. M.[170], keine Bedeutung hat, sollte die Satzung in diesen Fällen die Einziehung der Aktien vorsehen[171]. Im Ergebnis kann damit weitgehend eine „Quasi-Verdinglichung" der schuldrechtlichen Übertragungspflicht erreicht werden.

bb) Übernahmepflicht des Erwerbers

Als Erwerber der Aktien des aus der Grundgesellschaft Ausscheidenden kommen die AG, die Aktionäre und Dritte in Betracht. Es fragt sich, ob ihnen eine Übernahmepflicht auferlegt werden kann.

Die AG darf in begrenztem Umfang[172] eigene Aktien erwerben, wenn der Erwerb notwendig ist, um einen schweren Schaden von der Gesell-

---

[164] *Wieland,* Bd. II, S. 47.

[165] Zum Aktiengesetz von 1937 vgl. den Bericht des Vorsitzenden des Ausschusses der Akademie für Deutsches Recht, ZAkDR 1934, 20 ff. (22 ff.). Zum Aktiengesetz von 1965 sagt die Amtliche Begründung zu § 52: „Die Vorschrift gestattet es, in der Satzung unter gewissen Voraussetzungen Nebenleistungspflichten der Aktionäre festzusetzen. Sie wurde 1900 vor allem für die Bedürfnisse der Rübenzuckerindustrie geschaffen. Der Entwurf übernimmt sie aus dem geltenden Recht ..." Bundestagsdrucksache III/1915 S. 113.

[166] Vgl. dazu auch oben S. 77 f.

[167] Vgl. etwa *Düringer - Hachenburg,* § 222 Anm. 7; *Gadow - Heinichen,* § 49 Anm. 10; Ritter, § 49 Anm. 3.

[168] Als Beispiel einer solchen Verpflichtung vgl. Rkeinisch-Westfälisches Kohlen-Syndikat, § 14 des Vertrages zwischen der AG und den Zechenunternehmern sowie zwischen den letzteren untereinander i. d. F. v. 1. 10. 1903, D I Anl. A 1.

[169] *Düringer - Hachenburg,* § 211 Anm. 11; *Gadow - Heinichen,* § 49 Anm. 10; *Schlegelberger - Quassowski,* § 49 Anm. 3.

[170] RG 70, 64 (67); *Baumbach - Hueck,* AktG, § 68 Rz 7; *Gadow - Heinichen,* § 61 Anm. 20 m. ausf. Nachw.

[171] Zur Zulässigkeit einer solchen Satzungsbestimmung vgl. Anm. 114.

[172] Bis zu 10 % des Grundkapitals.

schaft abzuwenden (§ 71 Abs. 1 Nr. 1 AktG). Wann ein schwerer Schaden droht, wird nicht immer eindeutig zu entscheiden sein[173]. Jedenfalls ist eine Satzungsbestimmung, oder auch eine schuldrechtliche Verpflichtung, nach der die AG beim Ausscheiden eines Aktionärs aus der Grundgesellschaft dessen Aktien zu erwerben hat, nicht grundsätzlich aus dem Gesichtspunkt der Schadensabwendung zu rechtfertigen.

Darüber hinaus kann die AG eigene voll einbezahlte Aktien in Einkaufskommission für Rechnung der Aktionäre oder Dritter erwerben, (§ 71 Abs. 1 Nr. 4 AktG).

Schließlich ist der Erwerb auf Grund eines Beschlusses der Hauptversammlung zur Einziehung nach den Vorschriften über die Herabsetzung des Stammkapitals zulässig (§ 71 Abs. 1 Nr. 6 AktG). Diese Ausnahmebestimmung deckt m. E. auch den Fall, daß die AG statutarisch zum Erwerb der Aktien des aus der Grundgesellschaft ausgeschiedenen Aktionärs verpflichtet ist, und die Satzung die Einziehung der auf diese Weise erworbenen Aktien anordnet. Entscheidend für die Zulassung des Erwerbs zur Einziehung ist einerseits, daß die Vorschriften über die Kapitalherabsetzung zu beachten sind. Der Erwerbspreis darf erst gezahlt werden, wenn die Kapitalherabsetzung eingetragen, der Eintrag bekanntgemacht ist, sechs Monate verstrichen und die Gläubiger, die sich gemeldet haben, befriedigt oder gesichert sind (§§ 223—225 AktG). Unter diesen Voraussetzungen sind die Gefahren, die der Erwerb eigener Aktien durch die AG für die Gläubiger in sich birgt[174], ausgeschlossen. Andererseits ist für die Aktionäre wesentlich, daß die AG nicht unabhängig von ihrem Willen durch den Erwerb eigener Anteile die Stimmenverhältnisse verschiebt[175]. Die Aktionäre haben deshalb den Erwerb und die Einziehung zu beschließen. Diesen beiden Schutzzwecken des § 71 Abs. 1 Nr. 6 AktG — zugunsten der Gläubiger und zugunsten der Aktionäre — ist in gleicher Weise genügt, wenn die Einziehung und Kapitalherabsetzung nicht von der Hauptversammlung beschlossen, sondern von der Satzung angeordnet sind, und wenn der Erwerb eigener Aktien zur Einziehung nicht beschlossen, sondern bereits statutarisch vorgeschrieben wird. Die AG kann danach durch die Satzung verpflich-

---

173 Vgl. dazu im einzelnen *Gadow - Heinichen*, § 65 Anm. 8.

174 Die Gläubiger sind gefährdet, weil das Vermögen der AG zum Erwerb eigener Anteile angegriffen wird; insbesondere bei wirtschaftlich ungesunden Gesellschaften stellen die erworbenen Aktien keinen realisierbaren Gegenwert dar.

175 Da die AG aus ihren Aktien kein Stimmrecht besitzt (§ 71 Abs. 6 AktG) erweitert sich das Stimmrecht der übrigen Aktionäre verhältnismäßig. Dadurch können bestimmte Aktionäre qualifizierte Mehrheiten erwerben. In gleicher Weise verschieben sich die Stimmrechtsverhältnisse bei der Vernichtung des Aktienrechts durch Einziehung von Aktien.

tet werden, die Aktien des aus der Grundgesellschaft Ausscheidenden zu erwerben und einzuziehen.

Die übrigen Aktionäre und Dritte können sich schuldrechtlich zur Übernahme der Aktien des Ausscheidenden verpflichten.

cc) Zusammenfassung

Die Satzung der AG kann den Aktionären nicht die gesellschaftsrechtliche Pflicht auferlegen, beim Ausscheiden aus der Grundgesellschaft ihre Aktien zu veräußern. Zulässig sind lediglich dahin gehende schuldrechtliche Vereinbarungen der Aktionäre untereinander oder mit der Gesellschaft. Eine unwirksame Übertragungsverpflichtung in der Satzung wird man i. d. R. im Wege der Umdeutung als schuldrechtliche Nebenabrede aufrechterhalten können. Eine Abnahmepflicht läßt sich für die Aktionäre und Dritte ebenfalls nicht durch die Satzung begründen. Es ist dazu wiederum eine besondere vertragliche Abrede erforderlich. Die Übernahme der Aktien des aus der Grundgesellschaft ausscheidenden Aktionärs durch die AG kann erfolgen, wenn die Gesellschaft entweder statutarisch zur Abnahme und anschließenden Einziehung der Aktien verpflichtet ist, oder wenn sie in Einkaufskommission für die Aktionäre handelt. Eine aufschiebend bedingte Übertragung der Aktien bereits im Zeitpunkt der Gründung der AG begegnet den gleichen Bedenken, die in diesem Zusammenhang bei der GmbH geäußert wurden[176].

2. Regelungen für die Übergangszeit

Für den Zeitraum, in dem das Ausscheiden aus der Grundgesellschaft bereits vollzogen ist, die Lösung der kapitalistischen Beteiligung aber noch abzuwickeln ist, gilt das für die GmbH Gesagte[177] entsprechend.

III. Die Organgesellschaft als rechtsfähiger Verein

Die Mitgliedschaft in einem rechtsfähigen Verein kann durch den Ausschluß des Vereinsmitgliedes beendet werden. Das Gesetz hat den Ausschluß nicht positiv geregelt. Doch besteht nach Allgemeiner Meinung[178] die Möglichkeit, daß die Satzung den Vorstand ermächtigt, ein Vereinsmitglied bei Vorliegen bestimmter Umstände auszuschließen. Als der-

---

[176] I 1 c) cc).

[177] S. o. I 2.

[178] *Enneccerus - Nipperdey,* § 112 VI; *Denecke* in RGRK, § 39 Anm. 3; *Sauter,* S. 38 f.; *Staudinger - Coing,* § 35 Rz 7 jeweils m. w. N.

artiger, zum Ausschluß führender Umstand kann das Ausscheiden aus der Grundgesellschaft bestimmt werden.

Es bietet sich eine noch einfachere Lösung an: die Satzung kann Umstände angeben, bei deren Eintritt die Vereinsmitgliedschaft automatisch erlischt, ohne daß es einer Ausschlußverfügung gegenüber dem betroffenen Mitglied bedürfte[179]. Wenn die Organgesellschaft die Rechtsform eines Vereins besitzt, wird man also zweckmäßigerweise das Ausscheiden aus der Grundgesellschaft als Beendigungsgrund für die Vereinsmitgliedschaft statuieren. Diese Regelung bietet den Vorteil, daß die Rechtsbeziehungen zu beiden Gesellschaften der Doppelgesellschaft im gleichen Zeitpunkt gelöst werden.

IV. Die Organgesellschaft als OHG oder KG

Ebenso unproblematisch ist das Ausscheiden aus der Doppelgesellschaft, deren Organgesellschaft eine OHG oder KG ist. Zwar sieht § 140 HGB die Ausschließung eines Gesellschafters nur durch Gesellschafterbeschluß und nur aus den in § 133 HGB genannten Auflösungsgründen vor. Dadurch ist aber eine abweichende gesellschaftsvertragliche Regelung nicht ausgeschlossen. Das Gesetz geht von dem Grundsatz aus, den Gesellschaftern bei der Gestaltung ihrer Rechtsbeziehungen in möglichst weitgehendem Umfang Freiheit zu lassen. Der Ausschluß eines Gesellschafters ist daher auch aus anderen als den in § 133 HGB bezeichneten Gründen und auf andere Weise als durch Gesellschafterbeschluß zulässig[180]. Er kann also auch für den Fall vorgesehen werden, daß der Gesellschafter aus der Grundgesellschaft austritt. Macht man von dieser Möglichkeit Gebrauch, so sollte den Gesellschaftern ein korrespondierendes Austrittsrecht eingeräumt werden.

Vorzuziehen ist aber auch bei der OHG und KG der für den Verein empfohlene Weg, nämlich das Ausscheiden aus der Grundgesellschaft als Beendigungsgrund für die Beteiligung an der Organgesellschaft zu vereinbaren[181]. Für die KG ist noch darauf hinzuweisen, daß sie sich mit dem Ausscheiden des letzten Kommanditisten in eine OHG umwandelt.

---

[179] *Enneccerus - Nipperdey*, § 112 VIII; *Erman - Westermann*, § 38 Anm. 3; *Sauter;* a.a.O.; *Soergel - Siebert*, § 38 Rz 18; *v. Tuhr*, Bd. I, S. 544; RG Warn. Rspr. 1912, Nr. 147.

[180] Heute allg. Meinung; BGH, BB 1957, 1086; BGH, NJW 1960, 625; *Hueck*, OHG, S. 318 ff.; *ders.*, Gesellschaftsrecht, S. 41, 80 f.; *Schramm*, MDR 1963, 175 ff., dort auch Stellungnahme zu der vereinzelt noch vertretenen Gegenmeinung.

[181] Zur Möglichkeit der Vereinbarung eines Beendigungsgrundes der Mitgliedschaft vgl. *Baumbach - Duden*, § 138 Anm. 2 A; *Hueck*, OHG, a.a.O.; *Schlegelberger - Geßler*, § 138 Anm. 2; *Weipert* in HGB-RGRK, § 138 Anm. 2.

Beim Ausscheiden des letzten Komplementärs tritt die KG in das Stadium der Liquidation[182], es sei denn, daß von einem Kommanditisten oder einem neu eintretenden Gesellschafter die persönliche Haftung übernommen wird.

[182] BGH 6, 113 (116); *Baumbach - Duden*, § 140 Anm. 1 E.

§ 6 Regelungen im Statut der Grundgesellschaft

Die Grundgesellschaft besitzt überwiegend die Rechtsform einer Gesellschaft des bürgerlichen Rechts, weniger häufig diejenige eines rechtsfähigen oder nicht-rechtsfähigen Vereins[1]. Im folgenden wird zu untersuchen sein, ob und in welcher Weise sich durch Bestimmungen im Statut dieser Vereinigungen eine Abhängigkeit der Beteiligung an der Organgesellschaft von der Mitgliedschaft in der Grundgesellschaft herbeiführen läßt.

I. Die Grundgesellschaft als Gesellschaft bürgerlichen Rechts

Die Gesellschaft bürgerlichen Rechts ist der Gesellschaftstypus, bei dem der Grundsatz der Parteiautonomie im Gesellschaftsrecht seine stärkste Ausprägung findet. Die Gesellschafter haben bei der Ausgestaltung ihrer Rechtsbeziehungen nahezu unbegrenzte Möglichkeiten. Sie sind dabei lediglich an die allgemeinen Grenzen der Vertragsfreiheit[2], die wenigen zwingenden Normen der §§ 705 ff. BGB[3] und das Gleichheitsgebot[4] gebunden. Es ist daher in unserem Zusammenhang an eine vertragliche Verpflichtung der Gesellschafter zu denken, zugleich mit dem Ausscheiden aus der Gesellschaft ihre Beteiligung an der Organgesellschaft aufzugeben. Ebenso ist zu erwägen, ob dem Ausscheidenden gegen seine Mitgesellschafter ein Befreiungsanspruch von seinem GmbH-Anteil oder seinen Aktien eingeräumt werden kann[5].

1. Verpflichtung zum Ausscheiden aus der Organgesellschaft

In welcher Weise sich das Ausscheiden aus der Organgesellschaft vollzieht, hängt von deren Rechtsform ab. Entsprechend muß auch die Verpflichtung im Vertrag der Grundgesellschaft formuliert sein, indem sie z. B. die Übertragung der Aktien oder Anteile, die Kündigung der OHG, den Austritt aus dem Verein verlangt.

---

[1] Dazu näher oben, § 3.

[2] Z. B. §§ 134, 138 BGB; § 1 GWB.

[3] Z. B. §§ 716 Abs. 2, 723 BGB.

[4] Vgl. dazu *Götz Hueck*, Der Grundsatz der gleichmäßigen Behandlung im Privatrecht, 1958, S. 35 ff.; 127 ff.; 173 ff.; ferner *Siebert - Schultze - v. Lasaulx*, § 705 Rz 45 ff.; *Staudinger - Keßler*, Rz 32 ff. vor § 705.

[5] Wenn die Organgesellschaft eine Handelsgesellschaft oder ein Verein ist, bedarf es eines solchen Befreiungsanspruchs nicht.

a) Vereinbarkeit mit § 723 Abs. 3 BGB

Zweifelhaft ist allerdings, ob eine derartige Verpflichtung zum Ausscheiden aus der Organgesellschaft mit § 723 Abs. 3 BGB vereinbar ist. Nach dieser Vorschrift darf bei einer auf unbestimmte Zeit abgeschlossenen Gesellschaft[6] das jederzeitige Kündigungsrecht der Gesellschafter nicht ausgeschlossen oder in unzulässiger Weise beschränkt werden. Eine unzulässige Beschränkung des Kündigungsrechts ist namentlich dann gegeben, wenn dem Kündigenden erhebliche wirtschaftliche Nachteile entstehen[7].

Beim Ausscheiden aus der Organgesellschaft erleidet der Gesellschafter indes keine vermögenswerten Einbußen. Bei der Einziehung oder Veräußerung des Geschäftsanteils bzw. der Aktien erhält er ein Entgelt, beim Austritt aus der OHG und KG steht ihm ein Abschichtungsanspruch zu, der Verlust der Vereinsmitgliedschaft ist schon deswegen kein Vermögensnachteil, weil das Mitglied am Vereinsvermögen nicht beteiligt ist. Darüber hinaus ist bei der Doppelgesellschaft zu berücksichtigen, daß die Organgesellschaft Geschäftsführerin der Grundgesellschaft ist. Das Ausscheiden aus der Organgesellschaft ist daher, von der Struktur der Gesellschaft her betrachtet, Bestandteil des Ausscheidens aus der Grundgesellschaft, nicht zusätzliche Belastung. Die Beteiligung an der Organgesellschaft konnte nur auf der Grundlage der Mitgliedschaft in der Grundgesellschaft erfolgen. Bei Wegfall dieser Grundlage ist die Beteiligung aufzugeben.

Unzulässig wäre allerdings eine Klausel, die die Wirksamkeit der Kündigung von der gleichzeitigen Abtretung des Geschäftsanteils bzw. der Aktien abhängig macht, wenn die Abtretung der Genehmigung der Organgesellschaft bedarf. Der Kündigende hat in diesem Fall keinen oder einen nur begrenzten Einfluß darauf, die Wirksamkeit der Kündigung herbeizuführen. Sein Kündigungsrecht ist daher in einer § 723 Abs. 3 BGB widersprechenden Weise eingeschränkt. Die genannte Klausel läßt sich lediglich bei Gesellschaften mit bestimmter Dauer für die ordentliche Kündigung vereinbaren. Die außerordentliche Kündigung ist auch bei Gesellschaften mit bestimmter Dauer unbeschränkbar.

b) Der Inhalt der Pflicht im einzelnen

Der Inhalt der Pflicht zum Ausscheiden aus der Organgesellschaft hat sich, wie bereits hervorgehoben wurde, jeweils nach der Rechtsform der Organgesellschaft zu richten.

---

[6] Das wird bei Grundgesellschaften regelmäßig der Fall sein. Bei auf Zeit abgeschlossenen Gesellschaften tritt das gleiche Problem im Fall einer fristlosen Kündigung auf.

[7] Vgl. *Erman - Schulze - Wenk*, § 723 Anm. 3 b; *Fischer* in RGRK, § 723 Anm. 15; *Siebert - Schultze - v. Lasaulx*, § 723 Rz 24.

aa) Die Organgesellschaft als GmbH

Ist die Organgesellschaft eine GmbH, so kommt in erster Linie eine Verpflichtung zur Abtretung des Geschäftsanteils beim Ausscheiden aus der Grundgesellschaft in Betracht. Diese bedarf gemäß § 15 Abs. 4 GmbHG der gerichtlichen oder notariellen Form. Das Formerfordernis gilt unabhängig davon, ob die Übertragung auf die GmbH, auf Mitgesellschafter oder auf außenstehende Dritte vorzunehmen ist[8]. Eine Übertragungsverpflichtung, die der erforderlichen Form entbehrt, ist nichtig, wird jedoch durch formgerechte Abtretung des Geschäftsanteils geheilt (§ 15 Abs. 4 S. 2 GmbHG). Es ist also darauf zu achten, daß der die Abtretungspflicht beinhaltende Gesellschaftsvertrag der Grundgesellschaft gerichtlich oder notariell beurkundet wird[9].

Weiterhin ist zu berücksichtigen, daß die Geschäftsanteile der Organ-GmbH i. d. R. vinkuliert sind, mithin zu ihrer Abtretung eine Genehmigung der Gesellschaft erforderlich ist. Die Aufnahme einer Abtretungspflicht in das Statut der Grundgesellschaft ist daher nur sinnvoll, wenn die Zustimmung seitens der GmbH gewährleistet ist. Dies kann dadurch erreicht werden, daß sich die GmbH schuldrechtlich gegenüber der Grundgesellschaft verpflichtet, eine Abtretung anläßlich des Ausscheidens aus der Grundgesellschaft zu genehmigen. Einfacher ist es freilich, wenn die GmbH eine Abtretung in diesen Fällen statutarisch von dem Zustimmungserfordernis ausnimmt[10]. Unproblematisch ist ferner der Erwerb vinkulierter Anteile durch die GmbH selbst, er ist ohne gesonderte Genehmigungserklärung wirksam[11].

Als Erwerber des Anteils können die übrigen Gesellschafter der Grundgesellschaft vorgesehen werden. Dabei bestehen die oben bereits aufgezeigten Gestaltungsmöglichkeiten[12]: Gesamtabtretung zu realen Bruchteilen, Gesamtabtretung zu ideellen Anteilen, Teilabtretung. Am zweckmäßigsten ist die Teilung des Geschäftsanteils mit anschließender Abtretung der Teilanteile[13]. Diese Lösung ist aber nur durchführbar, wenn die Voraussetzungen der Teilabtretung im Rahmen der GmbH geschaffen sind[14].

---

[8] Allg. Meinung, vgl. z. B. *Schilling* in Hachenburg, § 15 Anm. 21 m. w. N.

[9] Fehlt es an dieser Form, so gelten die Erörterungen unten § 11 III 1 a aa) (1) entsprechend.

[10] Dazu, daß von der Genehmigungsbedürftigkeit bestimmte Abtretungsfälle befreit werden können, vgl. *Scholz*, § 15 Rz 44; *Schilling* in Hachenburg, § 15 Anm. 51.

[11] S. o., § 5 I 1 c aa) (2).

[12] S. o., § 5 I 1 c aa) (2).

[13] Vgl. die Begründung oben, § 5 I 1 c aa) (2).

[14] Dazu im einzelnen oben, § 5 I 1 c aa) (2).

Auch Nichtgesellschaftern kann ein Erwerbsrecht hinsichtlich des Anteils des Ausscheidenden eingeräumt werden. Die gesellschaftsvertragliche Begründung von Drittrechten ist vor allem im Zusammenhang mit erbrechtlichen Regelungen bei der sog. Eintrittsklausel geläufig. Diese Klausel gewährt dem Erben eines Gesellschafters gegen die übrigen Gesellschafter einen Anspruch auf Aufnahme[15]. Der BGH hat es darüber hinaus sogar für zulässig erklärt, einem Nichtgesellschafter durch den Gesellschaftsvertrag ein Stimmrecht zu geben[16]. Um so mehr muß es möglich sein, Dritten reine Vermögensrechte, die das Innenleben der Gesellschaft viel weniger berühren, zuzuerkennen.

Soll die GmbH den Geschäftsanteil des aus der Grundgesellschaft ausscheidenden Gesellschafters übernehmen, so sind die Vorschriften des § 33 GmbHG zu beachten. Der GmbH ist nur der Erwerb voll eingezahlter Anteile gestattet. Auch diese soll sie nur erwerben, soweit das Entgelt aus dem das Stammkapital übersteigenden Vermögen aufgebracht werden kann[17]. Eine Verpflichtung zur Abtretung des Anteils an die GmbH sollte daher nur dann vereinbart werden, wenn der Erwerb seitens der GmbH durch entsprechende statutarische Nachschußpflichten deren Gesellschafter sichergestellt ist[18]. Soweit den Gesellschaftern der GmbH Nachschußpflichten nicht obliegen, müßten sich die Gesellschafter der Grundgesellschaft zugunsten der GmbH zur Bereitstellung des erforderlichen Geldbetrages verpflichten.

Denkbar ist schließlich — anstelle der Abtretung — eine Verpflichtung zur Zustimmung zu einer in der Satzung der GmbH vorgesehenen Amortisation. Eine solche Verpflichtung bedarf nicht der Form des § 15 Abs. 4 GmbHG: durch sie soll der Anteil nicht in Umlauf gesetzt, sondern vernichtet werden[19]. Die Einziehung setzt die Vollbezahlung des Geschäftsanteils voraus, wenn sie ohne Herabsetzung des Grundkapitals erfolgen soll. Wegen der mit der Einziehung verbundenen Schwierigkeiten erscheint eine Zustimmungspflicht zur Amortisation gegenüber einer Übertragungspflicht unzweckmäßig. Sie führt außerdem nicht zu dem angestrebten Erfolg, wenn die GmbH untätig bleibt, ein Gesellschafterbeschluß über die Einziehung des Anteils des Ausscheidenden also nicht gefaßt wird bzw. der zur Einziehung statutarisch ermächtigte Geschäftsführer eine Einziehungserklärung nicht abgibt.

---

[15] *Siebert - Schultze - v. Lasaulx*, § 727 Rz 10; *Staudinger - Keßler*, § 727 Rz 14 m. w. N.

[16] NJW 1960, 963.

[17] Vgl. im einzelnen § 5 I 1 b) bb).

[18] Dazu oben, § 5 I 1 b) bb), dd).

[19] Vogel, § 15 Anm. 7.

bb) Die Organgesellschaft als Aktiengesellschaft

Bei der AG bedarf die statutarisch zugelassene Einziehung von Aktien nicht der Zustimmung des betroffenen Aktionärs, sondern eines Beschlusses der Hauptversammlung[20]. Die Grundgesellschaft kann daher ihre Gesellschafter lediglich verpflichten, im Fall des Ausscheidens die Einziehung ihrer Aktien zu beantragen und in dem Beschluß über diesen Antrag für die Einziehung zu stimmen[21]. Eine solche Verpflichtung ist aber letztlich unzulänglich, wenn der Ausscheidende nicht die erforderliche Stimmenmehrheit[22] in der AG besitzt. Zudem ist die Stimmrechtsbindung nach h. M. nicht durchsetzbar[23].

Es besteht aber die Möglichkeit, eine Verpflichtung zur Veräußerung der Aktien beim Ausscheiden aus der Grundgesellschaft zu begründen. Soweit die Aktien der Organ-AG vinkuliert sind, ist eine Zusage der AG herbeizuführen, jede Veräußerung, die der Erfüllung dieser Verpflichtung dient, zu genehmigen. Günstiger ist allerdings eine statutarische Befreiung von der Genehmigungsbedürftigkeit derartiger Veräußerungen[24].

Der Gesellschaftsvertrag kann die übrigen Gesellschafter, die Aktionäre oder die Aktiengesellschaft als Erwerber der abzugebenden Aktien bestimmen. Hat der Ausscheidende seine Aktien der AG anzubieten, so darf diese nur erwerben, wenn die Hauptversammlung die Einziehung der zu erwerbenden Aktien beschlossen hat (§ 71 Abs. 1 Nr. 6 AktG), oder wenn der Erwerb für Rechnung der Aktionäre erfolgt, und die Aktionäre gegenüber der AG zur Abnahme der Aktien verpflichtet sind (§ 71 Abs. 1 Nr. 4 AktG).

cc) Die Organgesellschaft als Handelsgesellschaft oder Verein

Die Gesellschafter können sich gegenseitig verpflichten, bei ihrem Ausscheiden aus der Grundgesellschaft von ihrem Kündigungs- oder Austrittsrecht gegenüber der Organ-OHG, der Organ-KG oder dem Organ-Verein Gebrauch zu machen.

---

[20] Vgl. den Überblick bei § 5 II 1 b).

[21] Der von der Einziehung betroffene Aktionär stimmt bei dem Kapitalherabsetzungsbeschluß mit, *Gadow - Heinichen,* § 192 Anm. 19 m. w. N.

[22] 3/4 bei der ordentlichen Kapitalherabsetzung (§ 222 Abs. 1 AktG), einfache Mehrheit bei der vereinfachten Kapitalherabsetzung (§ 237 Abs. 4 AktG).

[23] RG 119, 388; 133, 95; 165, 78; *Gadow - Heinichen,* § 114 Anm. 44; *v. Godin-Wilhelmi,* § 136 Anm. 8; *Würdinger,* S. 74, jeweils m. w. N.; a. A. *Peters,* AcP 156, 311 und jetzt — für die GmbH — BGH NJW 1967, 1963.

[24] Dazu, daß die Genehmigungspflicht auf bestimmte Fälle der Veräußerung beschränkt oder für bestimmte Fälle ausgeschlossen werden kann, vgl. *Baumbach - Hueck,* AktG, § 68 Rz 7; *Gadow - Heinichen,* § 61 Anm. 10; *Ritter,* § 61 Anm. 5.

2. Anspruch auf Abnahme der Geschäftsanteile und Aktien

Die Gesellschafter der Doppelgesellschaft wollen sich bei ihrem Ausscheiden aus der Grundgesellschaft nicht der einseitigen Verpflichtung ausgesetzt sehen, ihre Beteiligung an der Organgesellschaft aufzugeben. Sie sind regelmäßig auch daran interessiert, zugleich einen Anspruch auf Befreiung von dieser Beteiligung zu vereinbaren[25]. Zu diesem Zweck kann die Verpflichtung der Gesellschafter begründet werden, den Geschäftsanteil bzw. die Aktien des ausscheidenden Gesellschafters zu übernehmen. Abnahmeansprüche gegen Nichtgesellschafter lassen sich aber nicht durch den Gesellschaftsvertrag, sondern lediglich durch Sondervereinbarungen mit dem designierten Erwerber herstellen. Die bei einer Erwerbspflicht der GmbH[26] und AG[27] auftretenden Probleme wurden an anderer Stelle ausführlich beleuchtet; darauf wird verwiesen.

3. Regelungen für die Übergangszeit

Für den Zeitraum, in dem der Austritt aus der Grundgesellschaft bereits vollzogen, die Lösung der kapitalistischen Beteiligung aber noch abzuwickeln ist, kann der Ausscheidende schuldrechtlich verpflichtet werden, seine Rechte gegenüber der Organgesellschaft nicht, oder in einem bestimmten Sinn wahrzunehmen[28]. Die Durchsetzbarkeit derartiger Bindungen ist allerdings umstritten[29].

II. Die Grundgesellschaft als rechtsfähiger Verein

Den Mitgliedern eines Vereins steht ein unentziehbares Austrittsrecht zu, das nur nach Maßgabe des § 39 Abs. 2 BGB beschränkt werden kann. Die abschließende Regelung[30] des § 39 Abs. 2 BGB entspricht wertungsmäßig § 723 Abs. 3 BGB[31]. Zwar ist das Vereinsmitglied i. d. R. persönlich und wirtschaftlich nicht so stark gebunden wie der Gesellschafter einer bürgerlich-rechtlichen Gesellschaft, es ist dafür aber einem Mehrheitswillen unterworfen. § 39 BGB bezweckt, daß sich das Mitglied jederzeit der Majorisierung entziehen kann. Mit § 39 Abs. 2 BGB unver-

---

[25] Dazu näher oben, § 5 I 1 b.

[26] S. o., § 5 I 1 b).

[27] S. o., § 5 II 1.

[28] Vgl. oben § 5 I 2.

[29] S. o., Anm. 23.

[30] *Erman - Westermann*, § 39 Anm. 2, 5; *Staudinger - Coing*, § 39 Rz 1 m. w. N.

[31] Man könnte sagen, daß die abschließende Aufzählung in § 39 Abs. 2 BGB eine Konkretisierung der zweckwidrigen Beschränkung i. S. d. § 723 Abs. 3 BGB für den Verein ist.

einbar sind sachliche Bedingungen für die Gültigkeit des Austritts[32]. Die Vereinssatzung kann daher die Wirksamkeit der Austrittserklärung nicht vom Ausscheiden aus der Organgesellschaft abhängig machen. Dagegen bestehen keine Bedenken gegen eine statutarische Verpflichtung, zugleich mit dem Austritt aus dem Verein die Rechtsbeziehungen zur Organgesellschaft zu lösen. Es gelten insoweit die zur bürgerlichrechtlichen Grundgesellschaft im Hinblick auf § 723 Abs. 3 BGB angeführten Argumente[33].

Beim Verein stellt sich die weitere Frage, ob den Vereinsmitgliedern durch die Satzung ein unmittelbarer Anspruch gegen den Ausscheidenden auf Abtretung seines Geschäftsanteils oder seiner Aktien eingeräumt werden kann. Unmittelbare Rechtsbeziehungen der Vereinsmitglieder untereinander werden gemeinhin unter Hinweis auf die körperschaftliche Struktur des Vereins abgelehnt[34]. Richtig ist, daß die Satzung in erster Linie die mitgliedschaftliche Rechtsstellung der Mitglieder regelt, also das Verhältnis des Individuums zum Verband[35]. Daraus folgt aber keineswegs zwingend, daß direkte Beziehungen zwischen den Mitgliedern nicht bestehen könnten. Die Argumentation aus dem „Wesen der Körperschaft" vermag nicht zu überzeugen, solange nicht nachgewiesen ist, daß der institutionelle Schutzzweck der Körperschaft unmittelbare Rechtsbeziehungen der Vereinsmitglieder untereinander verbietet[36]. Das Gesetz sieht zwar derartige Beziehungen nicht vor. Damit ist aber noch nichts über das Verhältnis von gesetzlichem Typus und Vertragsfreiheit gesagt. Dieses Problem, das in der neueren Literatur nicht so sehr am Beispiel des Vereins, sondern vor allem am Beispiel der GmbH erörtert wird[37], kann hier nur angedeutet werden[38]. Die Diskussion ist darum bemüht, sich aus den „Fesseln juristischer Wesenheiten"[39] zu lösen. Dabei wird — m. E. zutreffend — die Möglichkeit unmittelbarer Rechtsbeziehungen zwischen den Mitgliedern privatrechtlicher Körperschaften bejaht. Es ist hier nur möglich, sich auf diese Ansätze zu beziehen. Eine tragfähige Begründung würde es erforderlich machen,

---

[32] *Soergel - Siebert*, § 39 Rz 4 m. w. N.; *Staudinger - Coing*, a.a.O.

[33] S. o., I 1 a).

[34] Vgl. z. B. *Denecke* in RGRK, § 54 Anm. 8; *Palandt - Danckelmann*, § 54 Anm. 3; *Soergel - Siebert*, § 54 Rz 16.

[35] Allg. Meinung, vgl. z. B. *Erman - Westermann*, § 25 Anm. 2.

[36] Dazu *Raiser*, summum ius, S. 145 ff., 164. Die bei *v. Thur*, Bd. I, S. 542 Anm. 1 vorgeschlagene Lösung, unmittelbare Rechtsbeziehungen zwischen den Vereinsmitgliedern in Analogie zum Vertrag zugunsten Dritter zu begründen, geht am Problem vorbei.

[37] Vgl. oben, § 5 I 1 c) aa) (2).

[38] *Ballerstedt*, Kapital, S. 181 ff.; *Brecher*, S. 254 ff.; *Mestmäcker*, S. 349 ff.; *Müller - Erzbach*, S. 196 ff.; ferner *Müller - Freienfels*, AcP 156, 522 ff., 531 ff.

[39] *Mestmäcker*, S. 349.

Umfang und Grenzen von Parteiautonomie und Typenzwang bei Körperschaften allgemein und beim Verein im besonderen zu untersuchen.

Zweifelhaft ist ebenfalls, ob auch Nichtmitgliedern, etwa der Organgesellschaft, durch die Satzung ein Anspruch gegen die Vereinsmitglieder auf Abtretung des Geschäftsanteils oder der Aktien eingeräumt werden kann. Anerkannt ist, daß sich durch die Satzung für Außenstehende ein Eintrittsrecht in den Verein begründen läßt[40]. Die Zulässigkeit statutarischer Drittrechte gegenüber dem Verein besagt aber noch nicht, daß die Satzung den Mitgliedern Pflichten gegenüber Dritten auferlegen kann. Vielfach findet sich die Formulierung, die Rechtsstellung als Vereinsmitglied begründe nach außen hin keine unmittelbaren Beziehungen[41]. Damit dürfte allerdings die beschränkte Haftung angesprochen sein. Für die Verbindlichkeiten des Vereins haftet nur das Vereinsvermögen. Auch die Satzung kann keine unmittelbare Haftung der Vereinsmitglieder gegenüber den Vereinsgläubigern begründen[42]. Die rechtliche Verselbständigung des Vereins würde damit durchbrochen. Anders ist jedoch eine Satzungsbestimmung zu beurteilen, die den Vereinsmitgliedern Pflichten i. S. d. § 328 BGB auferlegt. Diese Pflichten stehen mit dem Auftreten des Vereins im Rechtsverkehr in keinem Zusammenhang. Das Mitglied ist gegenüber dem Verein verpflichtet, der Dritte ausschließlich aus dieser Mitgliedschaftsverpflichtung zu seinen Gunsten, nicht etwa aus einer Rechtsbeziehung zum Verein berechtigt. Eine solche Satzungsbestimmung ist m. E. zulässig. Das Statut des Vereins kann daher den Mitgliedern vorschreiben, beim Ausscheiden ihre Anteile an der Organgesellschaft abzutreten; dem Erwerbsberechtigten kann ein unmittelbarer Anspruch gegen den Austretenden zugebilligt werden.

Es ist schließlich noch darauf hinzuweisen, daß zwar mit dem Ausscheiden aus dem Verein die Vereinsgewalt und die Unterwerfung unter die Satzung endet[43], damit aber die bereits entstandene Übertragungspflicht nicht entfällt[44].

Bezüglich der Regelung des Austritts im einzelnen, die korrespondierenden Ansprüche auf Abnahme der Anteile bzw. deren Amortisation sowie der Regelungen für die Übergangszeit ist auf I. zu verweisen.

---

[40] RG 106, 120 (125 f.); *Erman - Westermann*, § 38 Anm. 2; *Soergel - Siebert*, § 38 Rz 7.

[41] *Enneccerus - Nipperdey*, § 112 III; *Denecke* in RGRK, § 54 Anm. 8; *Sauter*, S. 121.

[42] *Enneccerus - Nipperdey*, a.a.O.; *Staudinger - Coing*, § 25 Rz 9.

[43] Vgl. *Staudinger - Coing*, Vorbem. 5 i zu § 21 m. w. N.; § 39 Rz 8 m. w. N.

[44] *Staudinger - Coing*, § 39 Rz 8.

III. Die Grundgesellschaft als nicht-rechtsfähiger Verein

Die Grundgesellschaft in der Form eines nicht-rechtsfähigen Vereins bedarf hiernach keiner Erörterung mehr. Es braucht nicht untersucht zu werden, inwieweit auf den nicht-rechtsfähigen Verein Gesellschafts- oder Vereinsrecht Anwendung findet. Bei den hier zu untersuchenden Satzungs- bzw. Vertragsbestimmungen ergeben sich zwischen Verein und Gesellschaft keine Unterschiede.

IV. Zusammenfassung

Die Gesellschafter der Doppelgesellschaft können durch das Statut der Grundgesellschaft verpflichtet werden, zugleich mit dem Ausscheiden aus der Grundgesellschaft ihre Rechtsbeziehungen zur Organgesellschaft zu lösen. Insoweit spielt es keine Rolle, ob die Grundgesellschaft die Rechtsform einer bürgerlich-rechtlichen Gesellschaft, eines rechtsfähigen Vereins oder eines nicht-rechtsfähigen Vereins besitzt. Die Verpflichtung verletzt nicht das Verbot der §§ 723 Abs. 3, 39 Abs. 2 BGB, das Kündigungs- bzw. Austrittsrecht der Gesellschafter zu beschränken. Unzulässig wäre es allerdings, die Wirksamkeit der Kündigungs- oder Austrittserklärung vom Ausscheiden aus der Organgesellschaft abhängig zu machen, wenn zu diesem Ausscheiden eine Rechtshandlung der Gesellschaft (Genehmigung, Amortisation) erforderlich ist. Der Inhalt der Verpflichtung muß sich nach der Rechtsform der Organgesellschaft richten. Ist sie eine Handelsgesellschaft oder ein Verein, so wird man dem aus der Grundgesellschaft Ausscheidenden eine Kündigungs- bzw. Austrittspflicht auferlegen. In der Praxis finden sich aber vorwiegend die GmbH und AG als Geschäftsführungsgesellschaften. Die Gesellschafter der Grundgesellschaft können sich verpflichten, ihre Geschäftsanteile oder Aktien mit der Beendigung ihrer Mitgliedschaft in der Grundgesellschaft zu veräußern. Diese Verpflichtung bedarf bei der GmbH der gerichtlichen oder notariellen Form. Erfüllbar ist die Abtretungspflicht häufig nur bei einer entsprechenden Gestaltung der Satzung von GmbH oder AG. Das Statut sollte, soweit die Anteile und Aktien vinkuliert sind, die Übertragung anläßlich des Ausscheidens aus der Grundgesellschaft von dem Zustimmungserfordernis ausnehmen. Die Grundgesellschaft kann aber auch ihre Geschäftsführungsgesellschaft vertraglich verpflichten, in diesen Fällen die Genehmigung zu erteilen. Als Erwerber der Anteile kommen die übrigen Gesellschafter der Grundgesellschaft, die Organgesellschaft oder deren Gesellschafter in Betracht. Die bezeichneten Erwerber erhalten bei der Gesellschaft bürgerlichen Rechts wie beim Verein in jedem Fall einen unmittelbaren Anspruch gegen den Abtretungspflichtigen. Bei einer Abtretung des GmbH-Anteils an die übrigen Gesellschafter ist die Teilabtretung einer Gesamtabtretung vorzuziehen. Die GmbH muß dazu allerdings die Voraussetzungen einer Teilabtretung schaffen. Die Übertragung des Anteils oder der Aktien auf die GmbH oder AG ist nur zweckmäßig, wenn Nachschußpflichten bestehen. Diese können, soweit sie nicht bereits im Rahmen der Geschäftsführungsgesellschaft vereinbart sind, den Gesellschaftern der Grundgesellschaft zugunsten der GmbH bzw. der AG auferlegt werden. Als Korrelat zur Abtretungspflicht läßt sich ein Abnahmeanspruch des Ausscheidenden begründen. Soll ein Nichtgesellschafter die Beteiligung erwerben, so muß ein besonderer Abnahmevertrag geschlossen werden. Schließlich können sich die Gesellschafter für den Zeitraum, währenddessen sie bereits aus der Grundgesellschaft, aber noch nicht aus der Organgesellschaft ausgeschieden sind, Bindungen hinsichtlich der Wahrnehmung ihrer Rechte und Pflichten im Rahmen der Organgesellschaft auferlegen. Derartige Bindungen sind nach der neuesten BGH-Rechtsprechung auch durchsetzbar.

§ 7 Regelungen in den Statuten sowohl der Grundgesellschaft wie auch der Organgesellschaft

Die Abhängigkeit der Beteiligung an der Organgesellschaft von der Mitgliedschaft in der Grundgesellschaft kann auch durch sich ergänzende oder bestärkende Bestimmungen in den Verträgen beider Gesellschaften erreicht werden. Bei der Untersuchung möglicher Vereinbarungen im Rahmen der Grundgesellschaft hat sich bereits gezeigt, daß bestimmte Vereinbarungen zu ihrer Durchsetzbarkeit eines entsprechend gestalteten Statuts der Organgesellschaft bedürfen. Die Pflichten der Gesellschafter z. B. zur Nachschußzahlung oder zur Abtretung lassen sich aber auch in beiden Gesellschaften verankern, so daß jeweils eine Verpflichtung aus doppeltem Rechtsgrund besteht. Schließlich sind zusätzliche schuldrechtliche Bindungen möglich, z. B. über die Ausübung des Stimmrechts in der Organgesellschaft. Der Vielzahl dieser Möglichkeiten kann hier nicht nachgegangen werden. Es sollte lediglich festgestellt werden, wie die Mitgliedschaften in den beiden zur Doppelgesellschaft gehörigen Gesellschaften voneinander abhängig gemacht werden können. Die dabei für die Grundgesellschaft und die Organgesellschaft jeweils getrennt aufgezeigten Wege und Grenzen gelten für jedes „Mischsystem“ entsprechend.

Zweiter Abschnitt

Das Ausscheiden aus der Organgesellschaft und seine Wirkung auf die Beteiligung an der Grundgesellschaft

Bisher wurden die vertraglichen Gestaltungsmöglichkeiten aufgezeigt, die ein Ausscheiden lediglich aus der Grundgesellschaft verhindern: der Anteil des Ausscheidenden an der Organgesellschaft wird vernichtet oder geht auf einen im Vertrag bezeichneten Erwerber über. Auf diese Weise wird verhindert, daß ein Außenseiter in die Geschäftsführung der Doppelgesellschaft Einblick nehmen kann. Um das gleiche Ergebnis beim Austritt eines Gesellschafters nur aus der Organgesellschaft zu erzielen, reicht es nicht aus, diesem Austritt den Ausschluß aus der Grundgesellschaft folgen zu lassen. Die Regelung des Gesellschaftsvertrages muß vielmehr einen Schritt vorher ansetzen: sie muß es dem Gesellschafter unmöglich machen, seinen Geschäftsanteil ohne oder gegen den Willen der übrigen Gesellschafter zu veräußern. Die Übertragung an einen Außenstehenden würde diesem im Hinblick auf die Tätigkeit der Geschäftsführungsgesellschaft unerwünschte Informations- und Mitwirkungsbefugnisse verschaffen. Eine nachträgliche Sanktionierung mit dem Ausschluß des Übertragenden aus der Grundgesellschaft vermag diese Befugnisse nicht mehr zu beseitigen. Aber auch die willkürliche Abtretung des Anteils an einen oder einzelne Gesellschafter dürfte dem Willen der übrigen Gesellschafter häufig zuwiderlaufen. Sie kann im Rahmen der Organgesellschaft eine Machtverschiebung zur Folge haben, die die mit der Stimmenverteilung bezweckte Interessenbewertung und -abgrenzung zerstört. Es ist daher geboten, eine von der Gesellschaft nicht gewollte und unkontrollierte Veräußerung des Geschäftsanteils zu untersagen. Erst in zweiter Linie stellt sich dann die Frage, welche Wirkungen das Ausscheiden aus der Organgesellschaft auf die Mitgliedschaft in der Grundgesellschaft hat, d. h. ob dem Gesellschafter eine isolierte Beteiligung an der Grundgesellschaft möglich bleiben soll.

§ 8 Beschränkungen der Abtretbarkeit des Anteils an der Organgesellschaft

Die Gesellschafter der Doppelgesellschaft können durch den Gesellschaftsvertrag der Grundgesellschaft verpflichtet werden, ihre Anteile an der Organgesellschaft nicht oder nur auf Weisung der Gesellschaft abzugeben. Schuldrechtliche Vereinbarungen sind aber letztlich unzulänglich, da sie im Falle einer abredewidrigen Veräußerung das Eindringen des Außenseiters nicht zu verhindern vermögen. Es soll daher nur untersucht werden, in welcher Weise die Abtretbarkeit der Anteile mit dinglicher Wirkung einschränkbar ist. Derartige Verfügungsbeschränkungen lassen sich allein durch das Statut der Organgesellschaft begründen. Die hierzu in Betracht kommenden Möglichkeiten richten sich nach der jeweiligen Rechtsform der Geschäftsführungsgesellschaft.

I. Die Organgesellschaft als GmbH

§ 15 Abs. 5 GmbHG gestattet es, die Übertragung des GmbH-Anteils von bestimmten Voraussetzungen abhängig zu machen. Derartige Voraussetzungen können aber lediglich das dingliche Übertragungsgeschäft betreffen[1]. § 15 Abs. 5 GmbHG beschränkt also nicht die Vertragsfreiheit der Gesellschafter, indem die Wirksamkeit des schuldrechtlichen Vertrages auf Abtretung des Geschäftsanteils an die Erfüllung gesellschaftsvertraglich festgelegter Anforderungen gebunden wird. Dahin gehende statutarische Bestimmungen wären wirkungslos[2]. Jedoch bieten sich für die Gesellschafter verschiedene Möglichkeiten, die dingliche Übertragbarkeit des Geschäftsanteils zu beschränken[3], und so bei der Auswahl des Erwerbers mitzuwirken:

---

[1] *Schilling* in Hachenburg, § 15 Anm. 49; *Scholz*, § 15 Rz 40.

[2] *Schilling*, a.a.O.; *Scholz*, a.a.O.; RG, JW 1934, 1412.

[3] Streitig ist, ob die Übertragbarkeit des Geschäftsanteils vollständig ausgeschlossen werden kann. Bejahend: RG 80, 179; *Baumbach - Hueck*, GmbH, § 15 Anm. 1 A; *Feine*, S. 370; *Scholz*, § 15 Rz 42. Verneinend: *Brodmann*, § 15 Anm. 5 a; *Vogel*, § 15 Anm. 2. Vermittelnd: *Schilling* in Hachenburg, § 15 Anm. 2: Der Gesellschafter muß die Möglichkeit haben, sich aus der GmbH zu lösen; die Satzung muß daher entweder eine Kündigung oder die Veräußerung des Geschäftsanteils zulassen. Auf diesen Streit braucht nicht eingegangen zu werden, da die Gesellschafter der Doppelgesellschaft nicht die Übertragbarkeit des Geschäftsanteils ausschließen, sondern die Person des Erwerbers bestimmen wollen.

(1) Als Beispiel einer Abtretungsvoraussetzung nennt das Gesetz selbst die Genehmigung der Gesellschaft (§ 15 Abs. 5 GmbHG). Das Genehmigungserfordernis muß in der ursprünglichen Satzung enthalten sein, oder durch nachträgliche Satzungsänderung eingeführt werden[4]. An Stelle der Genehmigung durch die Gesellschaft kann eine Zustimmung aller Gesellschafter, der Gesellschaftermehrheit, des Vorstandes, des Aufsichtsrates oder Dritter, etwa der Grundgesellschaft[5] vorgesehen sein. Das Statut hat insoweit eine freie Wahl[6]. Die Genehmigung ist nach überwiegender Meinung stets vom Geschäftsführer auszusprechen[7]. Sie bindet die Gesellschaft selbst dann, wenn die kraft Satzung zur Zustimmung berufenen Personen oder Organe über die Genehmigung nicht oder abschlägig beschlossen haben[8]. Dieser Beschluß verpflichtet den Geschäftsführer nur im Innenverhältnis[9]. Dem Erwerber gegenüber, dem die Kenntnis und Nachprüfung der Satzung verschlossen ist, ist die vom Geschäftsführer erklärte Genehmigung aus Gründen der Verkehrssicherheit stets wirksam. Das Genehmigungserfordernis stellt also dann keinen wirksamen Schutz der Gesellschaft dar, wenn der Geschäftsführer von seinen Weisungen abweicht und gegen den Willen der Gesellschafter seine Zustimmung zur Abtretung eines Geschäftsanteils abgibt.

(2) Die Satzung kann zugunsten der Gesellschaft, aller oder einzelner Gesellschafter ein Vorkaufsrecht festsetzen[10]. Dieses wirkt gemäß §§ 504 ff. BGB[11]. Ein solches Vorkaufsrecht vermag das Eindringen gesellschaftsfremder Personen in den Gesellschafterkreis daher nur zu verhindern, wenn die Abtretung des Geschäftsanteils im Wege des Verkaufs erfolgt, und wenn der abtretende Gesellschafter seiner obligatorischen Verpflichtung nachkommt, den Anteil vor der Abtretung dem Vorkaufs-

---

[4] *Baumbach - Hueck*, GmbHG, § 15 Anm. 5 A; *Schilling* in Hachenburg, § 15 Anm. 50.

[5] In der Literatur wird teilweise die Auffassung vertreten, einem gesellschaftsfremden Dritten könne die Genehmigung nicht zugewiesen werden (*Brodmann*, § 15 Anm. 5 c; *Schilling* in Hachenburg, § 15 Anm. 52 a; *Scholz*, § 15 Rz 44. A. A. KG, DR 1942, 1059; *Baumbach - Hueck*, GmbHG, § 15 Anm. 5 A; *Feine*, S. 387). Allerdings könne eine Sonderabmachung einem Dritten die Genehmigungsbefugnis einräumen mit der Folge, daß die Gesellschaft vor der Zustimmung den Dritten zu fragen habe. Folgt man der h. M. zur Zuständigkeit für die Genehmigung (vgl. den Text im Folgenden), so kommt diesem Streit keine große Bedeutung zu.

[6] *Scholz*, § 15 Rz 44.

[7] Vgl. die Nachweise § 5 Anm. 59.

[8] *Scholz*, § 15 Rz 45 m. ausf. Nachw.

[9] RG 160, 231; *Baumbach - Hueck*, GmbHG, § 15 Anm. 5 C; *Scholz*, a.a.O.; vgl. auch § 68 Abs. 2 S. 2 des neuen AktG und dazu *v. Godin - Wilhelmi*, § 68 Anm. 11.

[10] RG 49, 149; *Feine*, S. 384; *Schilling* in Hachenburg, § 15 Anm. 43; *Scholz*, § 15 Rz 41 m. w. N.

[11] *Feine*, a.a.O.; *Schilling*, a.a.O.

berechtigten anzubieten. Das Statut sollte daher vorschreiben, daß eine Abtretung nur durch Verkauf zulässig ist[12], und daß die Abtretbarkeit der Geschäftsanteile an die Nichtausübung des Vorkaufsrechts gebunden, oder daß die Genehmigung des Vorkaufsberechtigten vorbehalten ist[13].

(3) Der Gesellschaftsvertrag kann bestimmte Eigenschaften des Erwerbers verlangen[14]. So läßt sich z. B. eine Bestimmung aufnehmen, nach der die Geschäftsanteile nur an Gesellschafter der Grundgesellschaft abgetreten werden können[15]. Eine Übertragung an Außenseiter wäre in diesem Fall wirkungslos, unabhängig davon, ob diese von der Abtretungsbeschränkung Kenntnis haben oder nicht[16].

(4) Schließlich kann die Abtretbarkeit von der Übergabe des Anteilscheins abhängig gemacht werden[17]. Dabei ist allerdings zu beachten, daß der Anteilschein durch eine solche Regelung nicht seinen Charakter als bloße Beweisurkunde verliert; die Übergabe ist lediglich Voraussetzung für die Wirksamkeit des dinglichen Geschäfts[18]. Um nun die freie Verfügung der Gesellschafter über ihren Geschäftsanteil auszuschließen, ist ihnen der Anteilschein zu entziehen. Man könnte dabei in der Weise verfahren, daß die Anteilscheine bei der Gesellschaft oder bei Treuhändern hinterlegt werden, und diese nach Maßgabe des Verwahrungsvertrages nur auf Geheiß der Gesellschaftermehrheit oder eines anderen Gesellschaftsorgans zur Herausgabe befugt sind. Diese Regelung läßt sich aber durch die Übergabesurrogate gem. §§ 930, 868, 871 BGB bzw. gem. § 931 BGB umgehen. Das Statut muß daher die körperliche Übergabe zur Bedingung der Abtretbarkeit machen.

§ 15 Abs. 5 GmbHG läßt also mehrere Gestaltungsmöglichkeiten zu, die den Gesellschafter daran hindern, Außenseitern Einlaß in die Organgesellschaft zu verschaffen oder die Mehrheitsverhältnisse in der GmbH willkürlich zu verändern.

II. Die Organgesellschaft als Aktiengesellschaft

Die freie Übertragbarkeit, Verpfändbarkeit und Vererblichkeit der Aktie, die ihre Verkehrsfähigkeit und Eignung, Kapital zu sammeln und

---

[12] *Scholz*, a.a.O.
[13] RG, JW 1934, 1412; *Schilling*, a.a.O.; *Scholz*, a.a.O.
[14] *Feine*, S. 384 f.; *Schilling* in Hachenburg, § 15 Anm. 61; *Scholz*, § 15 Rz 41.
[15] Vgl. z. B. § 3 der Satzung des Verbandes Deutscher Kandisfabriken GmbH (D I Anl. N 4); nach dieser Bestimmung ist die Abtretung von Geschäftsanteilen an Nichtgesellschafter nur zulässig, wenn der Erwerber Inhaber einer deutschen Kandisfabrik ist.
[16] *Schilling*, a.a.O.
[17] RG 98, 277; *Feine*, S. 385; *Schilling* in Hachenburg, § 15 Anm. 60; *Scholz*, § 15 Rz 41; a. A. *Brodmann*, § 15 Anm. 6.
[18] Dazu *Feine*, a.a.O.

in Umlauf zu bringen, ausmachen, ist ein tragender Grundsatz des Aktienrechts[19]. Es fragt sich, ob und in welcher Weise die Organ-AG von diesem Prinzip abweichen kann, um die Veräußerung ihrer Aktien unter Kontrolle zu halten.

(1) Gemäß § 68 Abs. 2 S. 1 AktG darf die Übertragung von Namensaktien an die Zustimmung der Gesellschaft gebunden werden. Das Zustimmungserfordernis muß in der ursprünglichen Satzung enthalten sein oder später mit den Stimmen aller betroffenen Aktionäre eingeführt werden[20]. Durch die Satzung läßt sich bestimmen, daß die Zustimmung eines Aufsichtsrats- oder Hauptversammlungsbeschlusses bedarf[21]. Nach außen hin wird die Erklärung jedoch stets vom Vorstand abgegeben (§ 68 Abs. 2 S. 2 AktG). Der Schutz des Rechtsverkehrs, insbesondere des Börsenhandels verlangt, daß sich der Erwerber auf diese Erklärung verlassen kann. Die vom Vorstand ausgesprochene Zustimmung ist für die AG daher auch dann verbindlich, wenn sie dem Willen des beschlußberechtigten Gesellschaftsorgans nicht entspricht[22]. Art und Wirkung der Vinkulierung sind also bei der Namensaktie und beim GmbH-Geschäftsanteil identisch[23].

(2) § 15 Abs. 5 GmbHG führt die Zustimmung als eine mögliche Voraussetzung für die Abtretbarkeit des GmbH-Anteils auf. Es lassen sich also zahlreiche andere Bedingungen der Übertragbarkeit statuieren. Im Gegensatz dazu nennt § 68 Abs. 2 AktG ausschließlich die Genehmigung als Übertragungserschwernis. Aus dieser Beschränkung und aus dem Ausnahmecharakter der Vorschrift schließt die heute ganz überwiegende Meinung, daß § 68 AktG die Rechte der Gesellschaft hinsichtlich der statutarischen Einschränkung der Übertragbarkeit einer Namensaktie erschöpfend und abschließend regelt. Eine andere als die dort vorgesehene Beschränkung, mag sie Inhalt oder Form der Veräußerung betreffen, ist also unstatthaft und nichtig[24]. Die Wirksamkeit der Über-

---

[19] Dazu *v. Godin - Wilhelmi*, § 68 Anm. 9; *Würdinger*, S. 6.

[20] Heute durch § 180 Abs. 2 AktG ausdrücklich geregelt. Früher sehr streitig: wie § 180 AktG schon früher RG 68, 212; *Gadow - Heinichen*, § 61 Anm. 11; *v. Godin - Wilhelmi*, § 68 Anm. 10; *Schlegelbeger - Quassowski*, § 61 Anm. 6. Dagegen ließen die früheren Auflagen von *Baumbach - Hueck* und *Ritter*, § 61 Anm. 5 b eine einfache Satzungsänderung für die Einführung des Zustimmungserfordernisses genügen.

[21] *Godaw - Heinichen*, § 61 Anm. 13; *v. Godin - Wilhelmi*, § 68 Anm. 11.

[22] So die h. M., *Baumbach - Hueck*, AktG, § 68 Rz 8; *Düringer - Hachenburg*, § 222 Anm. 5; *v. Godin - Wilhelmi*, § 68 Anm. 11; *Schlegelberger - Quassowski*, § 61 Anm. 6; ebenso ausdrücklich die amtliche Begründung zum neuen AktG (BT-Drucksache IV 171, S. 117). A. A. — unter der Geltung des alten AktG — *Gadow - Heinichen*, § 61 Anm. 14. Zum Streitstand des gleichen Problems bei der GmbH vgl. oben Anm. 9.

[23] Vgl. I (1).

[24] RG, JW 1939, 296; *Düringer - Hachenburg*, § 222 Anm. 4; *Gadow - Heini-*

tragung kann mithin nicht davon abhängig gemacht werden, daß der Erwerber bestimmte persönliche Eigenschaften besitzt[25] oder irgendwelche Pflichten übernimmt. Ebensowenig läßt sich zugunsten der übrigen Aktionäre ein statutarisches Vorkaufsrecht begründen[26].

(3) Derartige Regelungen, die die Satzung nicht wirksam zu treffen vermag, können aber Gegenstand einer schuldrechtlichen Nebenabrede sein[27]. Die Aktionäre sind nicht gehindert, sich ein gegenseitiges Vorkaufsrecht einzuräumen[28], oder sich zu verpflichten, ihre Aktien nur an die übrigen Aktionäre zu veräußern. Vereinbarungen des genannten Inhalts verstoßen nicht gegen den Grundsatz der freien Übertragbarkeit der Aktien. Dieser Grundsatz verbietet lediglich eine Beschränkung der Verfügungsmöglichkeit. Er betrifft dagegen nicht die Vertragsfreiheit der Aktionäre, nimmt ihnen also nicht das Recht, im Hinblick auf ihr Aktienrecht obligatorische Bindungen einzugehen. Allerdings bietet die schuldrechtliche Verpflichtung eines Aktionärs, seine Aktien nur an bestimmte Personen abzugeben, keine ausreichende Gewähr dafür, daß die Aktien nicht doch unter Verletzung der Verpflichtung in die Hände anderer Personen gelangen.

(4) Schließlich eröffnen §§ 67 Abs. 2, 68 Abs. 3 AktG einen Weg, auf dem die AG das Eindringen unerwünschter Gesellschafter verhindern und auf die Auswahl des Erwerbers Einfluß nehmen kann. Gemäß § 67 Abs. 2 AktG gilt im Verhältnis zur Gesellschaft nur derjenige als Aktionär, der als solcher im Aktienbuch eingetragen ist. Der Erwerber einer Namensaktie muß, um im Aktienbuch vermerkt zu werden, die Aktie vorlegen (§ 68 Abs. 3 S. 2 AktG). Die AG hat die Möglichkeit, sich dieses Verfahren zum Zweck einer Abtretungskontrolle zunutze zu machen: Sie entzieht ihren Aktionären die Aktienurkunden und gibt sie Treuhändern in Verwahrung. Der seine Aktien veräußernde Aktionär kann dann dem Erwerber die Urkunde nicht aushändigen — es sei denn, die Treuhänder geben sie auf Weisung der Gesellschaft heraus. Dem Erwerber wird es infolgedessen nicht gelingen, in das Aktienbuch eingetragen zu werden. Somit braucht die AG den Rechtsübergang nicht gegen sich gelten zu lassen (§ 67 Abs. 2 AktG). Die Übertragung des Aktienrechts wird auf diese Weise allerdings nicht ausgeschlossen. Sie erfolgt ent-

---

chen, § 61 Anm. 7; *v. Godin - Wilhelmi*, § 68 Anm. 9; *Ritter*, § 61 Anm. 5; *Schlegelberger - Quassowski*, § 61 Rz 9; a. A. in der älteren Literatur — *Staub - Pinner*, § 222 Anm. 4; *Wieland*, Bd. II, S. 43.

[25] Bei Fehlen dieser Eigenschaften kann allerdings die erforderliche Zustimmung versagt werden.

[26] *Gadow - Heinichen*, a.a.O.; ebenso *Staub - Pinner*, § 222 Anm. 6.

[27] *Schlegelberger - Quassowski*, § 61 Rz 9; *Ritter*, § 61 Anm. 5 a, g; nichtige Beschränkungen in der Satzung lassen sich daher u. U. in schuldrechtliche Nebenabreden umdeuten.

[28] *Gadow - Heinichen*, § 61 Anm. 7.

weder durch Übereignung der Urkunde gem. §§ 929 ff. BGB und Abtretung des Rechts gem. §§ 413, 398 BGB, oder durch Übereignung der Urkunde und Indossament (§ 68 Abs. 1 S. 1 AktG)[29]. Ist der Veräußerer nicht im Besitz der Urkunde, so scheidet die zweitgenannte Übertragungsform aus, da er die Urkunde nicht mit einem Indossament versehen kann. Es ist ihm aber nicht verwehrt, das Aktienrecht abzutreten und die Urkunde in der Form der §§ 929, 931 BGB oder §§ 929, 930, 868, 871 BGB zu übereignen. Damit wird der Erwerber Inhaber des Aktienrechts. Dieses Recht kann er jedoch gegenüber der Gesellschaft nicht geltend machen, da er nicht in der Lage ist, seine Eintragung in das Aktienbuch herbeizuführen. Er würde dazu die Aktienurkunde benötigen, doch werden die Treuhänder seinem Herausgabeverlangen den Einwand der Verwahrungspflicht (gem. § 986 Abs. 1 S. 1 bzw. § 986 Abs. 2 BGB) entgegenhalten.

Der Entzug der Aktienurkunden und ihre Übergabe an Treuhänder führt nahezu zum gleichen Ergebnis, wie die Vinkulierung der Aktien. Zwar wird die Übertragbarkeit der Aktie nicht beschränkt — deshalb verstößt diese Konstruktion auch nicht gegen den Grundsatz der freien Übertragbarkeit der Aktie —; doch braucht die Gesellschaft den Rechtsübergang sich selbst gegenüber nur gelten zu lassen, wenn die an ihre Zustimmung gebundene Herausgabe der Urkunden erfolgt ist und der Erwerber sich daraufhin ins Aktienbuch hat eintragen lassen. Ein Nachteil dieser schuldrechtlichen Lösung ist freilich, daß der Gefahr einer pflichtwidrigen Herausgabe der Urkunde nicht wirksam begegnet werden kann.

III. Die Organgesellschaft als Handelsgesellschaft oder Verein

Bei einer Organgesellschaft in der Rechtsform eines rechtsfähigen Vereins oder einer Handelsgesellschaft besteht nicht die Möglichkeit, daß ein Mitglied Dritten Einlaß in die Gesellschaft bzw. den Verein verschafft, oder daß es die Mehrheitsverhältnisse in der Geschäftsführungsgesellschaft willkürlich ändert. Das Mitgliedschaftsrecht ist nicht versachlicht und selbständig abtretbar. Infolge dessen ergibt sich nicht die Notwendigkeit, ein unkontrolliertes Ausscheiden aus der Organgesellschaft statutarisch zu unterbinden[30].

---

[29] Vgl. *Gadow - Heinichen*, § 61 Anm. 8; *v. Godin - Wilhelmi*, § 68 Anm. 4; *Schlegelberger - Quassowski*, § 61 Rz 4, 5, jeweils m. w. N.

[30] Dahin gehende Satzungsbestimmungen wären zudem an die gesetzlichen Grenzen der §§ 39 Abs. 2, 723 Abs. 3 BGB gebunden; vgl. dazu oben § 6 I 1 a, II.

§ 9 Die Folgen der Abtretung des Geschäftsanteils

Ist durch eine der aufgeführten Vertragsklauseln die Abtretbarkeit des GmbH-Geschäftsanteils oder der Aktien wirksam beschränkt worden, so kann ein Gesellschafter seine Beteiligung an der Organgesellschaft nur im Einverständnis mit den übrigen Gesellschaftern veräußern. Damit dürfte dem Interesse der Gesellschafter in aller Regel Genüge getan sein. Die Veräußerung wird normalerweise keine weiteren Konsequenzen für die Mitgliedschaft in der Grundgesellschaft haben, da sie ja einvernehmlich erfolgt ist.

Nun kann die Doppelgesellschaft aber auch an einer strengen Mitgliederidentität in Grund- und Organgesellschaft interessiert sein[1]. Denkbar ist ein solches Bestreben insbesondere dann, wenn die durch beide Gesellschaftsverträge begründeten Rechte und Pflichten einander notwendig ergänzen, so daß das Statut der Grundgesellschaft hinsichtlich der Rechtsstellung des Gesellschafters unvollständig ist. Ein Verbleiben allein in der Grundgesellschaft kommt in diesem Fall nicht in Betracht. Eine Mitgliederidentität kann auch dann gewollt sein, wenn die Organgesellschaft sehr hohe Kapitalleistungen verlangt, die von allen Beteiligten gleichmäßig getragen werden sollen. Es ist also durchaus möglich, daß die Beendigung nur der Mitgliedschaft in der Organgesellschaft dem Sinn der Gesamtregelung widerspricht, daß also den Gesellschaftern daran gelegen ist, nur ein einheitliches Ausscheiden aus der Doppelgesellschaft zuzulassen. Dieses Ziel ist sehr einfach zu verwirklichen: Das Statut der Grundgesellschaft bestimmt den Austritt aus der Geschäftsführungsgesellschaft als Ausschlußgrund, oder — die zweckmäßigste Lösung — als Beendigungsgrund für die Mitgliedschaft in der Grundgesellschaft.

[1] So gilt z. B. nach § 12 des Kartellvertrages Dreizylinderspinnereien (WuW 1966, 879) eine Kündigung des GmbH-Vertrages aus wichtigem Grunde zugleich als Kündigung des Kartellvertrages.

Viertes Kapitel

Verknüpfung der Mitgliederschaften bei Fehlen ausdrücklicher vertraglicher Regelungen

Bei der Verbindung zweier Gesellschaften zu dem wirtschaftlich und funktionell einheitlichen Gebilde „Doppelgesellschaft" drängt sich für die Beteiligten die Notwendigkeit auf, die Diskrepanz zwischen der juristischen Selbständigkeit dieser Gesellschaften und ihrer tatsächlich einheitlichen Zweckbestimmung aufzuheben. Die rechtliche Ausgestaltung der Gesellschaftsverträge wird daher das Ziel verfolgen, beide Gesellschaften als sich ergänzende Teile in einen übergeordneten Zusammenhang zu integrieren. Im Rahmen dieser Funktionseinheit ist die Organgesellschaft als Geschäftsführerin anzusehen. Die Betrauung einer selbständigen Gesellschaft mit den Aufgaben der Geschäftsführung und Vertretung hat den Vorteil einer neutralen, dem Interessenwiderstreit der Gesellschafter weitgehend entzogenen Leitungstätigkeit[1]. Auf der anderen Seite birgt aber die Abspaltung der Geschäftsführung die Gefahr in sich, daß die Organgesellschaft dem Einfluß der Grundgesellschaft entzogen wird. Wenn ein Gesellschafter seine Anteile an der Organgesellschaft an Außenseiter veräußert, oder lediglich aus der Grundgesellschaft austritt und damit zum Außenseiter wird, kann die Geschäftsführungsgesellschaft unter die Kontrolle außenstehender Dritter geraten. Eine am Interesse der Grundgesellschaft orientierte Tätigkeit der Organgesellschaft ist dann nicht mehr gewährleistet. Da dieses Risiko auf der Hand liegt, sollte man vermuten, daß es bei der Abfassung der Verträge gesehen wird. Die Gesellschafter werden, so könnte man folgern, deshalb praktisch immer eine der im dritten Kapitel als zweckmäßig dargestellten Regelungen vereinbaren, um die in der Struktur der Doppelgesellschaft begründete Gefahr des Eindringens von Außenseitern in die Geschäftsführung zu bannen. Erörterungen über die Rechtslage bei Schweigen des Gesellschaftsvertrages bzw. der Satzung wären dann — jedenfalls für die Praxis — überflüssig.

Tatsächlich enthalten die Satzungen der Organgesellschaften offenbar durchweg[2] Bestimmungen, die die Übertragung der Aktien oder Ge-

---

[1] Vgl. dazu § 2 I 2.

[2] Alle der eingesehenen Verträge von Organgesellschaften enthalten eine Abtretungsbeschränkung.

schäftsanteile an die Zustimmung der Gesellschaft binden[3] oder in sonstiger Weise beschränken[4]. Die Frage, ob und auf welche Art sich eine unkontrollierte Abtretung bei Fehlen solcher Verfügungsbeschränkungen verhindern läßt, ist daher von geringerer praktischer Bedeutung.

Auf der anderen Seite scheint man sich der Gefahr, die durch das isolierte Ausscheiden aus der Grundgesellschaft entsteht, nicht immer voll bewußt zu sein. Zwar ist die Klausel üblich, daß das Ausscheiden aus der Grundgesellschaft nicht deren Auflösung, sondern den Fortbestand der Gesellschaft unter den übrigen Gesellschaftern zur Folge hat[5]. Dagegen sind nur in wenigen Fällen Regelungen über den Anteil des Ausscheidenden an der Organgesellschaft bekanntgeworden[6]. Die nachfolgenden Untersuchungen betreffen daher nicht ein nur theoretisches Problem.

---

[3] Vgl. z. B.: Rheinisch-Westfälisches Kohlen- Syndikat, § 3, D I Anl. A 1; Verband Deutscher Feinblechwalzwerke GmbH, § 4, D I Anl. B 19 a; Verkaufsbureau Vereinigter Emaillierwerke GmbH, § 5, D I Anl. B 24; Deutsche Ammoniak-Verkaufsvereinigung GmbH, D I Anl. D 10; Dortmunder Verkaufsverein für Ziegeleifabrikate AG, § 3, D I Anl. K 4 a; Rheinisch-Westfälisches Zementsyndikat GmbH, § 14, D I Anl. L 1; Nordwest-Mitteldeutsches Portland-Zementsyndikat AG, § 3, D I Anl. L 2; Vereinigte Süddeutsche Kalkwerke GmbH, § 6, D I Anl. L 8; Deutsches Zuckersyndikat GmbH, § 6, D I Anl. N 4.

[4] Gemäß § 3 der Satzung des Verbandes Deutscher Kandisfabriken (D I Anl. N 4) ist die Abtretung von Geschäftsanteilen an Nichtgesellschafter nur zulässig, wenn die Erwerber Inhaber von deutschen Kandisfabriken sind.

[5] Vgl. z. B. Stahlwerks-Verband AG, D I Anl. B 6; Oberschlesischer Stahlwerksverband GmbH, D I Anl. B 7; Verband deutscher Tuben- und Spritzkorkenfabriken, D I Anl. D 1; Thomasphosphat-Syndikat, WuW 1958, 530; Rheinisch-Westfälisches Zement-Syndikat, WuW 1958, 594; Phenole-Syndikat, WuW 1958, 667; Teererzeugnis-Syndikat, WuW 1958, 669; Terrazzo-Syndikat, WuW 1963, 808. Bei der Kartellkündigung nimmt die h. M. auch ohne ausdrückliche Vereinbarung eine Einzelwirkung an, vgl. z. B. RG 114, 212; *Dörinkel* im Gemeinschaftskommentar, § 13 Rz 16; *Eger*, S. 104 Anm. 3, 107; *Feine*, S. 356 f.; *Lehnich - Fischer*, § 8 Anm. 2; *Loewenberg*, ZHR 89, 340; *Rasch - Westrick*, § 13 Rz 5; *Reichstein*, S. 31; a. A. *Kern*, S. 111; *Nels*, S. 44, 47.

[6] Von den 26 in der Anlage zur Denkschrift abgedruckten Doppelgesellschafts-Verträgen findet sich eine solche Regelung nur beim Rheinisch-Westfälischen Kohlen-Syndikat (D I Anl. A 1), beim Hessischen Braunkohlenverkaufsverein (D I Anl. A 9) und bei den Vereinigten Süddeutschen Walzwerken (D I Anl. L 8). Der Verband deutscher Tuben- und Spritzkorkenhersteller sieht für den Fall der Einstellung des Geschäftsbetriebs das Ausscheiden aus der Grundgesellschaft vor. Der Ausscheidende ist dann verpflichtet, seine Anteile an der Organ-GmbH den übrigen Gesellschaftern anzubieten (D I Anl. C 1); eine ähnliche Bestimmung besteht für die Mitglieder der Deutschen Ammoniak-Verkaufsvereinigung (D I Anl. D 10). Bei den Nachkriegs-Syndikaten ist eine Verpflichtung des Ausscheidenden zur Übertragung seiner GmbH-Anteile auf die übrigen Gesellschafter nur durch das Kali-Syndikat veröffentlicht (§ 13 des Vertrages der Mitglieder der Gemeinschaft Deutscher Kalierzeuger untereinander und mit der Verkaufsgemeinschaft Deutscher Kaliwerke GmbH, WuW 1958, 450).

Erster Abschnitt

Das Ausscheiden aus der Grundgesellschaft und seine Wirkung auf die Beteiligung an der Organgesellschaft

§ 10 Lösungsvorschläge in der Literatur

In der Literatur gibt es zu der Frage, welche Auswirkungen das Ausscheiden aus der Grundgesellschaft auf die Mitgliedschaft in der Organgesellschaft hat, wenn Satzung oder Gesellschaftsvertrag für diesen Fall eine ausdrückliche Regelung nicht getroffen haben, keine eingehende Stellungnahme. Das Problem wird allerdings vielfach gesehen. Man findet dabei — durchweg ohne Begründung — fast alle denkbaren Lösungsvorschläge, angefangen mit einem gleichzeitigen Ausscheiden aus Grund- und Organgesellschaft über verschiedenartige Austrittsmöglichkeiten aus der Organgesellschaft nach vollzogenem Ausscheiden aus der Grundgesellschaft bis hin zum endgültigen Verbleiben in der Organgesellschaft.

(1) Goldbaum[1], Hofmann[2] und Strehmel[3] betrachten die Doppelgesellschaft als rechtlich einheitliches Gesamtgebilde mit der Folge, daß die Beendigung der Mitgliedschaft in der Grundgesellschaft auch das Ausscheiden aus der Organgesellschaft bewirkt.

Nach Goldbaum[4] ist das bestimmende Rechtsverhältnis die Grundgesellschaft. Die Mitgliedschaft in der Organgesellschaft sei lediglich Folge und Annex der Gesellschafterstellung in der Grundgesellschaft. Die Rechtsfolgen des Ausscheidens aus der Grundgesellschaft seien § 738 BGB zu entnehmen. Mit der Kündigung gingen die Anteile des Kündigenden an der Organgesellschaft auf diese Gesellschaft über und dem Ausscheidenden stehe ein Abschichtungsanspruch zu, bei dessen Berechnung die Kapitalbeteiligung einzubeziehen sei. Diese Auffassung wurde bereits oben näher untersucht und abgelehnt[5].

---

[1] § 8 IV 4 a.
[2] S. 30 f.
[3] S. 31.
[4] A.a.O.
[5] § 4 I, S. 43 ff.

Hofmann[6] und Strehmel[7] erkennen dagegen die formelle Mitgliedschaft in zwei Gesellschaften an. Sie folgern aber aus der untrennbaren Verbindung dieser Gesellschaften, daß sich eine Kündigung nur auf beide Mitgliedschaften beziehen könne, so daß im Ergebnis nur ein einheitlicher Austritt aus der Doppelgesellschaft möglich ist. Dabei bleibt allerdings unklar, wie die Gleichzeitigkeit der Kündigung herbeigeführt werden soll.

(2) Gegenüber diesen auf die wirtschaftlich-strukturelle Einheit der Doppelgesellschaft abhebenden Meinungen stellt eine andere Gruppe von Autoren die rechtliche Selbständigkeit von Grund- und Organgesellschaft in den Vordergrund[8]. Juristisch sei die Mitgliedschaft in der einen Gesellschaft unabhängig von der Mitgliedschaft in der anderen. Es sei zwar richtig, daß der ausscheidende Gesellschafter seine Anteile an der Geschäftsführungsgesellschaft nur im Hinblick auf seine Zugehörigkeit zur Grundgesellschaft übernommen habe. Dies komme aber in der rechtlichen Gestaltung der Doppelgesellschaft nicht zum Ausdruck. Die Übernahme der Kapitalanteile sei ein selbständiges Rechtsgeschäft; dieses könne nicht unter der ausdrücklichen oder stillschweigenden Bedingung vorgenommen werden, daß die Beteiligung nur für die Zeit der Mitgliedschaft in der Grundgesellschaft gelten solle. Das Ausscheiden aus der Grundgesellschaft sei daher auf die Beteiligung an der Organgesellschaft ohne Einfluß. Dieses Ergebnis — das erkennen die Vertreter dieser Meinung an[9] — sei zwar unbefriedigend, lasse sich aber durch reine Billigkeitserwägungen nicht beseitigen. Wer die Rechtsform der Doppelgesellschaft wähle, müsse durch vertragliche Vereinbarungen dafür Sorge tragen, daß ein Auseinanderfallen der Mitgliedschaften in beiden Gesellschaften verhindert werde[10]. Im übrigen, so wird behauptet, sei das Problem nicht von praktischer Bedeutung. Im allgemeinen werde sich eine Verständigung zwischen der Gesellschaft und dem ausscheidenden Mitglied erzielen lassen, da gewöhnlich ein Interesse am Fortbestand der kapitalistischen Beteiligung beiderseits nicht bestehe[11].

Diese Argumentation ist zu formalistisch. Richtig ist zwar, daß zwei gesonderte Mitgliedschaftsverhältnisse vorliegen, die auch durch ihre funktionelle Zusammengehörigkeit nicht zu einer rechtlichen Einheit

---

[6] A.a.O.

[7] A.a.O.

[8] *Friedländer*, KAG, § 8 Anm. VI (S. 152); *Hannemann*, S. 46; *Hauf*, S. 77; *Jacobshagen*, S. 79; *Loewenberg*, ZHR 89, 342 ff.; A. *Pinner*, JW 1913, 403; *Richartz*, S. 58 f.; *Schilling* in Hachenburg, Anh. II zu § 3 Anm. 26; *Schlatter*, S. 134 f.; *Siefer*, S. 152 ff.

[9] *Loewenberg*, S. 344; A. *Pinner*, a.a.O.; *Siefer*, a.a.O.

[10] *Jacobshagen*, a.a.O.; *Loewenberg*, a.a.O.

[11] *Jacobshagen*, a.a.O.; *Loewenberg*, a.a.O.

werden. Insoweit treten die Vertreter dieser Auffassung zu Recht der Ansicht von Goldbaum, Hofmann und Strehmel entgegen. Sie verfallen dabei aber in das umgekehrte Extrem, indem sie die Rechtsstellung der Gesellschafter in jeder Teilgesellschaft vollständig isoliert betrachten. Es wird verkannt, daß diese Stellung und die sich aus ihr ergebenden Rechte und Pflichten nicht ausschließlich nach dem Wortlaut des jeweiligen Statuts zu beurteilen sind. Vielmehr sind, insbesondere zur Ermittlung des Inhalts der Treupflicht, alle Begleitumstände heranzuziehen. Ferner ist der Zweck der Beteiligung zu beachten[12]. Auf dieser Grundlage und unter Berücksichtigung der Interessenlage[13] ist die Frage zu stellen, ob das Ausscheiden aus der Grundgesellschaft Rückwirkungen auf die Beteiligung an der Organgesellschaft hat. Diese Frage läßt sich bei zutreffender Würdigung der Eingliederung beider Teilgesellschaften in ein organisches Gesamtgebilde nicht verneinen.

(3) Die Mehrzahl der Autoren sucht daher einen Mittelweg zwischen den beiden aufgezeigten Lösungen. Sie erkennt die rechtliche Selbständigkeit der jeweiligen Mitgliedschaft zur Grund- und Organgesellschaft an. Infolgedessen sieht sie sich gehindert, das Ausscheiden aus der Grundgesellschaft ohne weiteres auf die Organgesellschaft zu erstrecken. Auf der anderen Seite will man dem Charakter der Organgesellschaft als Geschäftsführerin einer funktionell einheitlichen Doppelgesellschaft Rechnung tragen. Die weitere Beteiligung des aus der Grundgesellschaft Ausgeschiedenen an der Organgesellschaft wird deshalb nicht als nur tatsächlich unbefriedigend, sondern als rechtlich unangemessen bezeichnet. Man entnimmt daher aus dem Grundsatz von Treu und Glauben oder aus einer stillschweigenden Vertragsklausel die Verpflichtung des Ausscheidenden, seine Beziehungen zur Organgesellschaft zu lösen[14]. Im einzelnen herrscht allerdings Unklarheit darüber, im Statut welcher Gesellschaft eine solche Klausel enthalten sein soll, wem die Anteile bzw. Aktien der Organgesellschaft zu übertragen sind, und ob der ausscheidende Gesellschafter zur Übertragung berechtigt, verpflichtet, oder so-

---

[12] Vgl. zur Berücksichtigung des wirtschaftlichen Zwecks bei der Auslegung *Canaris*, S. 54; *Enneccerus - Nipperdey*, § 206 II; *Larenz*, NJW 1963, 739; *Soergel - Siebert*, § 157 Rz 15; *Staudinger - Coing*, § 133 Rz 37; aus der Rechtsprechung RG 98, 210; BGH 2, 385; 16, 76; 20, 110; in BGH NJW 1954, 874 heißt es ganz deutlich, daß der Vertragszweck die Bedeutung eines objektiven Maßstabes für die Ermittlung des Vertragsinhalts habe.

[13] Vgl. zur Berücksichtigung der Interessenlage bei der Auslegung BGH 21, 328; BGH LM Nr. 3 zu § 133 BGB (B).

[14] *Blum, S. 99; Callmann*, § 8 Anm. 195; *Dörinkel* im Gemeinschaftskommentar, § 13 Rz 17; *Eger*, S. 40, 107; *Flechtheim*, KR 1927, 61; *v. Hippel*, S. 114; *Hüttner*, S. 110 f.; *Isay - Tschierschky*, § 8 Anm. 60; *Krause*, S. 41; *Kreismann*, S. 43; P. *Mirow*, S. 46; *Müllensiefen - Dörinkel*, VII 9; W. *Müller*, S. 48 f.; *Netter*, JW 1928, 2623 f.; *Niemeyer*, S. 36; *Pleser*, S. 66 ff.; *Steffani*, S. 71; *Tiemann*, S. 53 f.; *Ullrich*, S. 77; *Walther*, S. 83.

wohl berechtigt als auch verpflichtet ist. Die Vertreter der Mittelmeinung lassen sich in zwei große Gruppen teilen:

Eine Gruppe von Autoren nimmt eine stillschweigende Vereinbarung im Gesellschaftsvertrag der Grundgesellschaft an. Diese gebe dem Ausscheidenden einen Anspruch gegen die Gesellschafter der Grundgesellschaft auf Abnahme seines Geschäftsanteils[15]. Andere wollen aus der stillschweigenden Vereinbarung ein Abnahmerecht[16] oder eine Abtretungspflicht[17] gegenüber der Grundgesellschaft herleiten. Teilweise wird ihr auch entnommen, daß der Ausscheidende berechtigt und verpflichtet ist, der Organgesellschaft seinen Anteil anzubieten[18]. Schließlich sollen die Gesellschafter der Organgesellschaft das Recht, aber auch die Pficht haben, vom Ausscheidenden die Übertragung der Geschäftsanteile auf sich zu verlangen[19].

Nach Meinung der anderen Gruppe von Autoren enthält die Satzung der Organgesellschaft eine stillschweigend vereinbarte Klausel. Über den Inhalt dieser Klausel besteht wiederum keine Einigkeit. Sie soll einen Anspruch des Ausscheidenden gegen die Gesellschafter der Organgesellschaft auf entgeltliche Abnahme seines Geschäftsanteils begründen[20]. Andere sehen ein Abnahmerecht[21] oder eine Abtretungspflicht[22] hinsichtlich der Anteile gegenüber der Organgesellschaft als vereinbart an. Nach einer weiteren Variante dieser Meinung soll die Klausel eine Pflicht zur Übertragung der Geschäftsanteile auf die Grundgesellschaft oder deren Gesellschafter beinhalten[23, 24].

Eine Stellungnahme zu der Vielzahl der Mittelmeinungen soll hier unterbleiben. Denn sie müßte teilweise — nämlich soweit die Konstruk-

---

[15] *Callmann*, § 8 Anm. 195; *Geiler* in Staudinger, 9. Aufl. Bd. II/3, Anh. C IV 1 d a aa zum 14. Titel (S. 1388); *Niemeyer*, S. 36.

[16] *v. Hippel*, S. 114 f.; *Hüttner*, S. 110 f.; *Steffani*, S. 71.

[17] *Schmitz*, S. 46 f.; *Steffani*, a.a.O.; *Tiemann*, S. 53 f. lehnt ein entsprechendes Abnahmerecht ausdrücklich ab.

[18] *Eger*, S. 40, 107.

[19] *Ullrich*, S. 77.

[20] So wohl *Walther*, S. 83.

[21] *Dörinkel* im Gemeinschaftskommentar, § 13 Rz 17; *Müllensiefen - Dörinkel*, VII 9; *Pleser*, S. 66 f., nach seiner Ansicht kann der Ausscheidende, wenn die Organ-GmbH die Abnahme seines Geschätfsanteils verweigert, die Auflösungsklage gemäß § 61 GmbHG erheben.

[22] P. *Mirow*, S. 46; *Müllensiefen - Dörinkel*, a.a.O.

[23] *Isay - Tschierschky*, § 8 Anm. 60.

[24] Interessanterweise taucht in der älteren kartellrechtlichen Literatur zur Kartellkündigung gemäß § 8 KartVO der bekannte Streit zwischen Einheitstheorie und Trennungstheorie im Bereich der Doppelgesellschaft nicht auf (dazu näher oben § 4 Anm. 13). Die Anhänger der Trennungstheorie hätten konsequenterweise das Ausscheiden aus der Doppelgesellschaft dreistufig konstruieren müssen: Kündigung der Kartellpflichten, Ausscheiden aus der Grundgesellschaft, Ausscheiden aus der Organgesellschaft. Diese Lösung ist jedoch nur bei *Hauf*, S. 48 und *Werneburg*, AcP 140, 354 ff. (361) angedeutet.

tionen gesetzwidrig sind — das dritte Kapitel wiederholen, teilweise dem eigenen Lösungsvorschlag vorgreifen und damit dessen zusammenhängende Darstellung stören. Der Verfasser wird — nach Ablehnung der extremen Einheits- und Trennungstheorie[25] — ebenfalls einen Mittelweg wählen. Aus seiner Begründung ergibt sich zugleich die Kritik an den abweichenden Auffassungen. Soviel kann jedoch bereits jetzt gesagt werden: eine Form des Ausscheidens aus der Organgesellschaft, die nicht ausdrücklich vereinbart werden kann, kann auch nicht stillschweigend vereinbart sein oder sich aus der Treupflicht der Gesellschafter ergeben. Das gilt z. B. für den Erwerb eigener Anteile durch die GmbH, den Erwerb eigener Aktien durch die AG oder gesellschaftsrechtliche Erwerbs- und Übertragungspflichten der Aktionäre. Insoweit kann allgemein auf die Ausführungen des dritten Kapitels verwiesen werden.

[25] Oben (1), (2).

§ 11 Eigener Lösungsvorschlag

I. Methodische Vorfrage: Das Verhältnis von ergänzender Vertragsauslegung und Konkretisierung gesellschaftsrechtlicher Treupflichten

Um beim Fehlen ausdrücklicher vertraglicher Regelungen eine Bindung der Beteiligung an der Organgesellschaft an die Mitgliedschaft in der Grundgesellschaft herbeizuführen, wollen die Vertreter der Mittelmeinung entweder die Gesellschaftsverträge ergänzend auslegen, oder die Treupflicht der Gesellschafter heranziehen. Dabei bleibt unklar, ob jeweils nur eine dieser Möglichkeiten, beide Möglichkeiten alternativ oder gar beide Möglichkeiten kumulativ in Betracht kommen.

Eine Berechtigung der Organgesellschaft, den Geschäftsanteil bzw. die Aktien des aus der Grundgesellschaft ausgeschiedenen Gesellschafters einzuziehen, besteht mangels ausdrücklicher Satzungsbestimmungen nur dann, wenn sie bei ergänzender Auslegung des Statuts als vereinbart angesehen werden kann. Das gleiche gilt für die Organ-OHG, die Organ-KG und den Organ-Verein, wenn das Ausscheiden aus der Grundgesellschaft Beendigungsgrund für die Mitgliedschaft sein soll. Die Verpflichtung des Gesellschafters zum Austritt aus der Organgesellschaft durch Abgabe einer Kündigungs- oder Austrittserklärung oder durch Abtretung seines Geschäftsanteils oder seiner Aktien läßt sich dagegen entweder ebenfalls im Wege ergänzender Auslegung ermitteln, oder aus der gesellschaftsrechtlichen Treupflicht ableiten.

Um eine zutreffende Antwort auf die Frage zu finden, welche Folgen die Zusammengehörigkeit der Mitgliedschaften in Grund- und Organgesellschaft hat, ist zunächst eine Bestimmung des methodisch richtigen Weges erforderlich. Dazu sind die ergänzende Vertragsauslegung und die Konkretisierung gesellschaftsrechtlicher Treupflichten sowie deren gegenseitiges Verhältnis in Kürze darzustellen.

1. Die ergänzende Vertragsauslegung

Die ergänzende Vertragsauslegung hat den Zweck, eine Lücke im Vertrag zu schließen. Sie setzt also voraus, daß die vertragliche Regelung unvollständig ist[1]. Die Unvollständigkeit kann darauf beruhen, daß die

---

[1] *Erman - Hefermehl*, § 157 Anm. 7; *Henckel*, AcP 159, 107; *Soergel - Siebert*, § 157 Rz 82; *Staudinger - Coing*, § 133 Rz 37.

Parteien bestimmte regelungsbedürftige Umstände, die bereits im Zeitpunkt des Vertragsschlusses vorlagen, übersehen haben. Häufig tritt die Lücke aber erst im Laufe der Vertragsabwicklung zutage, wenn nämlich die künftige rechtliche oder tatsächliche Entwicklung von den Parteien verkannt worden ist. Ansatzpunkt und Maßstab für die Ausfüllung einer solchen Lücke ist, wie auch bei der eigentlichen Auslegung, der Parteiwille[2]. Dies bedarf jedoch einer Einschränkung. Die Parteien haben hinsichtlich der ausfüllungsbedürftigen Punkte einen Willen gerade nicht geäußert. Ihr Wille ist daher nur insoweit maßgeblich, als er sich auf die Festlegung des Vertragszwecks bezieht. Diesen von den Parteien gewollten Vertragszweck nimmt die ergänzende Vertragsauslegung zum Ausgangspunkt, um nach objektiven Kriterien die Vertragslücke zu schließen[3]. Auf der Grundlage des Vertragswerkes wird versucht, durch sachgerechte Konkretisierung der im Vertrag enthaltenen Wertungen für die nicht geregelte Frage eine zu den vertraglichen Regelungen kongruente Lösung zu finden. Es ist dabei zu ermitteln, was sich aus dem erkennbaren Zweck, dem Sinnzusammenhang und dem Grundgedanken des Vertrages, gegebenenfalls unter Beachtung einer Verkehrssitte[4] und bei Berücksichtigung der Interessen aller Beteiligten als durch den Vertrag selbst gefordert ergibt[5].

2. Die gesellschaftsrechtliche Treupflicht

Die Treupflicht ist der Inbegriff der sich bei personenrechtlichen Gemeinschaftsverhältnissen aus Treu und Glauben ergebenden[6] Verpflichtungen[7]. Sie ist, wenn man der von Wieacker[8] entwickelten und heute

---

[2] *Canaris*, S. 54; *Flume*, AT, § 16, 4, jeweils m. w. N.

[3] Vgl. dazu im einzelnen *Flume*, a.a.O.; *ders.*, Rechtsgeschäft und Privatautonomie, S. 197 f.; *Larenz*, Bd. I § 8 II; *ders.*, NJW 1963, 737 ff.; *ders.*, Die Methode der Auslegung des Rechtsgeschäfts, S. 92 ff. Der Streit darum, ob es sich bei der ergänzenden Vertragsauslegung noch um eine Ermittlung des Parteiwillens, oder um eine an der Vertragsteleologie orientierte objektive Ergänzung handelt, kann hier nur erwähnt werden. Die Lösung ist, wenn sie nicht im Begrifflichen stehenbleiben soll, aus einer Theorie des Vertrages und der Parteiautonomie zu entwickeln. Dazu vgl. *Henckel*, a.a.O.; *Schmidt - Rimpler*, AcP 147, 130 ff.; ferner *Larenz*, Bd. I § 8 II, *Raiser*, AGB, S. 63 ff.; *v. Thur*, Bd. II/1, S. 545 ff.

[4] Zur rechtlichen Bedeutung der Verkehrssitte vgl. vor allem *Flume*, AT, S. 324 f.; *Raiser*, AGB, S. 82 ff.; *Soergel - Siebert*, § 157 Rz 29 ff.; *v. Thur*, Bd. I S. 30 ff.

[5] *Soergel - Siebert*, § 157 Rz 95.

[6] Daß die Treupflicht ihre Grundlage in § 242 BGB hat, ist allgemein anerkannt. Vgl. dazu die ausführlichen Nachweise bei *Brüggemann*, S. 43 Anm. 1 und *Knöpfel*, S. 33 Anm. 1; ferner *Hueck*, Treuegedanke, S. 12 ff.; *Staudinger - Keßler*, Rz 32 ff. vor § 705.

[7] Die Formulierung *Bergmanns* (ZHR 105, 11; zust. *Knöpfel*, S. 36), Treu und Glauben seien die Umhüllung für eine Kernleistung, bei der Treupflicht

weitgehend anerkannten[9] Systematisierung folgt, eine besondere Ausprägung der „regulativen Funktion“[10] des § 242 BGB für Personenrechtsverhältnisse. Die „regulative Funktion“ fordert eine sachgerechte, der sozialen Struktur des Vertrages angemessene Ermittlung des Vertragsinhalts. Sie hat sich dabei streng an den im Vertrag selbst festgelegten Leistungsmaßstab zu halten. Bei Austauschverträgen kann § 242 BGB[11] daher in seiner „Regulativfunktion“ nur die Art und Weise der Leistung, nicht den Leistungsinhalt selbst bestimmen[12], es geht nicht um das „Ob“, sondern um das „Wie“ der Leistung. Nur abhängige Pflichten, Neben-, Schutz- und Hilfspflichten, die vom Leistungszweck her gesehen in sachlich notwendigem Zusammenhang mit der Hauptleistung stehen, ergeben sich aus dem Gebot, die vereinbarte Leistung nach Treu und Glauben zu erbringen.

Beim Gesellschaftsvertrag schließen sich mehrere Personen zur Erreichung eines gemeinsamen Zwecks zusammen. Die enge personenrechtliche Verbindung und das gegenseitige Versprechen zur Interessenförderung erweitern dabei die Funktion des § 242 BGB. Die einzelnen Gesellschafterpflichten sind eingebettet in die übergreifende Verpflichtung, den gemeinsamen Zweck zu fördern. Leistungs- und Pflichtmaßstab ist der Gesellschaftszweck[13]. Folglich können sich aus der Treupflicht positive Handlungs- und Leistungsgebote ergeben, soweit sie durch diesen Zweck bedingt sind.

Die aus der „Regulativfunktion“ des § 242 BGB zu entnehmenden Pflichten sind also bei Gesellschaftsverträgen faktisch umfangreicher

---

aber sei das Treuverhalten selbst Kernleistung, kennzeichnet zwar die unterschiedliche Wirkungsweise der Generalklausel bei Austausch- und Gemeinschaftsverhältnissen, ist aber unbefriedigend. Die Treue selbst kann nicht Leistungsinhalt sein.

[8] Zur rechtstheoretischen Präzisierung des § 242 BGB; *Wieacker* unterscheidet die regulative Funktion, die Schrankenfunktion und die Korrektivfunktion der Generalklausel. Grob zusammengefaßt dient die regulative Funktion der Erweiterung von Pflichten auf der Grundlage selbständiger Pflichten: Erhaltungs-, Schutz- und sonstige Nebenpflichten. Die Schrankenfunktion dient der Begrenzung von Rechten: Bereich der exeptio doli. Die Korrektivfunktion dient der Umwandlung und Anpassung von Verträgen bei Aequivalenzstörungen.

[9] Vgl. z. B. *Erman*, § 242 Anm. III 1; *Larenz*, Bd. I § 10; *Soergel - Siebert*, § 242 Rz 24 ff.; *Staudinger - Keßler*, Rz 34 vor § 705; ferner, differenzierend *Esser*, § 31, 1; *ders.*, JZ 1956, 555.

[10] So die Bezeichnung von *Wieacker*, vgl. Anm. 8.

[11] *Staudinger - Keßler*, Rz 35 b, 38 vor § 705 will die Treupflicht, soweit aus ihr positive Leistungspflichten abgeleitet werden, auf die Korrektivfunktion des § 242 stützen. Das ist m. E. wegen der umfassenden Zweckförderungspflicht der Gesellschafter nicht richtig; vgl. dazu den Text im folgenden.

[12] Vgl. außer den in Anm. 9 Genannten *Reischach*, S .10; *Knöpfel*, S. 26, 32; *Hueck*, Treuegedanke, S. 10 ff.

[13] *Küster*, S. 87 ff.

und weitgehender als bei Austauschverträgen. Dies hat seinen Grund in den unterschiedlichen Leistungsmaßstäben: Der Gesellschaftsvertrag begründet im Gegensatz zum Austauschvertrag eine umfassende Pflicht des Gesellschafters zur Förderung des gemeinsamen Zwecks. Die „Regulativfunktion" ist nicht darauf beschränkt, die Art der Erbringung einer konkreten Leistung näher zu bezeichnen. Sie bestimmt und konkretisiert die gesamten Rechtsbeziehungen eines Personenverhältnisses. Diese überragende Bedeutung der Regulativfunktion bei personenrechtlichen Verbindungen rechtfertigt es auch, die sich aus ihr ergebenden Konsequenzen terminologisch abzuheben und als Treupflichten zu bezeichnen.

Inhalt und Umfang der Treupflicht sind jeweils im Einzelfall nach Zweck und Ausgestaltung des Gesellschaftsvertrages zu bestimmen. Als abstrakte Umschreibung hat die Formulierung Huecks[14] allgemeine Anerkennung[15] gefunden: Die Treupflicht verpflichtet die Gesellschafter, jede Schädigung der Interessen der Gesellschaft und der durch den Gesellschaftszweck umfaßten Interessen der Mitgesellschafter zu unterlassen und darüber hinaus diese Interessen im Rahmen der durch die Gesellschaft bedingten Tätigkeit zu fördern.

3. Das Verhältnis von ergänzender Auslegung und Konkretisierung der Treupflicht

Diese Gegenüberstellung zeigt, daß es sich bei der Konkretisierung der gesellschaftsrechtlichen Treupflicht der Sache nach um einen für die Feststellung der Gesellschafterpflichten geltenden Sonderfall der ergänzenden Vertragsauslegung handelt. Zwar ist Voraussetzung der ergänzenden Vertragsauslegung, daß die von den Parteien getroffene Regelung unvollständig ist. Beim Gesellschaftsvertrag dagegen spricht man allgemein hinsichtlich der Verpflichtungen der Gesellschafter nicht von einer lückenhaften Regelung; denn die jeden Gesellschafter treffende Treupflicht beinhaltet eine umfassende Zweckförderungspflicht, so daß insoweit eine Unvollständigkeit gar nicht denkbar ist. Dieser Unterschied ist indes nur terminologischer Natur. Die im Gesellschaftsvertrag nicht genannten, somit § 242 BGB zu entnehmenden Pflichten bedürfen zuerst der Konkretisierung. § 242 BGB verweist lediglich auf den Leistungsmaßstab des jeweiligen Gesellschaftsvertrages. Entscheidend ist, zu welchem Zweck sich die Gesellschafter zusammengeschlossen haben und inwieweit sie sich nach der rechtlichen Ausgestaltung des Vertrages in den Dienst einer gemeinsamen Interessenförderung gestellt haben.

---

[14] Treuegedanke, S. 19.

[15] So bei *Larenz*, Bd. II, § 56 II a; *Fischer* in RGRK, § 705 Anm. 17; *Staudinger - Keßler*, Rz 36 c vor § 705.

Das Bestehen der allgemeinen Treupflicht besagt also nur, daß die Grundsätze von Treu und Glauben bei der Personengesellschaft in erhöhtem Maße Berücksichtigung zu finden haben. Ob eine konkrete Handlungs- oder Unterlassungspflicht besteht, bemißt sich nach dem Inhalt der vertraglichen Gesamtregelung, insbesondere nach dem Gesellschaftszweck. Was im Rahmen der ergänzenden Vertragsauslegung die Feststellung der Unvollständigkeit ist, ist also bei der Konkretisierung der Treupflicht die Feststellung, daß die allgemeine, „latente" Treupflicht im Einzelfall ein bestimmtes Verhalten verlangt.

Ergibt sich nun aus der Konkretisierung der Generalklausel eine Treupflicht, die nicht so sehr die Beobachtung eines bestimmten Verhaltens, sondern in erster Linie die Herbeiführung eines Erfolges zum Inhalt hat, so bestehen m. E. keine Bedenken, durch ergänzende Auslegung des Statuts auf andere Weise den gleichen Erfolg zu erreichen. In beiden Fällen wird auf der Grundlage des Vertragszwecks und unter Berücksichtigung der Interessen von Gesellschaft und Gesellschaftern die Erreichung dieses Erfolges als von Treu und Glauben gefordert angesehen. Der Weg zu diesem Erfolg ist von sekundärer Bedeutung, er mag über ein Verhalten der Gesellschafter oder über eine Maßnahme der Gesellschaft führen. In diesem Sinne ist es auch anerkannt, daß einzelne sich aus der Treupflicht ergebende Rechtswirkungen im Gesellschaftsvertrag positiv durch andere ersetzt werden können[16]. Das ist so zu verstehen, daß die Wertung des § 242 BGB verbindlich ist; in welcher Weise man ihr gerecht wird, ist der Parteivereinbarung im Einzelfall überlassen. Fehlt eine ausdrückliche Regelung, so wird man einen Erfolg, dessen Verwirklichung die Treupflicht von den Gesellschaftern verlangt, auch durch andere, im Wege ergänzender Vertragsauslegung festzustellende Mittel realisieren dürfen.

Die gleichen Erwägungen dürften der bekannten Entscheidung des BGH[17] zur Ausschließung eines GmbH-Gesellschafters zugrunde liegen. Der BGH führt in dieser Entscheidung aus, der Gesellschafter einer personalistisch strukturierten GmbH habe die Pflicht, sich persönlich für die Belange der Gesellschaft einzusetzen und alles zu unterlassen, was deren Interesse schädigen könne. Aus dieser Treupflicht folge, daß für

---

[16] Z. B. *Knöpfel*, S. 53.

[17] BGH 9, 157 ff. (163 f.); vgl. zu dieser Entscheidung und zum Problem der Ausschließung eines GmbH-Gesellschafters allgemein *Baumbach - Hueck*, GmbHG, Einf. zu § 34 Anm. 2 A; *Bergenroth*, MDR 1951, 721; *Buchwald*, BB 1953, 457; *Ganßmüller*, GmbHR 1956, 129 ff.; *Hueck*, Betrieb 1951, 108; 1953, 777; *Küster*, JR 1952, 456; *Mangold*, BB 1953, 399; *Masur*, NJW 1949, 407; *Schilling*, JZ 1955, 311; *ders.* in Hachenburg, Allg. Einl. Anm. 53; Anh. I zu § 3; *Schmidt* in Hachenburg, § 34 Anm. 18; *Schneider*, GmbHR 1953, 74; *Scholz*, § 15 Rz 65; *ders.*, Austritt, S. 31 f.; *Vogel*, § 34 Anm. 5; *Wolany*, S. 150; aus der Rechtsprechung RG 125, 114 (117); RG 164, 262; RG 169, 330 (334).

den Gesellschafter, der die gesellschaftliche Verbundenheit zerstöre, in der GmbH kein Raum mehr sei. Der Gesellschafter, dessen Verbleiben in der GmbH untragbar erscheint, ist aber nun nach Auffassung des BGH nicht verpflichtet, seinen Anteil abzutreten. Vielmehr kann die Gesellschaft auch ohne dahin gehende Satzungsbestimmung den Geschäftsanteil einziehen. Offensichtlich wird auch hier, freilich im Rahmen einer Einheitsgesellschaft, die Verwirklichung eines Erfolges, den der Gesellschafter bei einer Konkretisierung seiner Treupflicht herbeizuführen verpflichtet wäre, der Gesellschaft überlassen, weil das zu einer schnelleren und zweckmäßigeren Lösung führt.

Für die weiteren Ausführungen kann damit festgehalten werden, daß die Folgen der Abhängigkeit der Mitgliedschaften in Grund- und Organgesellschaften methodisch sowohl durch Konkretisierung der gesellschaftsrechtlichen Treupflichten, als auch durch ergänzende Auslegung der Statute bestimmt werden können.

II. Die Treupflicht zum Ausscheiden aus der Organgesellschaft

Die Ausgangsfrage für die nunmehr zu entwickelnde eigene Lösung lautet: Trifft den Gesellschafter der Doppelgesellschaft — wenn das Vertragswerk keine ausdrückliche Regelung über die Zusammengehörigkeit der Mitgliedschaften enthält — die Treupflicht, mit seinem Ausscheiden aus der Grundgesellschaft zugleich seine Beteiligung an der Organgesellschaft aufzugeben, bzw. läßt sich den Verträgen bei ergänzender Auslegung entnehmen, daß der Geschäftsanteil des Ausscheidenden einzuziehen ist? Diese Frage ist unter Berücksichtigung des Zwecks der Gesamtvereinbarung und der Interessen der Beteiligten zu beantworten. Dabei kann es nicht darauf ankommen, welche Rechtsformen für die Grund- und die Organgesellschaft im Einzelfall gewählt worden sind. Denn die Abhängigkeit der Mitgliedschaften, die hier untersucht wird, ergibt sich aus der Struktur der Doppelgesellschaft. Diese Struktur, insbesondere die wirtschaftliche und funktionelle Verknüpfung von Grund- und Organgesellschaft, sind unabhängig von dem gesetzlichen Typus, in den die Teilgesellschaften gekleidet sind. Freilich wird, wenn man eine Verpflichtung zum Ausscheiden aus der Organgesellschaft bejahen sollte, die Beendigung der Mitgliedschaft den Regeln zu folgen haben, die für die jeweilige Rechtsform der Organgesellschaft bestehen. Für den Abwicklungsmodus ist also durchaus danach zu unterscheiden, ob die Geschäftsführungsgesellschaft eine GmbH, eine AG, eine Handelsgesellschaft oder ein Verein ist. Dagegen muß das grundsätzliche Problem, ob das Ausscheiden aus der Grundgesellschaft die Beteiligung an der Organgesellschaft in ihrem Bestand berührt, einheitlich, d. h.

unabhängig von den im konkreten Fall verwandten Rechtsformen gelöst werden.

Den nachfolgenden Ausführungen muß allerdings noch der ausdrückliche Hinweis vorangestellt werden, daß generalisierende Feststellungen über die Treupflicht der Gesellschafter nur unter Einschränkungen möglich sind. Die ergänzende Vertragsauslegung und die Konkretisierung der Treupflicht haben stets von der Ausgestaltung des Vertragswerks im Einzelfall auszugehen. Andererseits wurde bei der einführenden Darstellung der Doppelgesellschaft gerade im Hinblick auf die Zweckverknüpfung und die eine Funktionseinheit begründende Regelung des Abhängigkeitsverhältnisses von Grund- und Organgesellschaft eine Typizität erkennbar. Auf der Grundlage dieser typischen Gestaltung ist das Bestehen der Treupflicht zu beurteilen. Das Ergebnis ist darnach nur dann und nur insoweit zutreffend und verwendbar, als im Einzelfall diese Grundlage gegeben ist.

1. Der Zweck der Beteiligung an der Organgesellschaft

Im ersten Kapitel wurde das Verhältnis von Grund- und Organgesellschaft anhand des zugänglichen Vertragsmaterials erläutert[18]. Dabei zeigte sich, daß die Grundgesellschaft als Kern der Doppelgesellschaft anzusehen ist. Sie bildet den Schwerpunkt der gesellschaftsrechtlichen Vereinbarungen, setzt den Zweck des Zusammenschlusses fest, steckt die wesentlichen Rechte und Pflichten der Gesellschafter ab und trägt, wenigstens wirtschaftlich, das Geschäftsrisiko für die Tätigkeit der Gesellschaft. Demgegenüber besitzt die Organgesellschaft lediglich dienende Funktion. Ihr Zweck ist altruistisch, nämlich auf die Wahrnehmung bestimmter, sachlich in den Wirkungsbereich der Grundgesellschaft gehörender Aufgaben gerichtet. Sie hat regelmäßig kein frei verfügbares Vermögen und erstrebt nicht die Erzielung eigenen Gewinns. Die Organgesellschaft hat die Stellung einer Mandatarin, die im Rechtsverkehr die Vertretung und im Innenverhältnis die Geschäftsführung der Grundgesellschaft zu besorgen hat. Aus der Art der Abhängigkeit und der Aufgabenzuweisung wurde der Gedanke abgeleitet, daß die Schaffung der Doppelgesellschaft mit darauf zurückzuführen ist, daß man der Regelung der §§ 709 ff. BGB über die Geschäftsführung und Vertretung bei der bürgerlich-rechtlichen Gesellschaft ausweichen will. Diese Regelung ist zugeschnitten auf Personenvereinigungen, deren Mitglieder im wesentlichen gleichgerichtete Interessen haben. Sie ist unangemessen und unpraktikabel, wenn zwischen den Gesellschaftern ein erheblicher Interessenwiderstreit besteht. In solchen Fällen wird die Organgesellschaft

[18] S. o., § 2 I 1, 2.

als unbeteiligter, dem Interessenkonflikt der Gesellschafter entzogener Geschäftsführer eingesetzt, der als „pouvoir neutre" die Geschicke der Gesellschaft lenkt[19].

Dieser Gedanke muß für die Frage der Abhängigkeit der Mitgliedschaften nunmehr von einer anderen Seite her betrachtet werden: Den Mitgliedern der Grundgesellschaft steht gemäß §§ 709 ff. BGB grundsätzlich das Geschäftsführungs- und Vertretungsrecht zu. Der Grundsatz des § 709 Abs. 1 BGB folgt aus dem Wesen der bürgerlich-rechtlichen Gesellschaft, die ihre Mitglieder unter gegenseitiger Anerkennung als Rechtsgenossen mit gleichem Recht verbindet[20]. Eine gemeinsame Verpflichtung der Gesellschafter setzt daher ein gemeinsames Handeln voraus. Häufig läßt sich eine Vielzahl von Partnern aber nur schwierig zu einer völligen Koordinierung ihrer Interessen bringen. Das allseitige Zustimmungserfordernis kann daher gelockert und durch eine Beteiligung an einem Mehrheitsbeschluß ersetzt werden (§ 709 Abs. 2 BGB). Einzelne Gesellschafter können sogar vollständig von der Geschäftsführung und Vertretung ausgeschlossen werden[21]. Aber auch dann behalten sie ein unentziehbares Minimum an Mitwirkungsbefugnis: Sie haben die Möglichkeit, Geschäftsführer und Vertreter aus wichtigem Grunde abzuberufen, indem sie bei der Einziehung der Geschäftsführung und Vertretung mitstimmen (§§ 712, 715 BGB); außerdem bleibt ihnen das Recht, sich von den Angelegenheiten der Gesellschaft persönlich zu unterrichten, die Geschäftsbücher und die Papiere der Gesellschaft einzusehen und sich aus ihnen eine Übersicht über den Stand des Gesellschaftsvermögens anzufertigen (§ 716 BGB)[22]. Diese Mitverwaltungsrechte sind der letzte verbleibende Ausfluß der grundsätzlich bestehenden Geschäftsführungs- und Vertretungsbefugnis eines jeden Gesellschafters. Sie können vertraglich zu seinen Lasten weder eingeschränkt noch aufgehoben werden[23].

Bei der Doppelgesellschaft haben die Gesellschafter der Grundgesellschaft bestimmte Aufgaben, die der Sache nach Gegenstand des Gesellschaftsvertrages sind — z. B. den Einkauf, Verkauf oder Export bei Kartellen, die Gewinnermittlung, -aufschlüsselung und -verteilung bei Interessengemeinschaften, die Patentverwertung bei Patentgemeinschaf-

---

[19] Vgl. im einzelnen oben, § 2 I 2.

[20] *Staudinger - Keßler*, Vorbem. vor § 709, Rz 4.

[21] Zum Ausschluß sämtlicher Gesellschafter von der Geschäftsführung und Vertretung vgl. oben § 2 Anm. 43.

[22] Von dem Informations- und Kontrollrecht des einzelnen gegenüber der Gesellschaft (§ 716 BGB) ist das Auskunftsrecht der Gesellschaft (Gesamthand) gegenüber dem geschäftsführenden Gesellschafter gem. §§ 713, 666 BGB zu unterscheiden.

[23] Vgl. im einzelnen *Siebert - Schultze - v. Lasaulx*, § 712 Rz 8; *Staudinger - Keßler*, Vorbem. vor § 709, Rz 4; § 716 Rz 8 ff.

ten — der Organgesellschaft zur Wahrnehmung übertragen. Durch diese Organisationsform wird eine sachdienliche, neutrale Leitungstätigkeit angestrebt. Dabei sollen die Rechte der Gesellschafter jedoch nicht mehr als notwendig beschränkt werden. Zwar ist ihnen eine aktive Teilnahme an der Geschäftsführung verwehrt. Das bedeutet aber noch nicht, daß die Organgesellschaft ein der Kontrolle und dem Einfluß der Gesellschafter vollständig entzogenes, unabhängiges Eigenleben führen kann. Vielmehr entspricht es der Vorstellung von der Doppelgesellschaft als Ersatz für eine bürgerlich-rechtliche Gesellschaft mit Drittorganschaft[24], daß den Gesellschaftern der Grundgesellschaft diejenigen Mindestrechte belassen werden, die ihnen zuständen, wenn die Aufgaben der Organgesellschaft von der Grundgesellschaft selbst durchgeführt würden. Diese Mitverwaltungsrechte können sie allerdings nicht mehr im Rahmen der Grundgesellschaft, sondern nur in der Organgesellschaft wahrnehmen. Es beteiligen sich daher regelmäßig alle[25] Gesellschafter der Grundgesellschaft an der Organgesellschaft. In ihr sind den Gesellschaftern vergleichbare Befugnisse gegeben, wie sie sie bei einer Drittorganschaft gemäß §§ 712, 715, 716 BGB haben würden. Als Mitglieder einer Organ-GmbH stimmen sie bei der Bestellung und Abberufung der Geschäftsführer mit (§ 46 Nr. 5 GmbHG), sie besitzen gegenüber der Gesellschaft ein Auskunftsrecht[26] und können bei Vorliegen eines wichtigen Grundes Einsicht in die Bücher und Geschäftsunterlagen verlangen[27]. Bei der Organ-AG ist der Einfluß der Aktionäre begrenzter: die Hauptversammlung hat lediglich den Aufsichtsrat zu bestellen und abzuberufen (§§ 101, 103 AktG), der dann seinerseits den Vorstand bestellt (§ 84 AktG). Die Kontrolle über die Geschäftsführung wirkt daher nur mittelbar. Gemäß § 131 AktG ist jedem Aktionär in der Hauptversammlung vom Vorstand Auskunft über Angelegenheiten der Gesellschaft zu geben, soweit sie zur sachgemäßen Beurteilung des Gegenstandes der Hauptversammlung erforderlich ist[28]. Ein Buchprüfungs- oder -einsichtsrecht wird dagegen nicht anerkannt[29]. Die Mitglieder einer als Verein strukturierten Organgesellschaft sind wiederum unmittelbar für die Bestellung und Abberufung des Vorstandes zuständig (§ 27 BGB). Ihnen steht ge-

---

[24] S. o., § 2 I 2.

[25] S. o., § 2 I vor 1.

[26] BGH 14, 57; *Baumbach - Hueck*, GmbHG, § 45 Anm. 2 F; *Schmidt* in Hachenburg § 45 Anm. 56 m. w. N.

[27] RG 49, 149; BGH, a.a.O.; OLG Hamm, NJW 1949, 790; *Baumbach - Hueck*, GmbHG, § 45 Anm. 2 G; *Schmidt* in Hachenburg § 45 Anm. 56.

[28] Vgl. weiter das Auskunftsrecht des Aktionärs der einzugliedernden Gesellschaft bei der Eingliederung (§ 320 Abs. 3 AktG), des Aktionärs der Hauptgesellschaft über Angelegenheiten der eingegliederten Gesellschaft (§ 326 AktG), bei der Verschmelzung (§ 340 Abs. 4 AktG).

[29] *Gadow - Heinichen*, § 112 Anm. 5; *v. Godin - Wilhelmi*, § 131 Anm. 11.

genüber dem Vorstand ein Auskunftsrecht zu[30]. Die den Gesellschaftern der Organgesellschaft im Hinblick auf die Abberufung der Geschäftsführer und ihr Informationsinteresse verfassungsmäßig zustehenden Rechte decken sich also im Prinzip mit den Minimalbefugnissen, die dem von der Geschäftsführung ausgeschlossenen Gesellschafter einer bürgerlich-rechtlichen Gesellschaft als unentziehbarer Restbestand der in § 709 Abs. 1 BGB verankerten Mitwirkungsnotwendigkeit verbleiben.

Der Gedanke, daß mit der Herausbildung der Doppelgesellschaft den Bestimmungen der §§ 709 ff. BGB ausgewichen und eine Alternative zu der hinsichtlich ihrer Zulässigkeit umstrittenen Drittorganschaft geschaffen werden sollte, läßt sich nunmehr auch auf das Verhältnis der Mitgliedschaften in Grund- und Organgesellschaft anwenden: Den Gesellschaftern der Grundgesellschaft war die Geschäftsführungbefugnis im Interesse einer neutralen Leitung der Gesellschaft zu entziehen. Ein Teil der Geschäftsführungsaufgaben wurde auf die Organgesellschaft übertragen. Auf die Tätigkeit dieser rechtlich selbständigen Gesellschaft haben die Gesellschafter der Grundgesellschaft als solche keinen Einfluß. Um ihnen aber die Rechte zu erhalten, die sie als nichtgeschäftsführende Gesellschafter einer bürgerlich-rechtlichen Einheitsgesellschaft gehabt hätten, läßt man sie eine Beteiligung an der Organgesellschaft erwerben. Diese sichert ihnen eine Kontrolle über die Geschäftsführung durch das Abberufungs- und Auskunftsrecht. Die Mitgliedschaft in der Organgesellschaft ist also der Sache nach ein Ersatz für die „verkümmerten Geschäftsführungsbefugnisse"[31] gemäß §§ 712, 715, 716 BGB. Anders ausgedrückt: die Gesellschafter der Grundgesellschaft können diese Befugnisse wirksam nur in der Form einer Beteiligung an der Organgesellschaft wahrnehmen. Daraus folgt, daß die Beteiligung beim Ausscheiden aus der Grundgesellschaft aufzugeben ist. Mit der Gesellschafterstellung enden auch die Geschäftsführungsrechte. Der Gesellschafter hat herauszugeben, was ihm zur Durchführung der Geschäftsführung überlassen wurde (§§ 713, 667 BGB). Zur Wahrnehmung seiner Kontrollrechte war dem Gesellschafter der Grundgesellschaft der Anteil an der Geschäftsführungsgesellschaft gegeben worden. Diesen muß er mit dem Austreten aus der Gesellschaft zurückgeben.

2. Die Treuhandstellung des Gesellschafters im Hinblick auf seine Beteiligung an der Organgesellschaft

Das aus der Struktur der Doppelgesellschaft gewonnene Ergebnis, wonach der aus der Grundgesellschaft ausscheidende Gesellschafter

[30] *Staudinger - Coing,* § 35 Rz 3, 4 a; das Auskunftsrecht des Vereinsmitgliedes dürfte im allgemeinen nicht weiter reichen, als das des Aktionärs; jedoch wird im Einzelfall auf die Struktur des Vereins abzustellen sein.

[31] *Staudinger - Keßler,* Vorbem. vor § 709, Rz 4.

seine Beteiligung an der Organgesellschaft aufzugeben hat, wird durch einen weiteren Gesichtspunkt erhärtet:

Die den Gesellschaftern der Grundgesellschaft zustehende Geschäftsführungsbefugnis ist einerseits eingeschränkt und auf die verfassungsmäßigen Rechte im Rahmen der Organgesellschaft begrenzt. Andererseits verschafft diese Rechtsstellung den Gesellschaftern eine stärkere Position, als sie ihnen bei entsprechenden Befugnissen in einer bürgerlich-rechtlichen Einheitsgesellschaft (§§ 712, 715, 716 BGB) zukäme. Denn die Mitverwaltungsrechte sind, da sie in einer rechtlich selbständigen Gesellschaft verwirklicht werden, formal von der Mitgliedschaft in der Grundgesellschaft unabhängig. Diese Unabhängigkeit ist aber nicht eigentlich beabsichtigt; sie ergibt sich vielmehr lediglich als zwangsläufige Folge der gesellschaftsrechtlichen Konstruktion. Der Gesellschafter kann daher im Hinblick auf seine Beteiligung an der Organgesellschaft als fiduziarischer Treuhänder[32] bezeichnet werden: Er erhält mit seiner verselbständigten Inhaberschaft nach außen mehr Rechtsmacht, als es der Zweck der Beteiligung erfordert[33]. Soweit das Statut keine Verfügungsbeschränkungen enthält, kann er den Anteil z. B. durch Veräußerung oder Verpfändung in den Rechtsverkehr bringen. Die Einräumung einer solchen Verfügungsmacht geht über die an sich gewollte Gewährung von Kontrollrechten weit hinaus. Folglich besitzt der Gesellschafter einen Überschuß an Rechtsmacht[34], die er als Treuhänder nur zweckentsprechend und im Interesse des Treugebers anwenden darf. Der Annahme eines Treuhandverhältnisses widerspricht auch nicht die Tatsache, daß die Gesellschafter der Organgesellschaft mit denen der Grundgesellschaft häufig identisch sind. Dadurch werden Treuhänder und Treugeber nicht identisch. Denn im Rahmen der Organgesellschaft nimmt jeder Gesellschafter die Geschäftsführung der Grundgesellschaft zu seinem Anteil ganz wahr.

Freilich wird zwischen der Grundgesellschaft und ihren Gesellschaftern regelmäßig keine ausdrückliche Treuabrede getroffen, aus der sich ergibt, daß der Gesellschafter zwar den selbständigen Anteil an der Ge-

---

[32] Zu den verschiedenen Arten der Treuhandverhältnisse, insbesondere der Unterscheidung zwischen dem fiduziarischen Rechtsgeschäft römisch-rechtlicher Herkunft und der rechtsgeschäftlichen Ermächtigung germanisch-rechtlichen Ursprungs, vgl. *Siebert*, Treuhand, passim, sowie *Serick*, Eigentumsvorbehalt, § 19 jeweils mit ausf. Nachw.

[33] Ein anderes Treuhandverhältnis besteht häufig zwischen Grund- und Organgesellschaft: die Organgesellschaft besitzt das ihr Grundkapital übersteigende Vermögen als Treuhänderin der Grundgesellschaft. Vgl. dazu *Dalberg*, LZ 1915, 408 ff.; *Düringer - Hachenburg - Geiler*, Anh. Rz 389 (S. 424); *Flechtheim*, Kartellrecht, S. 67; *Siebert*, Treuhand, S. 317 ff.; siehe auch oben § 2 I 2.

[34] Dazu *Serick*, Eigentumsvorbehalt, § 19 I 2 m. w. N.; *Staudinger - Coing*, Rz 60 c f. vor § 104.

schäftsführungsgesellschaft übernehmen darf, im Innenverhältnis aber verpflichtet ist, seine Rechtsstellung lediglich so zu gebrauchen, wie es dem vereinbarten Zweck des Erwerbs entspricht[35]. Doch ist die Bindung der Beteiligung an der Organgesellschaft an die Mitgliedschaft in der Grundgesellschaft auf Grund der wirtschaftlichen und funktionellen Zusammengehörigkeit beider Rechtsverhältnisse für alle Beteiligten offensichtlich. Man wird daher von einer stillschweigend vereinbarten Treuhandabrede ausgehen können. Für die Treubindung des Gesellschafters ist es auch unerheblich, ob er den Geschäftsanteil von der Grundgesellschaft, von Dritten oder originär durch Teilnahme am Gründungsakt erworben hat. Als Voraussetzung quasi-dinglicher Wirkungen der Treuhand — vor allem im Konkurs- und Zwangsvollstreckungsverfahren — wird man wohl mit der überwiegenden Meinung[36] zu fordern haben, daß das Treugut vom Treugeber auf den Treunehmer übertragen wurde (Unmittelbarkeitsprinzip). Dagegen ist das Unmittelbarkeitsprinzip für die rein schuldrechtlichen Wirkungen der Treuhand ohne Bedeutung[37].

Bei diesem Überschuß handelt es sich allerdings nicht, wie bei den gängigen Treuhandfällen, um ein Zuviel an materiellen Befugnissen der Rechtszuständigkeit. Der Sicherungseigentümer soll im Innenverhältnis ein Pfandrecht, der Inkassozessionar ein Einziehungsrecht erlangen; beide erhalten mehr Rechtsmacht, nämlich Volleigentum am Sicherungsgut bzw. volle Inhaberschaft an der Forderung. Sie haben damit ein Mehr an dinglicher Zuständigkeit. Dagegen sollen dem Gesellschafter der Doppelgesellschaft diejenigen Verwaltungs- und Kontrollrechte, die ihm im Rahmen der Organgesellschaft eingeräumt sind, auch tatsächlich und unbegrenzt zur Ausübung im eigenen Interesse zustehen. Die Mitwirkungsrechte sollen ihm im Innenverhältnis lediglich nicht in rechtlich selbständiger Form gegeben sein. Der Gesellschafter der Doppelgesellschaft erlangt daher gegenüber dem Überschuß an Rechtszuständigkeit des Sicherungsnehmers und Inkassozessionars eher einen „formellen Überschuß" an Rechtsmacht. Dies hindert indes nicht, ihn insoweit ebenfalls als Treuhänder anzusehen: auch bei ihm ist die typische Situation der Treuhand gegeben, das Auseinanderfallen von rechtlichem Können und rechtlichem Dürfen[38].

Der Gesellschafter hat demnach seine Beteiligung an der Organgesellschaft entsprechend dem Zweck der Übernahme zu behandeln. Mit

---

[35] Zur Treuabrede vgl. *Krüger - Nieland* in RGRK, vor § 104 Anm. 8; *Larenz*, Bd. I, § 30 V; *Staudinger - Coing*, Einl. vor § 104 Rz 60 c ff.

[36] Vgl. die ausführliche Wiedergabe des Standes der Meinungen bei *Serick*, a.a.O., § 19 II 2.

[37] BGH, BB 1053, 248; BGH 31, 258; *Serick*, a.a.O.; *Siebert*, Treuhand, S. 189 ff.

[38] *Serick*, § 19 I 1.

der Beteiligung soll ihm letztlich eine Mitwirkungsbefugnis an der Geschäftsführung der Grundgesellschaft eingeräumt werden. Dieser Zweck wird hinfällig, wenn der Gesellschafter aus der Grundgesellschaft austritt. Infolgedessen muß er dann auch den Anteil herausgeben.

3. Die Interessenlage

Die Verpflichtung des aus der Grundgesellschaft ausscheidenden Gesellschafters, seine Rechtsbeziehungen zur Organgesellschaft zu lösen, ergibt sich schließlich aus der Interessenlage:

Die Grundgesellschaft hat die Führung ihrer Geschäfte in die Hände ihrer eigenen, in einer besonderen Organisationsform zusammengeschlossenen Mitglieder gelegt. Denkbar ist allenfalls noch, daß ein neutraler Dritter eine Beteiligung an der Organgesellschaft erwirbt[39]. Dagegen kann es die Gesellschaft nicht zulassen, daß ehemalige Mitglieder, jetzige Konkurrenten über ihr Schicksal mitbestimmen[40].

Dies zeigt sich besonders deutlich bei der Kartelldoppelgesellschaft, dem Syndikat: Der Außenseiter würde wertvolle Einblicke in das Geschäftsgebaren seiner Konkurrenten gewinnen. Er erhielte Kenntnis von der Kalkulation, den Konditionen und der Preisgestaltung der Syndikatsmitglieder. Für den Konkurrenten wäre es zudem von großem Nutzen, zu wissen, welche Rabatte das Kartell seinen Abnehmern gewährt. Denn der Preiswettbewerb wird häufig auf die Ebene einer komplizierten, für den Mitbewerber nach Möglichkeit nicht durchschaubaren Rabattregelung verlagert. Die Kenntnis des von den Mitbewerbern gehandhabten Rabattsystems hat in diesen Fällen Einfluß auf die eigene unternehmerische Entscheidung. Der Außenseiter würde darüber hinaus Informationen über die Liquidität der syndizierten Unternehmen, ihre Investitionsvorhaben, den Kundenkreis, das Absatzsystem, die den Kartellmitgliedern von Dritten gewährten Preise, Konditionen und Rabatte etc. erhalten.

Die Beteiligung an der Geschäftsführungsgesellschaft würde dem Außenseiter aber nicht nur Einblicke in das Verhalten seiner Konkurrenten geben, die für sein eigenes Marktverhalten ausschlaggebend sein können. Er hätte sogar die Möglichkeit, aktiv an der Geschäftspolitik des Syndikats teilzunehmen. Der Außenseiter würde dann über Maß-

---

[39] S. o., § 2 I vor 1.

[40] Auf diesem Gedanken beruht auch das Wettbewerbsverbot des § 88 AktG; das GmbHG enthält zwar kein ausdrückliches Konkurrenzverbot (so aber § 24 des österreichischen GmbHG), doch wird allgemein angenommen, daß aus der Treupflicht jedenfalls des hauptamtlichen Geschäftsführers ein Konkurrenzverbot folgt, vgl. z. B. *Baumbach - Hueck*, GmbHG, Anh. nach § 35 Anm. 2; *Schilling* in Hachenburg, § 35 Anm. 52.

nahmen des Kartells, die sich auch gegen ihn, den Konkurrenten richten, mitbestimmen.

Die für das Syndikat aufgezeigten Gesichtspunkte gelten in ähnlicher Weise für andere Zusammenschlüsse in Form einer Doppelgesellschaft. Den Interessen der Grundgesellschaft würde es in grober Weise widersprechen, wenn Außenseiter an der Führung ihrer Geschäfte beteiligt wären.

Auf der anderen Seite müßte der aus der Grundgesellschaft Ausscheidende daran interessiert sein, sich der Pflichten, die ihm noch als Mitglied der Organgesellschaft obliegen, zu entledigen. Namentlich bei der GmbH können neben den allgemeinen Mitgliedschaftspflichten und der Ausfallhaftung gemäß §§ 24, 31 Abs. 3 GmbHG noch umfangreiche Nebenleistungs- und Nachschußpflichten bestehen, von denen sich der Gesellschafter durch Veräußerung des Geschäftsanteils entledigen kann. Das Aktiengesetz eröffnet zwar nur in begrenztem Umfang die Möglichkeit, den Aktionären statutarische Sonderpflichten aufzuerlegen. Doch können die Aktionäre zusätzlichen schuldrechtlichen Bindungen unterliegen, die durch eine Bedingung von der Aktionärsstellung abhängig gemacht sind. Weitgehende Verpflichtungen lassen sich auch für die Mitglieder einer in Form einer Handelsgesellschaft oder eines Vereins organisierten Geschäftsführungsgesellschaft begründen. All diese Pflichten hat der Gesellschafter letztlich nur zur Förderung seines mit der Mitgliedschaft in der Grundgesellschaft verfolgten Zwecks übernommen. Mit dem Ausscheiden aus der Grundgesellschaft wird daher das Bedürfnis nach der Beteiligung an einem Organ, das lediglich eine dienende Funktion gegenüber dieser Gesellschaft hat, hinfällig.

Hiergegen ließe sich freilich einwenden, die wesentlichen Pflichten der an der Doppelgesellschaft Beteiligten seien nicht im Rahmen der Organgesellschaft, sondern im Rahmen der Grundgesellschaft vereinbart, mithin für den Ausgeschiedenen bereits erloschen. Auch die Bindung seines Kapitals in der Organgesellschaft bedeute für ihn keine empfindliche Belastung, da die Organgesellschaft häufig nur das gesetzliche Mindestkapital besitze, die Einlagen der Gesellschafter also nicht besonders hoch seien. Diese Nachteile nehme der aus der Grundgesellschaft Austretende aber gern in Kauf, um sich die mit der Beteiligung an der Geschäftsführungsgesellschaft verbundenen Vorteile zu erhalten. Gegenüber der Möglichkeit, Informationen über seine Konkurrenten zu erhalten, fielen die Gesellschafterpflichten nicht ins Gewicht.

Dieser im Tatsächlichen sicherlich häufig zutreffende Einwand ist allerdings rechtlich nicht beachtlich. Dem Ausscheidenden wurde die Beteiligung an der Organgesellschaft nur ermöglicht, weil er Mitglied der Grundgesellschaft war. In dieser Eigenschaft wurde er durch die Tätigkeit der Geschäftsführungsgesellschaft unmittelbar betroffen. Er hatte daher ein legitimes Interesse, an dieser Tätigkeit mitzuwirken. Nach dem Ausscheiden aus der Grundgesellschaft bleibt aber kein anerkennenswertes Interesse, an deren Geschäftsführung beteiligt zu sein: eine solche Beteiligung kann der Gesellschaft nur schaden. Bestrebungen des aus der Grundgesellschaft Ausscheidenden, über seine weitere Beteiligung an der Organgesellschaft Vorteile zu Lasten seiner Konkurrenten zu gewinnen, sind somit für die Bewertung der Interessenlage unerheblich.

4. Die Grenzen der Treupflicht

Die im Vorstehenden begründete Treupflicht des Gesellschafters der Doppelgesellschaft, bei seinem Austritt aus der Grundgesellschaft auch seine Beteiligung an der Organgesellschaft aufzugeben, ist allerdings nicht unbegrenzt. Es sind — weiterhin unter Zugrundelegung der typischen Interessenlage — Ausahmefälle denkbar, in denen es gerechtfertigt erscheint, eine weitere, wenn auch vielleicht zeitlich begrenzte Mitgliedschaft in der Geschäftsführungsgesellschaft zuzulassen.

Die gesellschaftsrechtliche Treupflicht findet ihre Grenze an der Wahrnehmung berechtigter Interessen[41]. Derartige Interessen wird der Ausscheidende geltend machen, wenn er der Geschäftsführungsgesellschaft besondere Werte zur Verfügung gestellt hat und bis zu deren Rückgabe einen Einfluß auf die Verwaltung dieser Werte haben will. So kann beispielsweise die Verkaufsgesellschaft eines Kartells die Vertriebsorganisation des ausscheidenden Kartellmitglieds benutzen, die Geschäftsführungsgesellschaft kann Urheberrechte, Patentrechte, Lizenzrechte, Gebrauchs- und Geschmacksmuster, Konzessionen, Zeichen usw. des Ausscheidenden benutzen. Diese Gegenstände und Rechte sind allerdings der Inhaberschaft des Ausscheidenden entzogen, wenn sie als Sacheinlagen in die Organgesellschaft eingebracht oder in anderer Weise auf sie übertragen sind. Bei einer schuldrechtlichen Überlassung ist im Einzelfall abzuwägen, ob das Interesse an der Rückgabe so gravierend ist, daß von ihr das Ausscheiden aus der Organgesellschaft abhängig zu machen ist. Man wird dies in der Regel zu verneinen haben.

Eine Verpflichtung des Gesellschafters zur Abtretung seiner Geschäftsanteile ist dagegen stets abzulehnen, wenn er durch ein treuwidriges Verhalten der übrigen Gesellschafter zur Kündigung der Grundgesellschaft[42] genötigt wurde, und die Gesellschafter mit dem Ab-

---

[41] Allg. Meinung, vgl. z. B. *Fischer*, NJW 1954, 779; *Hueck*, OHG, S. 140 f.; *Staudinger - Keßler*, Vorbem. zu § 705, Rz 37.

[42] Das pflichtwidrige Verhalten der übrigen Gesellschafter kann nicht zum

tretungsverlangen nunmehr eigene Vorteile verfolgen. In diesen Fällen greift der allgemeine, in §§ 162, 287, 393, 815 BGB konkretisierte Grundsatz ein, daß niemand aus eigenem rechtswidrigem Verhalten zum Nachteil eines anderen einen Vorteil herleiten darf[43]. Den Gesellschaftern ist es danach verwehrt, einen Partner, der Lizenzen, Patente, Zeichen etc. gerade mit Rücksicht auf eine langfristige Beteiligung an der Doppelgesellschaft als Sacheinlagen in die Organgesellschaft eingebracht hat, aus der Grundgesellschaft herauszudrängen, um ihn von der Mitberechtigung an den zur Verfügung gestellten Einlagen auszuschließen. Ebenso wäre es unzulässig, einen Gesellschafter, der wirtschaftlich auf die Einrichtungen — z. B. das Verkaufssystem — der Geschäftsführungsgesellschaft angewiesen ist, zum Ausscheiden aus der Grundgesellschaft zu veranlassen, um ihm dann die Beteiligung an der Organgesellschaft zu entziehen und ihn dadurch vom Markt zu verdrängen. Die übrigen Gesellschafter müssen daher das Verbleiben des Gesellschafters in der Organgesellschaft dulden, wenn seine Kündigung der Grundgesellschaft auf ihr eigenes, treuwidriges Verhalten zurückgeht und das Ausscheiden aus der Organgesellschaft für ihn erhebliche Rechtsverluste oder Wettbewerbsnachteile zugunsten der übrigen Gesellschafter zur Folge hätte.

Allerdings handelt es sich hierbei um Ausnahmefälle, die dadurch gekennzeichnet sind, daß der Treuverstoß der übrigen Gesellschafter gerade durch die Übernahme des Geschäftsanteils des Partners zu besonderen Vorteilen führen würde. Im übrigen kann der Ausscheidende, soweit er durch Pflichtverletzungen seiner Mitgesellschafter zur Kündigung veranlaßt wurde, lediglich Schadensersatzansprüche geltend machen[44].

Schließlich ist zu erwägen, ob die Abtretung des Geschäftsanteils deswegen verweigert werden kann, weil sie den Ausscheidenden in wirtschaftliche Schwierigkeiten bringen würde. Solche Schwierigkeiten können daraus resultieren, daß der Gesellschafter seine Produktion, seinen Einkauf, seinen Vertrieb und seine Geschäftsbeziehungen vollständig auf die Zusammenarbeit im Rahmen der Doppelgesellschaft eingestellt hat und eine kurzfristige Umstellung nicht möglich ist. Derartige Nachteile berühren jedoch grundsätzlich nicht die aus der Struktur der Doppelgesellschaft und der Interessenlage begründete Treupflicht. Es kann sich allenfalls im Einzelfall — z. B. wegen besonderer Gründerverdienste

---

Ausschluß eines Gesellschafters führen, § 737 BGB; liegen die Voraussetzungen des § 737 BGB nicht vor, so ist die Ausschließung unwirksam.

[43] Vgl. RG 162, 394; RG, JW 1939, 355; BGH LM Nr. 5 zu § 242 BGB (C d); BGH 25, 252; *Soergel - Siebert*, § 162 Rz 1; § 242 Rz 128 m. ausf. Nachw.; *Staudinger - Coing*, § 162 Rz 10 ff.; *Staudinger - Weber*, § 242 Anm. A 252.

[44] RG 89, 398; 162, 396; KG, JW 1926, 607; *Fischer* in RGRK, § 723 Anm. 19; *Siebert - Schultze - v. Lasaulx*, § 273, Rz 37; *Staudinger - Keßler*, § 723 Rz 54.

des Kündigenden — für die übrigen Gesellschafter die Rücksichtspflicht ergeben, mit dem Ausscheidenden eine Übergangsregelung zu treffen, die ihn vor dem wirtschaftlichen Ruin bewahrt. Dieser nur in Grenzfällen einmal zu bejahenden Pflicht ist aber bereits genügt, wenn dem ehemaligen Gesellschafter schuldrechtlich die erforderliche Benutzung gewisser Einrichtungen der Organgesellschaft gestattet wird. Einer Aufrechterhaltung der Gesellschafterposition bedarf es dazu im allgemeinen nicht.

5. Abweichende Interessenlagen

Den Ausführungen über die Treupflicht wurde die Einschränkung vorangestellt, daß eine Konkretisierung der gesellschaftsrechtlichen Treupflicht nur unter Berücksichtigung der konkreten vertraglichen Regelung erfolgen könne. Die entwickelten Grundsätze nahmen die typische Ausgestaltung der Doppelgesellschaft und damit — hinsichtlich der Abhängigkeit der Mitgliedschaften — die typische Interessenlage zum Ausgangspunkt; sie können daher auch nur insoweit Gültigkeit beanspruchen.

Abschließend soll auf abweichende Interessenlagen hingewiesen werden. Dadurch wird der Anwendungsbereich der gefundenen Lösung verdeutlicht und negativ abgegrenzt. Ob und in welcher Weise das Ausscheiden aus der Grundgesellschaft auch in diesen Fällen auf das Mitgliedschaftsverhältnis in der Organgesellschaft Einfluß hat, läßt sich allerdings abstrakt nicht beurteilen. Für die Beantwortung dieser Frage ist vielmehr den Besonderheiten des Vertragswerks und der Interessenlage im Einzelfall Rechnung zu tragen.

Die Treupflicht des Gesellschafters, beim Austritt aus der Grundgesellschaft seine Anteile an der Organgesellschaft abzugeben, wurde vor allem aus dem Gedanken entwickelt, daß die Beteiligung einen Ersatz für die Mitverwaltungsrechte darstellt, die dem Gesellschafter in einer bürgerlich-rechtlichen Einheitsgesellschaft zugestanden hätten, und daß dadurch ein Mehr an Rechtsmacht in die Hand des Gesellschafters gelangt, als es der Zweck der Beteiligung erfordert. Nun ist es aber denkbar, daß mit der Beteiligung an der Organgesellschaft weitergehende Ziele verfolgt werden. Der Gesellschafter kann die Absicht haben, sein Kapital anzulegen, Sach- und Vermögenswerte gewinnbringend arbeiten zu lassen oder Patente auszunutzen. Diese Absicht muß nicht notwendig durch die Mitgliedschaft in der Grundgesellschaft zeitlich begrenzt sein. Die Grundgesellschaft ihrerseits kann dann auch daran interessiert sein, das Kapital und die überlassenen Werte für längere Zeit zu behalten, unabhängig von der Beibehaltung der Gesellschafterstellung des Überlassenden. Sie wird einer weiteren Beteiligung des Ausscheidenden insbesondere dann nicht entgegentreten, wenn ihre geschäftlichen Interessen dadurch nicht beeinträchtigt werden. An einer Beeinträchtigung der Belange der Grundgesellschaft wird es regelmäßig fehlen,

(1) wenn der ausscheidende Gesellschafter nicht zum konkurrierenden Außenseiter wird, weil er sein Unternehmen veräußert, verpachtet, stillegt oder umstellt.

(2) wenn die Gesellschaft den Einblick eines Außenseiters in ihre Geschäftstätigkeit hinnehmen kann, weil z. B. ein Tochterunternehmen des Ausscheidenden noch an der Doppelgesellschaft beteiligt ist, so daß er auf diesem Wege ohnehin die gewünschten Informationen erhielte, oder weil die Organgesellschaft kurz vor der Auflösung steht und eine einheitliche Abwicklung erfolgen soll.

(3) wenn die Organgesellschaft die Lizenzen, Zeichen, Muster, das Kapital, die Absatzorganisation, den Maschinenpark etc. des Ausscheidenden nur bei Fortdauer dessen Beteiligung behalten darf und überwiegende Interessen die weitere Benutzung dieser Rechte und Werte verlangen.

(4) wenn das Kartell vom Außenseiter erwartet, er werde sich auf Grund der Beteiligung an der Organgesellschaft gleichförmig verhalten.

Bei diesen beispielhaft genannten Fallgruppen ist die typische Interessenlage nicht gegeben. Die auf ihrer Grundlage getroffenen Feststellungen über die Treupflicht der Gesellschafter gelten hier also nicht.

6. Zusammenfassung

Den Gesellschafter der Doppelgesellschaft trifft die Treupflicht, zugleich mit dem Ausscheiden aus der Grundgesellschaft seine Beteiligung an der Organgesellschaft aufzugeben. Dies folgt zunächst aus der Struktur der Doppelgesellschaft. Sie stellt wegen der Zuweisung der Geschäftsführungs- und Vertretungsfunktionen an die Organgesellschaft einen Ersatz für die bürgerlich-rechtliche Gesellschaft mit Drittorganschaft dar. Das bedeutet hinsichtlich des Verhältnisses der Mitgliedschaften, daß die Gesellschafter der Grundgesellschaft die ihnen gemäß §§ 712, 715, 716 BGB garantierten Mitwirkungsbefugnisse in Form einer Beteiligung an der Organgesellschaft wahrnehmen. Diese Befugnisse enden mit der Mitgliedschaft in der Grundgesellschaft. Der Geschäftsanteil ist daher gemäß § 667 BGB herauszugeben. Die Abtretungspflicht läßt sich weiterhin aus der Treuhandstellung des Gesellschafters im Hinblick auf seine Beteiligung an der Organgesellschaft begründen. Die mit der Beteiligung eingeräumten Mitverwaltungsrechte sind rechtlich verselbständigt und verschaffen dem Gesellschafter damit eine stärkere Rechtsposition, als ihm der Sache nach zukommen sollte. Diesen Überschuß an Rechtsmacht hat er im Interesse der Grundgesellschaft zu verwalten und zurückzugeben, sobald der Zweck seiner Überlassung, nämlich die Einräumung von Kontrollrechten, hinfällig wird. Schließlich ergibt sich aus der Interessenlage die Verpflichtung zum gleichzeitigen Ausscheiden aus beiden Gesellschaften. Den übrigen Gesellschaftern kann nicht zugemutet werden, daß ein Konkurrent auf die Führung ihrer Geschäfte Einfluß nimmt.

Die für die Grundgesellschaft in der Rechtsform einer bürgerlichrechtlichen Gesellschaft entwickelte Lösung gilt in gleicher Weise, wenn die Gesellschaft einmal die Rechtsform eines Vereins besitzt. Das bekannte Problem der Treupflicht von Mitgliedern rechtsfähiger Vereinigungen[45] ist von dem oben dargestellten theoretischen Ansatzpunkt zu lösen, der die Treupflicht als Ausprägung der Regulativfunktion des § 242 BGB begreift. Daß der Gesellschafter jedweder Vereinigungsform die ihm obliegenden Leistungen nach Treu und Glauben zu erbringen hat, wird nirgends bezweifelt[46]. Von einer Treupflicht läßt sich aber erst dann sprechen, wenn der Leistungsmaßstab so weitgehend ist, daß er die Gesellschafter zu einer mehr oder weniger umfassenden Zweckförderung verpflichtet. Entscheidend ist also stets die konkrete Ausgestaltung des Leistungsmaßstabes. Nicht so sehr ausschlaggebend ist, ob die Vereinigung eine Gesellschaft oder eine Korporation, rechtsfähig oder nicht rechtsfähig, dieser oder jener gesetzliche Typus ist[47]. Wenn die Gesellschafter nicht nur durch das Zurverfügungstellen von Kapital sachlich, sondern in erster Linie durch die Übernahme umfangreicher Pflichten und Verantwortung auch persönlich der Interessenförderung zu dienen haben, lassen sich die aus der Regulativfunktion des § 242 BGB erwachsenden Pflichten als Treupflichten bezeichnen[48].

Die Treupflicht ist grundsätzlich abweichend zu beurteilen, wenn eine Doppelgesellschaft nicht dem Normalbild entspricht, so daß die typische Interessenlage fehlt. Darüber hinaus kann die Treupflicht im Einzelfall zu verneinen sein, weil der die Grundgesellschaft kündigende Gesellschafter ein berechtigtes Interesse an der Fortdauer seiner Beteiligung

---

[45] Vgl. dazu die Angaben § 5 Anm. 67; ferner *Caflisch*, S. 26 ff.; *Fechner*, passim; *Küster*, S. 53 ff.; *Mestmäcker*, S. 348 ff. und die Nachw. bei *Zöllner*, S. 336 Anm. 2; speziell zum Verein vgl. *Enneccerus - Lehmann*, § 111 I 2 a; *Erman - Westermann*, § 38 Anm. 1; *Palandt - Danckelmann*, § 38 Anm. 1; *Soergel - Siebert*, § 38 Rz 6.

[46] *Zöllner*, S. 335 f., 350.

[47] Vgl. dazu auch *Müller - Freienfels*, AcP 156, 532.

[48] *Hueck*, Treuegedanke, S. 18 und Anm. 48.

an der Organgesellschaft hat, oder weil die übrigen Gesellschafter ihn in treuwidriger Weise aus der Gesellschaft herausdrängen, um daraus eigene Vorteile zu ziehen.

III. Das Ausscheiden aus der Organgesellschaft im einzelnen

Die Ausführungen über die Treupflicht gelangten zu dem Ergebnis, daß der Gesellschafter der Doppelgesellschaft mit dem Ausscheiden aus der Grundgesellschaft im Regelfall auch seine Rechtsbeziehungen zur Organgesellschaft zu lösen hat. Damit ist aber noch nichts über die Art und Weise gesagt, in der das Mitgliedschaftsverhältnis zu beenden ist. Diese richtet sich nach der jeweiligen Rechtsform der Organgesellschaft.

1. Die Organgesellschaft als GmbH

Die Darstellung des Abwicklungsmodus wird — entsprechend dem Vorgehen im dritten Kapitel — in zwei Teile gegliedert. Zunächst ist zu untersuchen, wie sie das Ausscheiden aus der GmbH vollzieht. Anschließend wird zu prüfen sein, ob die Rechtsstellung des Gesellschafters schon vor dem Ausscheiden durch die Tatsache des Austritts aus der Grundgesellschaft beeinfluß ist.

a) Das Ausscheiden aus der GmbH

Der Gesellschafter einer GmbH kann seinen Geschäftsanteil durch dessen Abtretung oder Vernichtung verlieren. Beide Möglichkeiten sind zu erörtern. Das Bestehen einer Treupflicht zur Übertragung des Anteils schließt es nicht aus, im Wege ergänzender Vertragsauslegung ein Amortisationsrecht der Gesellschaft anzunehmen[49].

aa) Übertragung des Geschäftsanteils

(1) Das Formerfordernis des § 15 Abs. 4 GmbHG

Bei der Begründung der Abtretungspflicht blieb bisher das Formerfordernis des § 15 Abs. 4 GmbHG unberücksichtigt. Gemäß § 15 Abs. 4 GmbHG bedarf eine Vereinbarung, durch die die Verpflichtung eines Gesellschafters zur Abtretung eines Geschäftsanteils statuiert wird, der gerichtlichen oder notariellen Form. Das Formerfordernis gilt unabhängig davon, ob die Übertragung auf die GmbH, auf Mitgesellschafter oder auf Dritte vorzunehmen ist[50]. Eine Übertragungsverpflichtung, die der

---

[49] S. o., I 3.

[50] Vgl. *Schilling* in Hachenburg, § 15 Anm. 8 m. w. N., sowie Anm. 21.

gerichtlichen oder notariellen Form entbehrt, ist nichtig, wird jedoch durch formgerechte Abtretung des Geschäftsanteils geheilt (§ 15 Abs. 4 S. 2 GmbHG).

Die Verpflichtung des Gesellschafters, bei Ausscheiden aus der Grundgesellschaft seinen GmbH-Anteil abzutreten, ist Inhalt der den Gesellschafter im Rahmen der Grundgesellschaft treffenden Treupflicht. Dem Formerfordernis muß also im Bereich der Grundgesellschaft Genüge getan sein. Eine gerichtliche oder notarielle Beurkundung des Statuts der Grundgesellschaft dürfte hierzu ausreichen. Die Ausgestaltung des Gesellschaftsvertrages und die durch ihn begründete Pflichtenstellung der Gesellschafter bezeichnen den Leistungsmaßstab, durch dessen Konkretisierung sich die Treupflichten ergeben. Die Treupflichten sind also als im Gesellschaftsvertrag vereinbart anzusehen. Die für einzelne Pflichten im Fall ihrer Sondervereinbarung vorgeschriebene Form wird daher als gewahrt anzusehen sein, wenn diese Pflichten Treupflichten, also Teile eines Gesellschaftsvertrages sind, der insgesamt die für die Sondervereinbarung erforderliche Form besitzt.

Problematisch ist danach nur der Fall, in dem der Gesellschaftsvertrag der Grundgesellschaft weder gerichtlich noch notariell beurkundet ist. Um zu beurteilen, ob auch dann auf Grund der Treupflicht eine wirksame Abtretungspflicht besteht, ist auf den Grundgedanken des Formerfordernisses zurückzugreifen. § 15 Abs. 4 GmbHG verfolgt den Zweck, den leichten und spekulativen Handel mit Geschäftsanteilen auszuschließen. Die Anteilsrechte an einer GmbH sollen nicht wie Aktien in den Börsenverkehr geraten. Eine ungebundene Umsetzung der Geschäftsanteile von Hand zu Hand wird deshalb dadurch verhindert, daß der Erwerb der Geschäftsanteile zeitraubende, kostspielige, somit reifliche Überlegung der Vertragspartner verlangende Förmlichkeiten erfordert[51].

Neben diesem Hauptzweck dient die Form im Hinblick auf § 16 GmbHG der Beweiserleichterung[52].

Aus der Formulierung und dem Zweck des § 15 Abs. 4 GmbHG folgt, daß die Verpflichtung zur Übertragung eines Geschäftsanteils formfrei ist, soweit sie nicht unmittelbar durch einen Vertrag begründet wird, sondern auf Gesetz beruht oder sich mittelbar aus einem Vertrag ergibt, dessen wesentlicher Inhalt nicht die Abtretungspflicht ist. Die Formvorschrift will die Fälle treffen, in denen die Verpflichtung zur Abtretung den eigentlichen Gegenstand der Vereinbarung bildet. Sie soll den

[51] RG 135, 71; BGH 13, 49; 19, 69 = LM Nr. 3 zu § 15 GmbHG m. Anm. v. *Fischer; Brodmann*, § 15 Anm. 2; *Schilling* in Hachenburg, § 15 Anm. 6.

[52] RG 164, 170; BGH 13, 49 (52); *Schilling*, a.a.O.

Handel mit Geschäftsanteilen erschweren. Ihrer bedarf es nicht bei Verträgen, die nicht auf einen solchen Handel gerichtet sind, sondern deren Betätigung gesetzlich oder vertraglich nur indirekt zur Abtretung führen kann. Wer als Beauftragter, Geschäftsbesorger oder Treuhänder für einen anderen GmbH-Anteile erwirbt, ist zwar nach Ausführung des Auftrages oder nach Beendigung des Treuhandverhältnisses zur Abtretung des Geschäftsanteils verpflichtet, aber diese Folge ergibt sich aus dem Gesetz (§ 667 BGB) bzw. als bloß mittelbare Folge aus dem Treuhandvertrag. Derartige Verträge sind formfrei[53].

Bei Berücksichtigung dieses der Formvorschrift zugrunde liegenden Zwecks muß man m. E. die Wirksamkeit der Abtretungspflicht des aus der Grundgesellschaft ausscheidenden Gesellschafters auch dann bejahen, wenn der Gesellschaftsvertrag der Grundgesellschaft der Form des § 15 Abs. 4 GmbHG entbehrt. Die Stellung des Gesellschafters im Hinblick auf seinen Geschäftsanteil wurde soeben näher erläutert. Jeder Beteiligte kann nur Mitglied der GmbH sein, wenn und solange er der Grundgesellschaft angehört[54]. Die Verpflichtung, bei der Lösung der Rechtsbeziehungen zur Grundgesellschaft den Geschäftsanteil abzutreten, ist also Folge der Abwicklung des Mitgliedschaftsverhältnisses in der Grundgesellschaft. Der Ausscheidende hat wie ein Treuhänder nach Wegfall des Kausalverhältnisses den übernommenen Anteil zurückzugeben. Daher muß die Abtretungspflicht, die nicht Hauptinhalt oder Gegenstand einer selbständigen Vereinbarung, sondern lediglich notwendige Konsequenz des Ausscheidens aus der Gesellschaft ist, formlos gültig sein. Es spielt dabei im Hinblick auf § 15 Abs. 4 GmbHG keine Rolle, ob die Übertragung auf die Grundgesellschaft oder die übrigen Gesellschafter zu erfolgen hat. Entscheidend ist, daß der Anteil im Interessenbereich der Doppelgesellschaft zurückzulassen ist[55].

Dieses Ergebnis widerspricht auch nicht dem Zweck des Formerfordernisses. Die Übertragungspflicht dient nicht dazu, den formlosen Handel mit Geschäftsanteilen zu ermöglichen. Vielmehr soll der Anteil an der Geschäftsführungsgesellschaft gerade in den Händen der Gesellschaft bleiben und damit dem Handel entzogen werden[56].

---

[53] *Baumbach - Hueck*, GmbHG, § 15 Anm. 4 C; *Brodmann*, § 15 Anm. 5 b; *Schilling* in Hachenburg, § 15 Anm. 16, 17; Anh. I zu § 15 Anm. 10 b; *Scholz*, § 15 Rz 28, 32; RG 124, 375.

[54] Vgl. dazu oben, II.

[55] BGH 19. 69 führt aus, daß der Treugeber seinen Rückgabeanspruch formlos auf einen neuen Treuhänder übertragen könne. Die bloße Auswechslung des Treuhänders sei formfrei möglich. Dann ist es dem Treugeber auch möglich, von vornherein die Abtretung an einen anderen Treuhänder anzuordnen.

[56] Hierzu auch *Däubler*, GmbHR 1967, 244.

(2) Erwerber des Geschäftsanteils

Verlangt die im Rahmen der Grundgesellschaft bestehende Treupflicht vom ausscheidenden Gesellschafter eine Abtretung seiner Beteiligung an der Organgesellschaft, so stellt sich die Frage, an wen der Geschäftsanteil abzutreten ist. Bei Zugrundelegung der typischen Interessenlage scheint mir nur eine Antwort dem Willen der Parteien und dem Sinn der vertraglichen Regelungen gerecht zu werden: Bei der Errichtung der Grundgesellschaft haben sich entweder alle Gesellschafter, manchmal auch nur ein Teil von ihnen gegenseitig und gegenüber den anderen Gesellschaftern verpflichtet, die Geschäftsführungsgesellschaft zu betreiben. Scheidet nun einer der Gesellschafter aus, so muß sein Anteil an der Organgesellschaft den übrigen Gesellschaftern der Grundgesellschaft, die mit der Übernahme der Organgesellschaft betraut sind, im Verhältnis ihrer Anteile an der Organgesellschaft zufallen, und zwar unter Aufteilung des Geschäftsanteils. Jede andere Lösung scheidet m. E. aus. Eine Übertragung an die GmbH, die Grundgesellschaft, einzelne Gesellschafter oder Dritte würde den Kreis derjenigen Gesellschafter verändern, in deren Hände die Geschäftsführung der Grundgesellschaft gelegt ist[57]. Eine andere als die anteilige Übertragung hätte eine Verschiebung der relativen Stimmrechts- und Beteiligungsverhältnisse zur Folge. Die einheitliche Übertragung des Geschäftsanteils an die übrigen Gesellschafter als Gesamthands- oder Bruchteilsgemeinschaft würde zu Schwierigkeiten bei der Wahrnehmung der Rechte aus dem gemeinschaftlichen Anteil führen[58] und das Ausscheiden weiterer Gesellschafter komplizieren[59].

Üblicherweise sind die Anteile der Organ-GmbH vinkuliert; die Übertragung der Geschäftsanteile ist also an die Zustimmung der Gesellschaft gebunden. Die Genehmigung wird man jedoch bei einer Abtretung in Erfüllung der sich aus der Grundgesellschaft ergebenden Treupflicht für entbehrlich halten können. Das Zustimmungserfordernis soll die Weitergabe der Geschäftsanteile an Außenseiter verhindern. Nun sind aber die Gesellschafter auf Grund ihrer Bindungen in der Grundgesellschaft verpflichtet, ihren Anteil beim Ausscheiden aus der Grundgesellschaft auf die übrigen Gesellschafter zu übertragen. Es kann nicht angenommen werden, daß sie bei der Errichtung der Satzung die Möglichkeit schaffen wollten, durch Verweigerung der Zustimmung zur Abtretung die Erfüllung dieser Pflicht unmöglich zu machen. Eine Satzung, die generell für

[57] Eine Übertragung an die GmbH wäre darüber hinaus nur unter den Voraussetzungen des § 33 GmbHG möglich. Vgl. dazu näher oben § 5 I 1 b bb).

[58] S. dazu oben § 5 I 1 c aa) (1).

[59] Zu beachten ist allerdings § 5 GmbHG: die Teile dürfen nicht die Mindeststammeinlage in Höhe von DM 500,— unterschreiten.

die Veräußerung von Geschäftsanteilen eine Genehmigung verlangt, ist daher einschränkend auszulegen. Das Zustimmungserfordernis entfällt, wenn die Veräußerung in Erfüllung der Verpflichtung zur Abtretung an die übrigen Gesellschafter erfolgt[60].

Weiterhin bedarf die Veräußerung von Teilen eines Geschäftsanteils der GmbH gemäß § 17 Abs. 1 GmbHG der Genehmigung der Gesellschaft. Die Satzung kann allerdings eine Teilveräußerung von Geschäftsanteilen an andere Gesellschafter ohne Genehmigung zulassen (§ 17 Abs. 2 GmbHG). Ist eine solche Satzungsbestimmung nicht ausdrücklich getroffen, so muß man sie im Wege ergänzender Satzungsauslegung[61] als vereinbart ansehen: Der Wille der Gesellschafter, die bei der Ausgestaltung der Satzung zur Teilabtretung ihres Geschäftsanteils beim Ausscheiden aus der Grundgesellschaft verpflichtet waren, konnte nur dahin gehen, die Satzung dieser Verpflichtung entsprechend zu gestalten.

(3) Übernahmepflicht der übrigen Gesellschafter

Die Grundgesellschaft und ihre Gesellschafter haben ein erhebliches Interesse daran, daß der Ausscheidende seine Beteiligung an der Organgesellschaft möglichst schnell verliert. Die Gesellschafter werden daher von ihrem Erwerbsrecht in aller Regel umgehend Gebrauch machen, da sie sich damit selbst vor Schaden bewahren. Dennoch ist es nicht auszuschließen, daß einzelne Gesellschafter nicht willens oder in der Lage sind, zusätzliches Kapital für den Erwerb des auf sie entfallenden Teilgeschäftsanteils aufzubringen. Für diese Fälle stellt sich die Frage, ob der aus der Grundgesellschaft ausgeschiedene Gesellschafter seinen Geschäftsanteil behält, oder ob er seinerseits einen Abnahmeanspruch geltend machen kann.

Einen derartigen Anspruch muß man m. E. bejahen. Die Gesellschafter haben nur mit Rücksicht auf ihre Mitgliedschaft in der Grundgesellschaft den Geschäftsanteil der Organgesellschaft übernommen. Sie haben Kapital zur Verfügung gestellt und sind Pflichten eingegangen, um dadurch den Zweck der Grundgesellschaft, den sie selbst mitverfolgten, zu fördern. Diese Grundlage für die übernommenen Bindungen entfällt mit dem Ausscheiden aus der Grundgesellschaft. Die Gesellschafter haben dann ein berechtigtes Interesse daran, sich ihrer Pflichten zu entledigen und das gebundene Kapital wieder für eigene Zwecke verwenden zu können[62]. Die Treupflicht der Gesellschafter, die sich gegenseitig und gegenüber der Grundgesellschaft verpflichtet haben, die Organ-

---

[60] Vgl. dazu auch oben, § 5 I 1 c aa) (1).
[61] Dazu unten bb).
[62] Zur Interessenlage vgl. näher oben II 3.

gesellschaft zu gründen und zu unterhalten, beinhaltet die Verpflichtung, diesem Interesse Rechnung zu tragen. Die Gesellschafter können vom Ausscheidenden auf Grund dessen Treupflicht die Übertragung seines Geschäftsanteils auf sich verlangen. Diese Verpflichtung bedarf auf der anderen Seite eines Abnahmeanspruchs des Ausscheidenden. Denn die Treupflicht trifft die Gesellschafter gegenseitig. Dem Recht der übrigen Gesellschafter auf Abtretung steht ihre Pflicht zur Abnahme gegenüber. Die Treupflicht wäre einseitig, würde sie dem Gesellschafter lediglich Pflichten gegenüber den anderen Gesellschaftern auferlegen, es aber in deren Belieben gestellt sein lassen, ob sie auf die Interessen ihres Mitgesellschafters Rücksicht nehmen wollen oder nicht. Der aus der Grundgesellschaft Ausscheidende hat daher gegen die übrigen Gesellschafter der Grundgesellschaft, die an der Organgesellschaft beteiligt sind, einen Anspruch auf Abnahme seines Geschäftsanteils.

bb) Amortisation des Geschäftsanteils

Die methodische Vorbemerkung gelangte zu dem Ergebnis, daß die Feststellung der Verpflichtung des Gesellschafters der Doppelgesellschaft, nach seinem Austritt aus der Grundgesellschaft durch Abtretung seines GmbH-Anteils auch aus der Organgesellschaft auszuscheiden, nicht einer ergänzenden Satzungsauslegung im Wege steht, die das Ausscheiden aus der GmbH auf andere Weise ermöglicht[63]. Es ist daher zu erwägen, ob die Organgesellschaft neben oder anstelle des Abtretungsanspruchs der übrigen Gesellschafter das Recht besitzt, den Geschäftsanteil des aus der Grundgesellschaft ausscheidenden Gesellschafters einzuziehen.

Die Einziehung von Geschäftsanteilen darf nur erfolgen, soweit sie im Gesellschaftsvertrag zugelassen ist (§ 34 Abs. 1 GmbHG). Wenn, wovon hier ausgegangen wird, eine ausdrückliche Satzungsbestimmung fehlt, läßt sich ein Amortisationsrecht möglicherweise durch ergänzende Auslegung des GmbH-Statuts ermitteln.

In welchem Umfang das Statut der GmbH einer ergänzenden Auslegung zugänglich ist, ist im einzelnen nicht unstreitig[64]. Teilweise werden sehr enge Grenzen gezogen und eine Auslegung nur nach objektiven Grundsätzen und aus der Satzung selbst heraus zugelassen[65]. Von ande-

---

[63] S. o. I 3.

[64] Vgl. dazu allgemein *Gadow - Heinichen*, § 16 Anm. 19; *Schilling* in Hachenburg, § 2 Anm. 58; *Enneccerus - Nipperdey*, § 206 I 3; *Siebert - Hefermehl*, § 125 Rz 9; *Staudinger - Coing*, § 133 Rz 54 jeweils mit ausf. Nachw. aus Literatur und Rechtsprechung.

[65] Z. B. *Staub - Pinner*, § 182 Anm. 30.

rer Seite wird der Auslegung in weitestem Umfang Raum gegeben[66]. Entscheidend für die Zulässigkeit ergänzender Auslegung formgebundener Verträge ist nicht, wie häufig behauptet wird[67], die Formbedürftigkeit als solche, sondern deren Zweck. Sie dient vor allem den Interessen der Gesellschaftsgläubiger, die z. B. über Sitz, Gegenstand, Stammkapital, Stammeinlagen usw. aus der im Handelsregister niedergelegten Satzung eindeutige und abschließende Auskunft erlangen müssen. Aber auch die augenblicklichen und zukünftigen Gesellschafter müssen wenigstens den Rahmen ihrer Rechte und Pflichten erkennen können. Diese Schutzzwecke sind für den zulässigen Umfang ergänzender Auslegung des GmbH-Statuts maßgeblich. Soweit die Interessen Dritter berührt werden, ist äußerste Zurückhaltung geboten. Wird durch die Auslegung ausschließlich die Rechtssphäre der Gesellschafter betroffen, so wird man nach der inneren Struktur der GmbH weiter zu differenzieren haben: Je stärker die Ausgestaltung der internen Rechtsbeziehungen personalistische Züge trägt, je umfangreicher die Pflichten der Gesellschafter sind, desto weniger können sich die Gesellschafter darauf berufen, ihr Pflichtenkreis sei begrenzt und in der Satzung erschöpfend aufgeführt[68].

Die Amortisation betrifft lediglich die Interessensphäre des Gesellschafters. Das Amortisationsentgelt ist dem Reinvermögen der GmbH zu entnehmen, es darf also nicht auf das den Gläubigern haftende Stammkapital zurückgegriffen werden. Ist das Reinvermögen nicht ausreichend, so muß ein Kapitalherabsetzungsverfahren durchgeführt werden, in dem gemäß den Vorschriften des § 58 GmbHG die Belange der Gesellschaftsgläubiger zu berücksichtigen sind. Durch die Amortisation werden also Interessen der Gläubiger nicht gefährdet.

Für die hier erwogene ergänzende Satzungsauslegung ist danach entscheidend, inwieweit die Gesellschafter sich darauf verlassen können, daß der ausdrückliche Inhalt der Satzung ihre Rechtsposition abschließend umschreibt. Bei Berücksichtigung der Gesamtregelung des Vertragswerks der Doppelgesellschaft kann für die GmbH-Gesellschafter kein Zweifel bestehen, daß ihre Beteiligung an der GmbH an die Mitgliedschaft in der Grundgesellschaft gebunden ist. Dies ergibt sich sowohl aus der Zweckverknüpfung zwischen den beiden Gesellschaften, und den Nebenabreden, die diese Verknüpfung festigen und konkretisieren, wie vor allem aus der den Gesellschaftern bekannten Interessenlage[69]. Für die Gesellschafter steht also bei der Vereinbarung der Sat-

---

[66] So vor allem *Wieland*, Bd. II, S. 288 ff.
[67] Etwa *Schilling*, a.a.O.
[68] Vgl. die ähnliche Differenzierung bei *Westermann*, Festschrift für Arnold, S. 284 ff.
[69] S. o. II 3.

zung und beim späteren Eintritt in die GmbH fest, daß sie ihren Anteil verlieren, sobald sie aus der Grundgesellschaft ausscheiden.

Hinzu kommt, daß die Gesellschafter auf Grund ihrer im Rahmen der Grundgesellschaft bestehenden Treupflicht gehalten sind, ihren Geschäftsanteil beim Austritt aus dieser Gesellschaft abzutreten. Nun kann es ihnen aber gleichgültig sein, in welcher Weise ihnen der Geschäftsanteil genommen wird, durch Abtretung oder durch Vernichtung. Sowohl bei der Abtretung als auch bei der Einziehung erhalten sie ein dem Wert ihres Anteils entsprechendes Entgelt.

Es bestehen daher m. E. keine Bedenken, im Wege ergänzender Satzungsauslegung der GmbH das Recht zuzuerkennen, den Geschäftsanteil des aus der Grundgesellschaft ausscheidenden Gesellschafters einzuziehen.

Auf die Einzelheiten des Amortisationsverfahrens braucht hier nicht mehr eingegangen zu werden. Es wird dazu auf das dritte Kapitel verwiesen[70].

Die Amortisation des Geschäftsanteils ist unzulässig, wenn die Stammeinlage nicht voll einbezahlt ist. Auch die Einziehung voll einbezahlter Geschäftsanteile ist ohne Kapitalherabsetzung nur dann durchführbar, wenn das Einziehungsentgelt aus dem Überschuß des reinen Gesellschaftsvermögens über das Stammkapital gezahlt werden kann. Bei der mit einer Kapitalherabsetzung verbundenen Amortisation ist die Vorschrift über das gesetzliche Mindestkapital zu beachten. Damit sich aus diesen Grenzen keine Schwierigkeiten ergeben, die Amortisation also auf jeden Fall möglich ist, wurde bei der Erörterung der Satzungsgestaltung die Statuierung von Nachschußpflichten vorgeschlagen[71]. Es bleibt zu erwägen, ob derartige Nachschußpflichten, wenn sie nicht ausdrücklich vereinbart sind, durch ergänzende Auslegung des Statuts ermittelt werden können.

Nach § 26 GmbHG können den Gesellschaftern Nachschußpflichten auferlegt werden. Zweifelhaft erscheint aber, ob man eine Nachschußpflicht der Gesellschafter auch dann bejahen kann, wenn sie nicht ausdrücklich mit der Satzung verankert ist. Zu den Grundprinzipien der GmbH gehört die beschränkte Haftung der Gesellschafter[72]. Der wirtschaftliche Grundgedanke der GmbH ist die Begrenzung des Risikos des Einzelnen. Seine Leistung beschränkt sich auf einen festgesetzten Betrag; hat er ihn geopfert, so ist seine Verpflichtung erfüllt. Sein persön-

---

[70] § 5 I 1 b).

[71] S. o., § 5 I 1 b.

[72] Vgl. z. B. *Baumbach - Hueck*, GmbHG, Einl. Anm. 3; *Schilling* in Hachenburg, Allg. Einl. Anm. 10 ff.; *Staub*, Allg. Einl. Rz 10 ff.

liches Vermögen ist also weder dem Zugriff der Gesellschaft, noch dem Zugriff der Gesellschaftsgläubiger ausgesetzt. Eine Abweichung von dieser Grundstruktur der GmbH, die ganz erhebliche Vermögensrisiken für den Gesellschafter bringen kann, wird man nur dort annehmen können, wo die Satzung Nachschußpflichten bestimmt, oder doch wenigstens ganz konkrete und eindeutige Anhaltspunkte für eine derartige Auslegung gibt. Die Erwägung, daß die Vereinbarung von Nachschußpflichten zweckmäßig gewesen wäre oder im Interesse der Gesellschaft gelegen hätte, ist kein hinlänglicher Nachweis dafür, daß die Gesellschafter über die Stammeinlage hinaus ihr Vermögen der Gesellschaft zur Verfügung stellen wollten.

Für die Annahme einer Nachschußpflicht könnte die Tatsache sprechen, daß die Gesellschafter auf Grund ihrer im Rahmen der Grundgesellschaft bestehenden Treupflicht den Geschäftsanteil des aus der Grundgesellschaft Ausscheidenden anteilig abzunehmen haben[73]. Sie sind dadurch also verpflichtet, den Wert des Geschäftsanteils im Verhältnis ihrer Anteile aufzubringen. Für die Gesellschafter mache es keinen Unterschied, so ließe sich folgern, ob sie das dem Ausscheidenden für seinen Geschäftsanteil zustehende Entgelt an diesen direkt zahlen, oder den auf sie entfallenden Betrag an die GmbH abführen, damit die Gesellschaft zur Durchführung der Amortisation in der Lage sei. Wenn die Gesellschaft einen Teil des Einziehungsentgelts selbst aufbringen könne, stünden sich die Gesellschafter bei einer Einziehung sogar besser als beim Erwerb des Teilanteils, da ihre Nachschußverpflichtung geringer sei, als das bei einem Erwerb zu zahlende Entgelt.

Diese Argumentation ist jedoch nicht zutreffend. Zwar wird es häufig so sein, daß die zur Aufbringung des Einziehungsentgelts erforderlichen Nachschüsse nicht die Höhe des Entgelts erreichen, das beim Erwerb des Teilanteils zu leisten wäre. Andererseits hat die Gesellschaft bei der Zahlung des Einziehungsentgelts das Gebot der Erhaltung des Stammkapitals zu beachten (§§ 34 Abs. 3, 30 Abs. 1 GmbHG). Eine Verwendung der Nachschüsse auf das Einziehungsentgelt setzt also voraus, daß das Stammkapital unangetastet bleibt. Nimmt man daher an, daß die Gesellschafter zu Nachschußleistungen in der Höhe verpflichtet sind, daß die GmbH das notwendige Einziehungsentgelt zahlen kann, so müssen sie zunächst das gesamte Defizit der Gesellschaft ausgleichen, ehe ihre Zahlungen dem ausscheidenden Gesellschafter zugute kommen können. Eine solche Verpflichtung ist von den Gesellschaftern sicherlich nicht gewollt.

Es kommt sonach lediglich im Rahmen der Grundgesellschaft eine schuldrechtliche Verpflichtung derjenigen Gesellschafter, die sich zum Betreiben der Geschäftsführungsgesellschaft bereit erklärt haben, in

---

[73] Oben aa) (3).

Betracht, der Geschäftsführungsgesellschaft erforderlichenfalls das für die Einziehung benötigte Kapital zur Verfügung zu stellen. Über die Zulässigkeit derartiger schuldrechtlichen Nebenverpflichtungen besteht kein Streit[74]. Den Gesellschaftern kann es in der Tat gleichgültig sein, ob sie ihr Kapital für den Erwerb oder die Einziehung des Anteils des Ausscheidenden hingeben. Bei einem Erwerb wird zwar ihre Stammeinlage nominell höher, der Wert ihres Geschäftsanteils steigt dabei aber in gleichem Maße wie bei einer Einziehung. Da die Geschäftsanteile vinkuliert sind, besteht auch nicht die Möglichkeit, daß die Gesellschafter den erworbenen Teilanteil gewinnbringend veräußern. Wegen der gleichartigen Auswirkungen von der Zahlung des Übernahmeentgelts an den Ausscheidenden und der schuldrechtlichen Nachschußzahlung an die Organgesellschaft zwecks Einziehung wird man daher von dem Willen der Gesellschafter ausgehen dürfen, sich neben der Verpflichtung zur Abnahme des Teilanteils wahlweise zur Nachschußleistung zu verpflichten.

Die gleichen Gesichtspunkte, aus denen der Anspruch des ausscheidenden Gesellschafters auf Abnahme seines Geschäftsanteils begründet wurde[75], müssen auch dazu führen, dem Gesellschafter einen dem Einziehungsrecht der GmbH entsprechenden Anspruch auf Amortisation einzuräumen.

cc) Das Verhältnis von Abtretung des Geschäftsanteils und Amortisation

Aus der im Rahmen der Grundgesellschaft bestehenden Treupflicht des Gesellschafters der Doppelgesellschaft wurde die Verpflichtung abgeleitet, bei Ausscheiden aus der Grundgesellschaft den Geschäftsanteil der Organ-GmbH an die übrigen Gesellschafter der Grundgesellschaft, die die Anteile der Geschäftsführungsgesellschaft halten, abzutreten. Zugleich wurde der GmbH das Recht eingeräumt, den Anteil des Ausscheidenden einzuziehen. Es ist selbstverständlich, daß immer nur eine dieser beiden Maßnahmen durchgeführt werden kann.

Der BGH hat bei der Ausschließung eines Gesellschafters aus der GmbH der Gesellschaft ein Wahlrecht eingeräumt, das ihr die Befugnis gibt, zwischen mehreren sich bietenden Ausschließungsmöglichkeiten diejenige auszusuchen, die am besten und zweckmäßigsten zum Ziel führe[76]. So könne die GmbH u. a. den Anteil einziehen oder seine Abtre-

---

[74] *Baumbach - Hueck*, GmbHG, § 26 Anm. 2; *Schilling* in Hachenburg, § 26 Anm. 5; RG 79, 333; 112, 273; 151, 321 (324).

[75] Oben aa) (3).

[76] BGH 9, 157 (169 f.).

tung verlangen. Stehe fest, daß ein Gesellschafter wegen Vorliegens eines wichtigen Grundes ausgeschlossen werden könne, so müßten zur Durchführung der Ausschließung alle vom GmbH-Gesetz zur Verfügung gestellten Wege offen sein, soweit sie Erfolg versprächen und dabei das Interesse des Betroffenen gewahrt werden könne.

Dieses für die Einheitsgesellschaft bestehende Wahlrecht kann nicht ohne weiteres auf die „Ausschließung" des aus der Grundgesellschaft ausgetretenen Gesellschafters der Doppelgesellschaft übertragen werden. Bei der Ausschließung aus der Einheitsgesellschaft hat die GmbH die Wahlmöglichkeit zwischen zwei ihr gegenüber dem Gesellschafter zustehenden Rechten. Beim Ausscheiden eines Gesellschafters aus der Doppelgesellschaft besteht dagegen im Hinblick auf seinen Geschäftsanteil einerseits ein Amortisationsrecht der GmbH, andererseits eine Abtretungspflicht auf Grund des Gesellschaftsvertrages der Grundgesellschaft. Diese formale Trennung wird allerdings dadurch überbrückt, daß die Gesellschafter der Grundgesellschaft, die Inhaber des Abtretungsanspruchs sind, mit den Gesellschaftern der GmbH identisch sind. Diese Gesellschafter können also durchaus entscheiden, ob sie ihren im Rahmen der Grundgesellschaft bestehenden Abtretungsanspruch realisieren, oder den Geschäftsanteil einziehen wollen.

Das so verstandene „Wahlrecht" der Gesellschafter wirkt sich gegenüber dem Anspruch des Ausscheidenden auf Abnahme seines Geschäftsanteils bzw. auf Amortisation dahingehend aus, daß den in Anspruch genommenen Gesellschaftern oder der in Anspruch genommenen Gesellschaft eine Ersetzungsbefugnis zusteht: die Gesellschafter können, statt den Ausscheidenden durch Abnahme von seinem Geschäftsanteil zu befreien, im Rahmen der Organgesellschaft die Einziehung des Anteils beschließen. Der Befreiungsanspruch wird also statt durch Abnahme durch Amortisation und statt durch die Gesellschafter durch die GmbH erfüllt. Das gleiche gilt — mutatis mutandis — wenn der Ausscheidende Einziehung seines Geschäftsanteils verlangt. Formal handelt es sich bei dieser Konstruktion um eine Verbindung von subjektiver[77] und objektiver[78] Ersetzungsbefugnis. Sie wird der Interessenlage am besten gerecht. Dem Ausscheidenden ist lediglich daran gelegen, daß seine Mitgliedschaft in der GmbH beendet wird. In welcher Weise dies erfolgt, ist für ihn bedeutungslos. Dagegen kann die Gesellschaft durchaus an einer Wahlmöglichkeit interessiert sein.

In der Praxis kommt vorwiegend die Einziehung des Geschäftsanteils des aus der Grundgesellschaft ausscheidenden Gesellschafters in Frage,

---

[77] Die subjektive Ersetzungsbefugnis ist in § 267 BGB zugelassen.

[78] Zur objektiven Ersetzungsbefugnis vgl. *Erman*, § 262 Anm. 5; *Larenz*, Bd. I § 12 II; *Siebert - Schmidt*, § 262 Rz 4; *Staudinger - Weber*, Rz 9 vor § 262 mit ausf. Nachw.

insbesondere wenn die Amortisation ohne vorherige Kapitalherabsetzung durchführbar ist. Die Teilabtretung hätte zur Folge, daß die übrigen Gesellschafter nach Ausscheiden des ersten Gesellschafters zwei, des zweiten Gesellschafters vier, des dritten Gesellschafters acht selbständige GmbH-Anteile besäßen. Dies würde aber dem Grundsatz der einheitlichen Beteiligung, wie er sich in §§ 5 Abs. 2, 17 Abs. 6, 55 Abs. 4 GmbHG niederschlägt, widersprechen[79]. Allerdings ergeben sich insoweit keine Schwierigkeiten, wenn alle in der Hand eines Gesellschafters befindlichen Geschäftsanteile zusammengelegt werden können. Fehlt es aber an einer der Zulässigkeitsvoraussetzungen für die Zusammenlegung[80], so wird man die Einziehung des Geschäftsanteils des Ausscheidenden vorziehen.

b) Die Rechtsstellung des Gesellschafters in der GmbH nach Ausscheiden aus der Grundgesellschaft

Es wurde bisher nachgewiesen, daß regelmäßig nur eine einheitliche Mitgliedschaft in der Doppelgesellschaft bestehen kann[81]. Das Ausscheiden aus der Grundgesellschaft bedingt notwendig auch das Ausscheiden aus der GmbH. Allerdings führt die Kündigung der Grundgesellschaft nicht automatisch zur Beendigung der Beteiligung an der GmbH. Sie eröffnet zunächst nur die Möglichkeit, dem Gesellschafter seinen Geschäftsanteil zu entziehen. Von dieser Möglichkeit wird die Gesellschaft praktisch immer umgehend Gebrauch machen, um einer Schädigung ihrer Interessen durch den Außenseiter vorzubeugen. Dennoch ergibt sich eine, in der Regel allerdings unbedeutende zeitliche Differenz zwischen dem Ausscheiden aus der Grundgesellschaft und der Realisierung des Anspruchs auf Übertragung der Anteile bzw. der Durchführung des Amortisationsverfahrens. Der Gesellschafter hat seine Mitgliedschaft in der Grundgesellschaft gekündigt; die Beteiligung an der Organgesellschaft, die nach dem Zweck und der Ausgestaltung des Vertragswerkes von dieser Mitgliedschaft abhängig ist, besteht nur deswegen noch vorläufig weiter, weil eine unmittelbare Verbindung beider Mitgliedschaften rechtstechnisch nicht möglich ist. Diesem Umstand muß für die Beurteilung der Rechtsstellung des Gesellschafters der Organgesellschaft während der Übergangszeit Rechnung getragen werden. Das Ausschei-

[79] Vgl. dazu etwa *Brodmann*, § 5 Anm. 2; *Feine*, S. 396; *Schilling* in Hachenburg, § 15 Anm. 69 a.

[80] S. dazu oben, § 5 I 1 c aa) (2).

[81] *Isay - Tschierschky* formulieren gegen die Trennungstheorie, bei der ähnliche Probleme entstehen, plastisch: „Der Zustand, daß eine Firma gleichsam mit einem Fuß im Kartell, mit dem anderen draußen steht, ist völlig unhaltbar" (§ 8 Rz 61).

den aus der Grundgesellschaft läßt wegen der strukturellen Zusammengehörigkeit der Mitgliedschaften das Rechtsverhältnis des Gesellschafters in der Organgesellschaft nicht unberührt. So wie der Gesellschafter durch seine Treupflicht mit Rücksicht auf die Interessen der Grundgesellschaft gehalten ist, sich aus der Geschäftsführungsgesellschaft zu lösen, trifft ihn auch schon vor dieser Lösung die Pflicht, auf diejenigen Interessen der Grundgesellschaft Rücksicht zu nehmen, auf denen seine Austrittspflicht beruht. Das bedeutet, daß die Rechte und Pflichten ruhen, aus denen sich eine aktive oder passive Beteiligungsmöglichkeit an der Geschäftsführung der Grundgesellschaft ergibt[82].

In erster Linie sind dem Gesellschafter besondere Funktionen zu entziehen, die er im Rahmen der Organgesellschaft wahrnimmt[83]. Die Bestellung zum Geschäftsführer der GmbH ist gemäß § 38 Abs. 1 GmbHG zu widerrufen. Bei einer statutarischen Beschränkung der Widerruflichkeit (§ 38 Abs. 2 GmbH) ist das Ausscheiden aus der Grundgesellschaft als wichtiger Grund für einen Widerruf anzusehen. Ebenso hat eine etwaige Aufsichtsratsmitgliedschaft des Ausscheidenden zu enden (§ 52 GmbHG i. V. m. § 103 AktG).

Die mitgliedschaftlichen Rechte des Gesellschafters, insbesondere das Stimmrecht ruhen, soweit durch ihre Wahrnehmung die geschäftsführende Tätigkeit der Gesellschaft, und damit die Belange der Grundgesellschaft berührt werden. Im gleichen Umfang müssen dann allerdings auch die Gesellschafterpflichten entfallen. Dies gilt jedoch unter der Einschränkung, daß dadurch die Interessen Dritter, vor allem der Gesellschaftsgläubiger nicht verletzt werden dürfen[84]. Die Verpflichtung zur Einzahlung des Stammkapitals, Nachschußpflichten, die Ausfallhaftung gemäß §§ 24, 31 Abs. 3 GmbHG, Nebenleistungspflichten, die wirtschaftlich dem Interesse Dritter dienen, bleiben bestehen. Die Pflicht zum Ausscheiden aus der Organgesellschaft kann also nur Wirkung für den Gesellschafter und die Gesellschaft im Innnenverhältnis haben.

Die Rechtsstellung des Gesellschafters während der Übergangszeit ist dadurch gekennzeichnet, daß er seine Beteiligung an der Organgesell-

---

[82] Bei der Kündigung einer Kartelleinheitsgesellschaft tritt ebenfalls die Frage auf, wie sich die Rechte und Pflichten des Kündigenden in der gesellschaftsrechtlichen Organisation beurteilen. Hier wird weitgehend, aber ohne die erforderliche Differenzierung ein Ruhen der Rechte und Pflichten angenommen; vgl. z. B. RG 114, 218; 125, 118; *Dörinkel* im Gemeinschaftskommentar, § 13 Rz 18; *Isay - Tschierschky*, § 8 Rz 60; *Müllensiefen - Dörinkel*, VII, 10; vgl. ferner *Scholz*, Austritt, S. 41 und die Nachweise bei *Feine*, S. 360.

[83] *Schilling* (in Hachenburg Anh. II zu § 3 Anm. 26) nimmt an, daß die besonderen Funktionen mit der Beendigung der Mitgliedschaft in der Grundgesellschaft erlöschen. Dem kann nicht zugestimmt werden.

[84] So zutreffend *Feine*, a.a.O.; *Hofmann*, S. 65 ff.; *Naegeli*, Bd. II, S. 569; *Scholz*, Austritt, S. 33, 35.

schaft aufzugeben hat. An dieser Verpflichtung sind seine Rechte und Pflichten zu orientieren, d. h. er hat alles — aber nicht mehr — zu tun, was zu seinem Ausscheiden erforderlich ist, und entsprechend alle Rechte — aber nur diese — die diesem Zweck dienen. So treffen den Gesellschafter vor allem Abwicklungs- und Mitwirkungspflichten zur Beendigung seiner Mitgliedschaft. Er hat alle Gegenstände, Zeichen, Lizenzen usw. herauszugeben, die ihm von der Gesellschaft überlassen wurden. Der Kreis der Rechte ist freilich begrenzt. M. E. wird man aber z. B. ein Stimmrecht bei einem Beschluß über eine Kapitalerhöhung aus Gesellschaftsmitteln bejahen können, wenn dadurch die von der Gesellschaft vorgesehene Amortisation erschwert wird.

2. Die Organgesellschaft als AG

Die für die Auswirkungen des Ausscheidens aus der Grundgesellschaft auf die Beteiligung an der Organgesellschaft für die Doppelgesellschaft mit GmbH-Organ entwickelte Lösung ist in vollem Umfang auf die Doppelgesellschaft mit AG-Organ anwendbar. Es kann daher insgesamt auf die Ausführungen zu 1. verwiesen werden.

In der Praxis wird allerdings nicht die Einziehung der Aktien die Regel bilden, sondern deren anteilige Verteilung auf die übrigen Gesellschafter. Das Einziehungsverfahren ist bei der AG langwieriger und kostspieliger als bei der GmbH, da es notwendig mit einer Kapitalherabsetzung verbunden ist[85]. Das Aktienpaket des Ausscheidenden wird sich meistens im Verhältnis der Beteiligung der übrigen Gesellschafter zerlegen lassen. Wenn allerdings der Nennbetrag der einzelnen Aktien so hoch ist, daß eine solche Zerlegung nicht möglich ist, müssen die Aktien zuerst im Wege einer Satzungsänderung gestückelt werden[86], ein Fall, der praktisch kaum vorkommen dürfte.

3. Die Organgesellschaft als Handelsgesellschaft oder Verein

Abschließend ist noch der — freilich seltene — Fall zu behandeln, daß für die Organgesellschaft die Rechtsform einer OHG, einer KG oder eines Vereins gewählt wurde. Die Rechtsbeziehungen zu Handelsgesellschaften und Vereinen sind nicht an die Innehabung eines Geschäftsanteils oder von Aktien geknüpft, sie sind ohne dinglichen Übertragungsakt zu lösen[87]. Die Treupflicht der Gesellschafter kann also nur

---

[85] S. o., § 5 II 1 b.

[86] Die Stückelung widerspricht nicht dem Teilungsverbot des § 8 Abs. 3 AktG, vgl. z. B. *Gadow - Heinichen*, § 8 Anm. 13.

[87] Zur sog. „Übertragung des Geschäftsanteils“ bei der OHG und KG vgl. BGH 13, 185 und *Hueck*, OHG, S. 289 m. ausf. Nachw.

dahin gehen, beim Ausscheiden aus der Grundgesellschaft zugleich von einem im Rahmen der OHG oder KG bestehenden Kündigungsrecht bzw. von einem in der Vereinssatzung zugelassenen Austrittsrecht Gebrauch zu machen.

Daneben ist eine ergänzende Vertragsauslegung zu erwägen. Es stellt sich dabei die Frage, welcher der beiden Gesellschaftsverträge auszulegen ist. Derjenige Vertrag ist heranzuziehen, dessen Ergänzung die beste Möglichkeit zur Erreichung einer sachdienlichen Lösung bietet. Sind zwei Verträge nach dem erkennbaren Willen der Parteien und dem Zweck der Vereinbarungen miteinander verbunden, ohne daß alle Konsequenzen dieser Verbindung ausdrücklich festgelegt sind, so sind die Konsequenzen im Wege ergänzender Vertragsauslegung dem Vertrag zu entnehmen, der mit Hilfe dieser Ergänzung dem Zweck des gesamten Vertragswerks am besten gerecht wird[88]. Alle im Zusammenhang mit der Bildung der Doppelgesellschaft stehenden Vereinbarungen sind nach ihrem Zweck und dem Willen der Parteien wirtschaftlich eine Einheit. Die Gesellschafter einer Doppelgesellschaft mit einer Handelsgesellschaft oder einem Verein als Geschäftsführungsgesellschaft werden daher, soweit sie das Problem der Wirkung des Ausscheidens aus der Grundgesellschaft auf die Beteiligung an der Organgesellschaft sehen, das Ausscheiden aus der Grundgesellschaft als Beendigungsgrund für die Mitgliedschaft in der Organgesellschaft statuieren[89]. Diese Beendigungsklausel muß man im Wege ergänzender Auslegung aber auch dann annehmen, wenn sie nicht ausdrücklich in das Statut der Geschäftsführungsgesellschaft aufgenommen ist. Sie führt bei einer Kündigung zu einem einheitlichen Ausscheiden aus der Doppelgesellschaft und entspricht damit in bester Weise der Interessenlage: Der aus der Grundgesellschaft Ausscheidende wird zugleich von seinen Pflichten befreit, die er im Rahmen der Geschäftsführungsgesellschaft nur mit Rücksicht auf seine Beteiligung an der Grundgesellschaft übernommen hatte. Die Grundgesellschaft braucht nicht zu befürchten, daß Außenseiter an der Führung ihrer Geschäfte beteiligt sind.

4. Zusammenfassung

Die Frage, ob der Gesellschafter der Doppelgesellschaft verpflichtet ist, mit dem Ausscheiden aus der Grundgesellschaft seine Beteiligung an

---

[88] In gleicher Weise, wenn auch nicht ausdrücklich, wird methodisch in anderen Fällen verfahren, in denen mehrere Verträge eine wirtschaftliche Einheit bilden. So vor allem bei der fiduziarischen Treuhand, wo der Rückfall des Treuguts teilweise als in der Sicherungsabrede, teilweise als in der dinglichen Einigung vereinbart angesehen wird; vgl. dazu z. B. *Lange*, NJW 1950, 565; *Serick*, Eigentumsvorbehalt, § 19 I 2; *Wolff* - *Raiser*, § 179 III; ferner zur Sicherungsgrundschuld Ulrich *Huber*, S. 44 ff.

[89] S. o., § 5 III.

der Organgesellschaft aufzugeben, ist einheitlich, d. h. ohne Rücksicht auf die im Einzelfall für die Grund- und Organgesellschaft verwandten Rechtsformen zu beantworten[90]. Soweit aber eine solche Verpflichtung bejaht wird, kann das Mitgliedschaftsverhältnis in der Organgesellschaft nur in einer Art und Weise beendet werden, die der jeweils gewählte Gesellschaftstypus zur Verfügung stellt. Für den Abwicklungsmodus ist daher nach den Rechtsformen der Organgesellschaft zu differenzieren.

Der Gesellschafter der Organ-GmbH hat mit dem Ausscheiden aus der Grundgesellschaft seinen Geschäftsanteil denjenigen Gesellschaftern abzutreten, die mit dem Betreiben der Geschäftsführungsgesellschaft betraut sind; diese Gesellschafter erhalten dem Verhältnis ihrer Beteiligung an der GmbH entsprechende Teilanteile. Die Abtretungspflicht ist formlos gültig, da auf sie der Zweck des § 15 Abs. 4 GmbH nicht zutrifft. Der Ausscheidende hat einen korrespondierenden Abnahmeanspruch gegen die erwerbsberechtigten Gesellschafter. Die Verknüpfung der Mitgliedschaften ist außerdem im Bereich der Organgesellschaft gewährleistet. Die GmbH ist berechtigt und verpflichtet, den Anteil des die Grundgesellschaft kündigenden Gesellschafters einzuziehen. Die Gesellschafter der Organgesellschaft können entscheiden, ob sie ihren Abtretungsanspruch realisieren oder die Amortisation beschließen wollen. Dieser Wahlmöglichkeit entspricht das Recht, dem Abnahmeverlangen des Ausscheidenden durch Einziehung, bzw. dem Einziehungsbegehren durch Übernahme des Geschäftsanteils zu genügen. Nach der Beendigung der Mitgliedschaft in der Grundgesellschaft hat der Gesellschafter in der GmbH hinsichtlich seiner internen Rechtsstellung nur noch diejenigen Rechte und Pflichten, die zur Abwicklung seiner Beteiligung erforderlich sind. Die für die Doppelgesellschaft mit Organ-GmbH aufgezeigte Lösung gilt in gleicher Weise für die Doppelgesellschaft mit Organ-AG. Ein praktischer Unterschied ist jedoch, daß man bei der GmbH im allgemeinen die Einziehung des Geschäftsanteils, bei der AG die Übertragung der Aktien bevorzugen wird. Besitzt die Organgesellschaft die Rechtsform einer Handelsgesellschaft oder eines Vereins, so ist das Ausscheiden aus der Grundgesellschaft im Wege ergänzender Auslegung des Statuts als Beendigungsgrund für die Mitgliedschaft anzusehen.

---

[90] Vgl. dazu oben II vor 1 und 6.

Zweiter Abschnitt

Das Ausscheiden aus der Organgesellschaft und seine Wirkung auf die Beteiligung an der Grundgesellschaft

Die Doppelgesellschaft ist in zweifacher Weise durch die Gefahr des Eindringens von Außenseitern bedroht: Entweder ein Gesellschafter scheidet aus der Grundgesellschaft aus, bleibt aber in der Organgesellschaft, oder ein Gesellschafter veräußert seinen Anteil an der Geschäftsführungsgesellschaft an einen außenstehenden Dritten[1]. Im ersten Abschnitt dieses Kapitels wurden die Folgen des Ausscheidens aus der Grundgesellschaft auf die Beteiligung an der Organgesellschaft behandelt. Es bleibt abschließend die Frage zu erörtern, ob der zweitgenannten Gefahr, der isolierten Abtretung des Geschäftsanteils, auch dann wirksam begegnet werden kann, wenn die Verträge keine Abtretungsbeschränkungen enthalten[2]. Diese Frage stellt sich lediglich bei der Organ-GmbH und Organ-AG, da die Beteiligungen an Personalhandelsgesellschaften und Vereinen nicht veräußerlich sind.

Zur Verhinderung eines unerwünschten Eindringens von Außenseitern in die Geschäftsführungsgesellschaft ist in erster Linie die unkontrollierte Abtretung ihrer Anteile zu unterbinden. Erst wenn das nicht gelungen ist, sind Sanktionen gegen den veräußernden Gesellschafter zu erwägen. Diese Problematik wird in der Literatur, soweit ersichtlich, nirgends diskutiert. Das dürfte darauf zurückzuführen sein, daß sie in der Praxis nicht oder nur äußerst selten aktuell wird, weil durch die Statute der Organgesellschaften die Abtretbarkeit der Anteile in aller Regel beschränkt wird[3]. Dennoch soll in die vorliegende Untersuchung der Vollständigkeit halber auch der Fall einbezogen werden, daß das Statut eine Veräußerung des Geschäftsanteils nicht ausdrücklich verbietet oder erschwert.

---

[1] Vgl. im einzelnen oben § 1.

[2] Zu den Möglichkeiten einer Abtretungsbeschränkung vgl. oben § 8.

[3] Vgl. die Nachweise in der Einleitung zum 4 Kapitel, vor § 10, Anm. 3, 4.

§ 12 Verbot der Abtretung der Anteile an Außenseiter

Die Statute der GmbH und der AG können die Abtretbarkeit des Geschäftsanteils bzw. der Aktie einschränken, indem sie die Wirksamkeit des dinglichen Übertragungsgeschäfts an die Erfüllung bestimmter Voraussetzungen binden[1]. Derartige Verfügungsbeschränkungen müssen sich eindeutig aus der Satzung ergeben[2]. Ist ihre Niederlegung im Statut unterblieben, so kann man sie auch nicht im Wege ergänzender Vertragsauslegung als vereinbart ansehen. Denn die Auslegung der Satzung hat sich an deren Wortlaut zu halten, soweit Drittinteressen berührt werden. Wollte man eine aus der Urkunde nicht ersichtliche Verfügungsbeschränkung annehmen, so hätte das für den Erwerber mit der Klarheit und Sicherheit des Rechtsverkehrs nicht zu vereinbarende Nachteile zur Folge[3]. Die ergänzende Vertragsauslegung kann daher nicht zur Begründung einer Abtretungsbeschränkung führen.

Eine Verpflichtung, den Geschäftsanteil oder die Aktien nicht ohne Zustimmung der übrigen Gesellschafter abzugeben, kann jedoch als schuldrechtliche Treupflicht im Rahmen der Grundgesellschaft bestehen. Es wurde oben[4] nachgewiesen, daß der Gesellschafter im Hinblick auf seine Beteiligung an der Organgesellschaft als Treuhänder der Grundgesellschaft anzusehen ist. Mit der Beteiligung ist die Einräumung von Kontrollbefugnissen gegenüber der Geschäftsleitung bezweckt. Die rechtliche Verselbständigung dieser Befugnisse geht über den Zweck ihrer Gewährung hinaus. Insoweit erhält der Gesellschafter nach außen mehr Rechtsmacht, als ihm im Innenverhältnis zustehen soll. Die überschießende, d. h. über den Zweck der Beteiligung hinausgehende Rechtsmacht ist im Interesse der Grundgesellschaft zu verwalten[5]. Dem Gesellschafter ist es daher verboten, über den Geschäftsanteil oder die Aktien ohne die Zustimmung der Gesellschaft zu verfügen.

---

[1] Vgl. im einzelnen den zweiten Abschnitt des dritten Kapitels, §§ 8, 9.

[2] *Feine*, S. 384; *Schilling* in Hachenburg, § 15 Anm. 50; *Scholz*, § 15 Rz 41; *Gadow - Heinichen*, § 61 Anm. 11; *v. Godin - Wilhelmi*, § 68 Anm. 10.

[3] Zur ergänzenden Auslegung der Satzungen von Kapitalgesellschaften näher oben, S. 139 f.

[4] § 10 II 2.

[5] Vgl. *Esser*, § 15 5; *Serick*, Eigentumsvorbehalt, § 19 I 1; *Staudinger - Coing*, vor § 104 Rz 60 c; s. auch oben § 10 II 2.

Zum gleichen Ergebnis gelangt man auf der Grundlage der Interessenlage bei der Doppelgesellschaft[6]. Die Organgesellschaft hat die Aufgabe, die Grundgesellschaft im Geschäftsverkehr zu vertreten und im Innenverhältnis ihre Geschäftsführung wahrzunehmen. Es widerspräche in grober Weise den Interessen der Gesellschafter, wenn Außenseiter auf ihre Geschäftstätigkeit Einfluß hätten. Jeden Partner trifft daher die Treupflicht, Dritten einen solchen Einfluß zu verwehren.

Ein Gesellschafter, der seinen Geschäftsanteil bzw. seine Aktien unter Verletzung seiner Treupflicht gegen den Wileln der Gesellschaft veräußert, macht sich wegen Verstoßes gegen den Gesellschaftsvertrag schadensersatzpflichtig. Die Ersatzpflicht geht grundsätzlich auf Naturalrestitution (§ 249 S. 1 BGB), also auf Wiederbeschaffung des Anteils. Hierzu ist der Gesellschafter aber häufig nicht in der Lage, da die Vertragsverletzung die Gültigkeit des Übertragungsaktes nicht berührt, so daß dem Erwerber der Anteil nicht mehr genommen werden kann. Der untreue Gesellschafter hat daher den entstandenen Schaden in Geld auszugleichen (§ 251 Abs. 1 BGB).

Haben allerdings der veräußernde Gesellschafter und der Erwerber in Kenntnis der Vertragswidrigkeit kollusiv zusammengewirkt, um dem Erwerber eine Beteiligung an der Organgesellschaft zu verschaffen, so greift § 138 BGB ein. Darnach ist ein Rechtsgeschäft wegen Verstoßes gegen die guten Sitten nichtig, wenn die Vertragschließenden bewußt auf einen Treubruch gegenüber einer anderen Partei ausgehen[7]. Die Nichtigkeit ergreift regelmäßig nur das schuldrechtliche Geschäft, nicht dagegen das wegen seiner abstrakten Natur als sittlich neutral anzusehende Erfüllungsgeschäft[8]. Dieser Grundsatz wird jedoch durchbrochen, wenn gerade mit der Verfügung unsittliche Zwecke verfolgt werden[9], wenn das Erfüllungsgeschäft von der Gültigkeit des Grundgeschäfts abhängig gemacht ist[10] und wenn das Erfüllungsgeschäft unter § 138 Abs. 2 BGB fällt[11].

Die Treupflicht des Gesellschafters der Doppelgesellschaft, keinem Außenseiter Zugang zur Organgesellschaft zu ermöglichen, beinhaltet

---

[6] Vgl. dazu oben, § 10 II 3.

[7] Vgl. z. B. *Siebert - Hefermehl*, § 138 Rz 74; *Staudinger - Coing*, § 138 Rz 7 b; *Palandt - Danckelmann*, § 138 Anm. 5 b bb.

[8] RG 63, 179; 68; 100; 75, 74; 78, 44; 109, 202; *Enneccerus - Nipperdey*, § 191 II 3; *Erman - Westermann*, § 138 Anm. 9; *Staudinger - Coing*, § 138 Rz 22 mit ausf. Darstellung des Meinungsstandes; kritisch: *Siebert - Hefermehl*, § 138 Rz 7.

[9] RG 145, 153; RG JW 1934, 1412; BGH NJW 1954, 1292; *Erman - Westermann*, § 138 Anm. 9; *Siebert - Hefermehl*, § 138 Rz 30.

[10] RG JW 1934, 1412; BGH NJW 1954, 1292; *Enneccerus - Nipperdey*, § 191 II 3.

[11] RG 57, 95; 93, 74; 109, 201; *Erman - Westermann*, § 138 Anm. 15; *Palandt - Danckelmann*, § 138 Anm. 4; *Siebert - Hefermehl*, § 138 Rz 32.

das Verbot, seinen Anteil ohne oder gegen den Willen der Gesellschafter abzutreten. Eine Verletzung dieser Verpflichtung liegt also eben in der treuwidrigen Verfügung. Die Interessen der Gesellschafter werden durch den Veräußerungsvertrag als solchen noch nicht endgültig beeinträchtigt. Erst seine Erfüllung führt die Schädigung herbei. Der Sittenverstoß des kollusiven Vertragsbruches wird also gerade mit dem Übergangsakt verwirklicht. Ihn trifft daher auch die Nichtigkeitsfolge des § 138 Abs. 1 BGB[12].

Als Rechtsfolge einer nicht genehmigten Abtretung des Geschäftsanteils oder der Aktien ergibt sich mithin:

die Schadensersatzpflicht des Gesellschafters bei der Veräußerung an einen gutgläubigen Erwerber;

die Nichtigkeit der Übertragung bei der Veräußerung an einen bösgläubigen Erwerber. Dabei wird man davon ausgehen können, daß der Erwerber die schuldrechtliche Abtretungsbeschränkung kennt, wenn er weiß, daß es sich bei den angebotenen Aktien oder Geschäftsanteilen um solche einer Geschäftsführungsgesellschaft handelt, und der Erwerb durch ihn, z. B. weil er Konkurrent ist, sinngemäß ausgeschlossen sein sollte.

---

[12] So hat auch das RG (JW 1934, 1412) in einem Fall, in dem ein schuldrechtliches Vorkaufsrecht verletzt wurde, das sich GmbH-Gesellschafter im Hinblick auf ihre Anteile gegenseitig eingeräumt hatten, das dingliche Abtretungsgeschäft für nichtig erklärt. Das RG begründet seine Entscheidung: Der Sittenverstoß beziehe sich auch auf das Erfüllungsgeschäft; dieses bringe die sittenwidrige Schädigung erst zur Vollendung, da das Vorkaufsrecht mit der Erfüllung endgültig vereitelt werde.

§ 13 Die Folgen der Abtretung des Anteils an der Organgesellschaft auf die Mitgliedschaft in der Grundgesellschaft

Nach der Abtretung der Geschäftsanteile oder Aktien bleibt der Gesellschafter zunächst weiterhin an der Grundgesellschaft beteiligt. Aus der Struktur der Doppelgesellschaft oder der Interessenlage ergibt sich nicht die Notwendigkeit, diese Beteiligung nunmehr ebenfalls abzuwickeln. Eine Mitgliedschaft allein in der Grundgesellschaft ist — im Gegensatz zur Mitwirkung nur in der Organgesellschaft — durchaus möglich und auch aus der Praxis bekannt[1]. Den Gesellschafter trifft also nicht etwa die Treupflicht, nach seinem Ausscheiden aus der Geschäftsführungsgesellschaft seine Mitgliedschaft in der Grundgesellschaft zu beenden.

In Einzelfällen kann den Gesellschaftern allerdings an einer strengen Mitgliederidentität in Grund- und Organgesellschaft gelegen sein[2]. Kommt es zu einem einvernehmlichen Austreten aus der Organgesellschaft, so wird man die Zustimmung zur Abtretung der Anteile von einer gleichzeitigen Kündigung der Grundgesellschaft abhängig machen. Daher sind diese Ausnahmefälle unproblematisch.

Eine vertragsbrüchige Veräußerung des GmbH-Anteils oder der Aktien berechtigt die übrigen Gesellschafter zum Ausschluß des untreuen Partners gemäß § 737 BGB .

---

[1] Vgl. oben, § 2 Anm. 2.

[2] Vgl. oben, § 9.

§ 14 Schlußbemerkung

Die Arbeit hatte sich zum Ziel gesetzt, das Ausscheiden eines Gesellschafters aus der Doppelgesellschaft zu untersuchen. Es ging dabei in erster Linie um die Frage, welche Rechtswirkungen der Austritt aus einer der beiden Teilgesellschaften auf das Mitgliedschaftsverhältnis in der anderen Teilgesellschaft hat. Zunächst wurden die Möglichkeiten aufgezeigt, wie durch Satzungsbestimmungen eine rechtliche Klammer zwischen den formal selbständigen Mitgliedschaften in Grund- und Organgesellschaft hergestellt werden kann. Aber auch wenn die Parteien bewußt oder versehentlich derartige Bestimmungen nicht getroffen haben, führt die Kündigung der Grundgesellschaft in der Regel zur Beendigung der Beteiligung an der Organgesellschaft. Die wirtschaftlich einheitliche Zwecksetzung der Gesellschaften bewirkt auch rechtlich — unter Überbrückung der formalen Trennung — eine Zusammengehörigkeit der Mitgliedschaften. Ebenso ist es den Gesellschaftern trotz des Fehlens einer statutarischen Abtretungsbeschränkung schuldrechtlich verboten, ihre Anteile an der Organgesellschaft gegen den Willen ihrer Partner zu veräußern. Dieses Verbot erhält sogar durch die Sanktion des § 138 BGB eine weitgehende dingliche Sicherung.

Daraus sollte jedoch nicht der Schluß gezogen werden, vertragliche Bestimmungen über das Ausscheiden aus der Doppelgesellschaft seien entbehrlich, da durch ergänzende Vertragsauslegung und Konkretisierung der gesellschaftsrechtlichen Treupflichten ohnehin befriedigende Lösungen zu erzielen seien. Die hier entwickelten Lösungen wurden auf der Grundlage der typischen Interessenlage gewonnen; sie können daher nur für solche Doppelgesellschaften Gültigkeit beanspruchen, die dem in der Praxis herausgebildeten „Normaltypus“ entsprechen. Weicht die gesellschaftsrechtliche Ausgestaltung des Vertragswerks von diesem Normalbild ab, so ist die Feststellung der für die Auslegung und den Inhalt der Treupflicht maßgeblichen Interessenlage im jeweiligen Einzelfall zu treffen. Dabei können sich erhebliche Schwierigkeiten ergeben, denen man letztlich nur wirksam begegnet, wenn man aus dem Vertrag selbst eine ausdrückliche Antwort auf die mit dem Ausscheiden des Gesellschafters zusammenhängenden Fragen erhält. Darüber hinaus können die Gesellschafter auch bei Vorliegen der typischen Interessenlage hinsichtlich der Art und Weise des Ausscheidens ein anderes als das hier vorgeschlagene Verfahren vereinbaren. Zwar steht dann auch ohne dahin gehende gesellschaftsvertragliche Bestimmungen fest, daß der aus der Grundgesellschaft austretende Gesellschafter aus der Organgesellschaft auszuscheiden hat, und daß die Abtretung der Geschäftsanteile der Zustimmung der übrigen Partner bedarf. Wenn die Gesellschafter die Beendigung der Mitgliedschaft nicht ausdrücklich regeln, begeben sie sich aber ihrer Gestaltungsfreiheit hinsichtlich des Abwicklungsmodus. Schließlich ist eine eindeutige und ausführliche statutarische Regelung schon wegen ihres praktischen Vorteils zu empfehlen, daß sie Klarheit schafft und das Aufkommen für alle Beteiligten nachteiliger Streitigkeiten verhindert.

Literaturverzeichnis*

Achilles, Gebhard, Spahn: Protokolle der Kommission für die zweite Lesung des Entwurfs des Bürgerlichen Gesetzbuchs Bd. II, Recht der Schuldverhältnisse, Berlin 1898.

Andritschky, Karl: Treuhandschaft und Haftungsverhältnis im Kartellwesen, KR 1929, 451.

Aschoff, Albrecht: Die Rechtsnatur des Lieferungsvertrages im Verkaufssyndikat, Berlin 1930.

Assfalg, Dieter: Wirtschaftliches Eigentum als Rechtsbegriff, NJW 1963, 1582.

Ballerstedt, Kurt: Kapital, Gewinn und Ausschüttung bei Kapitalgesellschaften, Tübingen 1949.

— Die Verfassung der Aktiengesellschaft und der Organschaftsvertrag, Betrieb 1957, 837.

— Der gemeinsame Zweck als Grundbegriff des Rechts der Personengesellschaften, JuS 1963, 253.

Barella, Max: Erbfolge bei GmbH-Gesellschaftern, GmbHR 1959, 45.

Barkholt, Ernst: Beiträge zum Recht der Kartelle, Bonn 1913.

Bauch, Fritz: Die Rechtsform der Kartelle, Jena 1908.

Baumbach, Adolf, *Duden,* Konrad: Handelsgesetzbuch, 16. Aufl., München, Berlin 1964.

Baumbach, Adolf, *Hueck,* Alfred, *Hueck,* Götz: Aktiengesetz, 13. Aufl., München, Berlin 1968 — zit.: AktG.

— GmbH — Gesetz, 12. Aufl., München, Berlin 1966 — zit.: GmbHG.

Becker, Karl: Erhöhung und Zusammenlegung von GmbH-Geschäftsanteilen, insbesondere nach der GmbH-Novelle vom 28. Juni 1926, ZBlHR 1927, 15, 57, 92.

Benisch, Werner: Die Wahl der Rechtsform bei Kartellen, Düsseldorf 1961.

Bergmann: Über den Mißbrauch gesellschaftlicher Machtstellungen, ZHR 105, 1.

Blümich, Walter, *Boyens,* Walter, *Steinbring,* Werner, *Klein,* Otto: Gewerbesteuergesetz nebst Durchführungsverordnung, Einführungsgesetz und Verwaltungsanweisungen, 7. Aufl., Berlin, Frankfurt 1961.

Blümich, Walter, *Klein,* Otto, *Steinbring,* Werner: Körperschaftssteuergesetz mit Durchführungsverordnungen, Nebengesetzen und Verwaltungsanweisungen, 3. Aufl., Berlin, Frankfurt 1956.

---

* Soweit Vornamen der Verfasser fehlen, sind diese in der Veröffentlichung nicht angegeben.

Einzelne weitere Literaturhinweise finden sich in den Fußnoten der Arbeit.

Blum, Arno: Die Grundzüge des neuen deutschen Kartellrechts, Mannheim, Berlin, Leipzig 1925.

Bodmer, Max: Die rechtliche Behandlung der Kartelle mit Geschäftsstelle, Leipzig 1913.

Böttcher, Conrad: Neue Erfahrungen und Erkenntnisse zum Wirtschafts- und Steuerrecht der Familienunternehmen, Steuerber. Jahrbuch 1952, 77.

Brandi, Hermann: Die zivilrechtliche Stellung der Organgesellschaft, Göttingen 1931.

Braun - v. Stumm, Egbert: Die Dachgesellschaften im Aufbau deutscher Konzerne unter besonderer Berücksichtigung der Familien-Konzerne, Stuttgart, Berlin 1941.

Brecher, Fritz: Subjekt und Verband, Festschrift für Alfred Hueck, München, Berlin 1959, S. 233.

Brodmann, Erich: Aktienrecht, Berlin, Leipzig 1928.

— Gesetz, betreffend die Gesellschaften mit beschränkter Haftung, 2. Aufl., Berlin, Leipzig 1930.

— Nichtige und anfechtbare Generalversammlungsbeschlüsse im Entwurf, JW 1931, 775.

Brönner, Herbert: Die Besteuerung der Gesellschaften, des Gesellschafterwechsels und der Umwandlungen, 9. Aufl. Stuttgart 1957, Ergänzungsband Stuttgart 1959.

Brüggemann, Erich: Die Treupflicht des Kommanditisten (maschinengeschrieben), Münster 1951.

Buchholz, Heinrich: Die Nebenleistungspflichten bei der Gesellschaft mit beschränkter Haftung, Jher. Jahrb. 74 (1924), 260.

Bühler, Ottmar: Steuerrecht der Gesellschaften und Konzerne, 3. Aufl., Berlin, Frankfurt 1956.

Bundesjustizministerium: Referentenentwurf eines Aktiengesetzes veröffentlicht durch das Bundesjustizministerium, Köln 1958.

Caflisch, Silvio: Die Bedeutung und die Grenzen der rechtlichen Selbständigkeit der abhängigen Gesellschaft im Recht der Aktiengesellschaft, Zürich, Winterthur 1961.

Callmann, Rudolf: Das Deutsche Kartellrecht, Berlin 1934.

Canaris, Claus-Wilhelm: Die Feststellung von Lücken im Gesetz, Berlin 1964.

Caro, Nikodem: Die Kartellgerichtspraxis und ihre Auswirkungen, München 1926.

Cohn, Kurt: Die Rechtsgebilde des Kohlenwirtschaftsgesetzes und seiner Ausführungsbestimmungen, Leipzig 1926.

Däubler, Wolfgang: Die treuhänderische Abtretung des GmbH-Geschäftsanteils, GmbHR 1967, 243.

— Die Vererbung des Geschäftsanteils bei der GmbH, Köln 1965.

Dalberg: Die Treuhandschaft in der Kartellorganisation, LZ 1915, 408.

David, Erich: Die Organgesellschaft im Reichssteuerrecht, Berlin 1933.

Dietl, Wolfgang: Die Organtheorie, Berlin 1936.

Dietz: Kann in den Satzungen einer Aktiengesellschaft rechtswirksam vorgeschrieben werden, daß die Aktionäre Mitglieder eines Vereins sein oder bleiben müssen, bei Verlust ihrer Aktionärsrechte? ZBlHR 1927, 176.

Duden, Konrad: Aktienrechtliche Fragen zur ‚Organschaft' mit einem Großaktionär, BB 1957, 49.

Düringer, Adelbert, *Hachenburg,* Max: Das Handelsgesetzbuch II. Band, 1. Hälfte, Allgemeine Einleitung: Das Gesellschaftsrecht des bürgerlichen Rechts, erl. v. Karl Geiler, 3. Aufl., Mannheim, Berlin, Leipzig 1932. III. Band, 1. Teil, Einleitung und §§ 178—230 a, erl. v. Fritz Bing, Julius Flechtheim, Max Hachenburg, 3. Aufl., Mannheim, Berlin, Leipzig 1934.

Dürkes, Werner: Die Doppelgesellschaft (Betriebsgesellschaft — Besitzgesellschaft), BB 1949, 65.

Eger, Otto: Das Recht der deutschen Kartelle, Berlin 1932.

Enneccerus, Ludwig, *Kipp,* Theodor, *Wolff,* Martin: Lehrbuch des Bürgerlichen Rechts, Bd. I, Allgemeiner Teil des Bürgerlichen Rechts, bearb. v. Hans Carl Nipperdey, 15. Aufl., Tübingen 1959 (1. Halbband), 1960 (2. Halbband). Bd. II, Recht der Schuldverhältnisse, bearb. v. Heinrich Lehmann, 15. Aufl., Tübingen 1958. Bd. III, Sachenrecht, bearb. v. Ludwig Raiser, 10. Aufl., Tübingen 1957.

Erlinghagen, Peter: Der Organschaftsvertrag mit Ergebnisausschluß — Klausel im Aktienrecht, Marburg 1960.

Erman, Walter: Handkommentar zum Bürgerlichen Gesetzbuch, 4. Aufl., Münster 1967.

Esser, Josef: § 242 BGB und die Privatautonomie, JZ 1956, 555.

— Schuldrecht, 2. Aufl., Karlsruhe 1960.

Fagg: Das Kündigungsrecht aus § 8 der Kartellverordnung, KR 1924, 374.

Fechner, Erich: Die Treubindungen des Aktionärs, Weimar 1942.

Feine, Hans Erich: Die Gesellschaft mit beschränkter Haftung, in: Handbuch des gesamten Handelsrechts, hrsg. von Victor Ehrenberg, Dritter Band, III. Abteilung, Leipzig 1929.

Fiegle, Godehard: Die Gesellschaft. Vertragsgestaltung, Steuern der Gesellschafter und der Gesellschaft, Vertragsmuster, Stuttgart, München, Hannover 1955.

Fikentscher, Wolfgang: Das Schuldrecht, Berlin 1965.

— Die Interessengemeinschaft — Eine gesellschafts- und kartellrechtliche Untersuchung — Köln, Berlin, Bonn, München 1966 — zit.: Interessengemeinschaft.

Fischer, Robert: Zulässigkeit und Wirkung von Abstimmungsvereinbarungen, GmbHR 1953, 65.

Flechtheim, Julius: Deutsches Kartellrecht, Bd. I: Die rechtliche Organisation der Kartelle, 2. Aufl., Mannheim, Berlin, Leipzig 1923.

— Kündigung eines Kartells in Form der Nebenleistungs-GmbH nach § 8 KartVO, KR 1927, 57.

Flume, Werner: Doppelgesellschaften und Steuern, Produktionsfirma und Vertriebs-GmbH, Betrieb 1950, 37.

Flume, Werner: Die Organschaft im Gewerbesteuerrecht unter besonderer Berücksichtigung der Organschaft zu mehreren Unternehmungen, Betrieb 1955, 485.

— Die Organschaft im Handels- und Steuerrecht. Methodologische Betrachtungen zur Rechtsprechung des Bundesfinanzhofs, Steuerberater-Jahrbuch 1958/59, S. 283.

— Die abhängige Aktiengesellschaft und die Aktienrechtsform, Betrieb 1959, 190.

— Rechtsgeschäft und Privatautonomie in: Hundert Jahre Deutsches Rechtsleben, Festschrift zum hundertjährigen Bestehen des Deutschen Juristentages, Karlsruhe 1960, S. 135.

— Allgemeiner Teil des Bürgerlichen Rechts, Zweiter Band: Das Rechtsgeschäft, Berlin, Heidelberg, New York 1965 — zit.: AT.

Frankenberg, Philipp: Die konzernmäßige Abhängigkeit, rechtsvergleichend dargestellt unter Berücksichtigung des neuesten schweizerischen und deutschen Aktienrechts sowie des englischen Rechts, Zürich 1937.

Frankfurter Kommentar: Kommentar zum Gesetz gegen Wettbewerbsbeschränkungen (Loseblatt), Köln, seit 1958.

Friedländer, Heinrich: Das Kartellaufsichtsgesetz (Verordnung gegen Mißbrauch wirtschaftlicher Machtstellungen vom 2. November 1923), Berlin 1924 — zit.: KAG.

— Zweifelsfragen aus der Kartellverordnung, JR 1925, 147.

— Konzernrecht. Das Recht der Betriebs- und Unternehmungszusammenfassungen, 1. Aufl., Mannheim, Berlin, Leipzig 1927 — zit.: Konzernrecht.

Friedrich, Werner: Kartellsteuerrecht, Berlin 1942.

Gadow, Wilhelm, *Heinichen*, Eduard: Aktiengesetz, 2. Aufl., Bd. I, Berlin 1961, Bd. II, Berlin 1965.

Ganßmüller, Helmut: Gesellschafter — Ausschließung und Wiederaufnahmeverfahren, GmbHR 1956, 129, 145.

Geiler, Karl: Besprechung zu Eduard Naegeli: Die Doppelgesellschaft, Zeitschrift für Ausländisches und Internationales Privatrecht 1936, 1028.

Giersberg, Walter: Kartellrechtliche Fragen, JW 1914, 512.

Godin v., Reinhard: Klage auf Willenserklärung einer Gesellschaft in Form eines Gesellschafterbeschlusses, ZAKDR 1943, 214.

Godin v., Reinhard, *Wilhelmi*, Hans: Gesetz über Aktiengesellschaften und Kommanditgesellschaften auf Aktien, 3. Aufl., Berlin 1966.

Göke, Karl: Die Doppelgesellschaft, Göttingen 1930.

Görtz, Hermann: Das Kartell als Gesellschaft mit beschränkter Haftung, Heidelberg 1917.

Goldbaum, Wenzel: Kartellrecht und Kartellgericht, 2. Aufl., Berlin 1926.

Goldschmidt, Friedrich: Die Aktiengesellschaft, Handelsgesetz §§ 178—319, München 1927.

— Urteilsanmerkung zum Urteil des RG v. 17. 2. 1928, JW 1928, 2618.

Gorski, Fritz: Verdingung und Verdingungskartelle, Greifswald 1929.

Graf, Friedrich: Organschaft und Organgesellschaft, Frankfurt 1930.

Günther, Erich Fr.: Kartelle in Form von rechtsfähigen Vereinen, Mannheim, Berlin, Leipzig 1920.

Hachenburg, Max: Kommentar zum Gesetz betreffend die Gesellschaften mit beschränkter Haftung, 5. Aufl., Berlin, Leipzig 1926. 6. Aufl., bearb. v. Walter Schmidt, Wolfgang Schilling, Ulrich Klug, Reinhard Goerdeler, Bd. I (§§ 1—34) Berlin 1956, Bd. II (§§ 35—84) Berlin 1959.

Hämmerle, Hermann: Handelsrecht, Bd. 2, Graz, Wien, Köln 1959.

Hamburger, Georg: Die Organgesellschaft; in: Gedächtnisschrift für Emil Seckel, Berlin 1927, S. 261.

Hannemann, Theodor: Die Doppelgesellschaft als Organisationsform der Kartelle und anderer Arten wirtschaftlichen Zusammenschlusses, Köln 1930.

Hauf, Johannes: Die Kündigung von Kartellen und ihre rechtlichen Folgen, Gießen 1926.

Haußmann, Fritz, *Hollaender*, Adolf: Die Kartellverordnung. Verordnung gegen Mißbrauch wirtschaftlicher Machtstellungen, München, Berlin, Leipzig 1925.

Hecker, Peter: Die rechtlichen Grundformen der Konzernorganisation, Freiburg/Brsg. 1928.

Held, Günter: Rechtsformen zulässiger Kartelle, Köln, Berlin, Bonn, München 1963.

Henckel, Wolfram: Die ergänzende Vertragsauslegung, AcP 159 (1960), 106.

Hippel v., Fritz: Vertragsabfassung und Kündigung bei GmbH-Kartellen in Form der Ein- und Doppelgesellschaft (maschinengeschrieben), Göttingen 1922.

Hocke, Heinrich: Die Organgesellschaft, Heidelberg 1934.

Hoeniger, Heinrich: Innengesellschaft und Innensyndikat, ZHR 84, 459.

Hoffmann, Thomas: Die Klagebefugnis des GmbH-Gesellschafters, GmbHR 1963, 61.

Hofmann, Erich: Kartellkündigung nach der Kartellverordnung und GmbH-Recht, Leipzig 1930.

Hohensee: Die steuerliche Belastung der Doppelgesellschaft, Betrieb 1951, 825.

Homann, Otto: Die Wirkung der Kündigung aus § 8 der Kartellverordnung vom 2. November 1923 bei der Kartell-Ges.m.b.H., Münster 1931.

Huber, Ernst Rudolf: Wirtschaftsverwaltungsrecht, 2. Aufl., Bd. I Tübingen 1953.

Huber, Ulrich: Die Sicherungsgrundschuld, Heidelberg 1965.

Hueck, Alfred: Der Treuegedanke im Recht der offenen Handelsgesellschaft; in: Festschrift für Rudolf Hübner, Jena 1935, S. 72.

— Der Treuegedanke im modernen Privatrecht, München 1947 — zit.: Treuegedanke.

— Gesellschaftsvertrag und Erbrecht, DNotZ 1952, 550.

— Ausschluß eines Gesellschafters aus einer GmbH, Betrieb 1953, 776.

— Zur Frage der Rechtswirksamkeit der Organschaftsverträge, Betrieb 1959, 223.

Hueck, Alfred: Das Recht der offenen Handelsgesellschaft, 3. Aufl., Berlin 1964 — zit.: OHG.

— Gesellschaftsrecht, 13. Aufl., München, Berlin 1965 — zit.: Gesellschaftsrecht.

Hüttner, Rudolf: Das Recht der Kartelle in Deutschland, Erlangen 1908.

Isay, Hermann: Die Patentgemeinschaft im Dienst des Kartellgedankens, Mannheim, Berlin, Leipzig 1923 — zit.: Patentgemeinschaft.

Isay, Rudolf: Die Rechtsprechung des Kartellgerichts, DJZ 1924, 965.

— Studien zum privaten und öffentlichen Kartellrecht, Mannheim, Berlin, Leipzig 1922 — zit.: Studien.

Isay, Hermann und Rudolf: Allgemeines Berggesetz für die Preußischen Staaten, unter besonderer Berücksichtigung des Gewerkschaftsrechts, Bd. II, Mannheim, Berlin, Leipzig 1920 — zit.: ABG.

Isay, Rudolf, *Tschierschky*, S.: Kartellverordnung (Verordnung gegen Mißbrauch wirtschaftlicher Machtstellungen), Mannheim, Berlin, Leipzig 1925.

Jacobshagen, Karl: Die Rechtsform und die internen Rechtsverhältnisse der wirtschaftlichen Kartelle, Leipzig 1909.

Jacusiel, Alfred: Ein Jahr Kartellgericht, LZ 1924, 670.

Kern, Günther: Die Kündigung von Kartellen, Göttingen 1921.

Kisselstein, Erich: Die Kündigung der Kartell-GmbH nach § 8 KartVO, KR 1928, 274.

Kleim, Hans-Helmut: Gemeinschaftsunternehmen und Funktionsgemeinschaften im Verhältnis zum Gesetz gegen Wettbewerbsbeschränkungen, Köln, Berlin, Bonn, München 1966.

Klitzing v., Diether: Die Rechtsstellung der Verkaufsstelle bei der Syndikats-Doppelgesellschaft, Leipzig 1930.

Knöpfel, Gottfried: Die Treupflicht im Recht der GmbH (maschinengeschrieben), München 1954.

Knur, Alexander: Die Familiengesellschaft, Berlin 1941.

— Unternehmensformen und Steuerrecht unter besonderer Berücksichtigung des Steuerneuordnungsgesetzes; in: Festschrift für Walter Schmidt - Rimpler, Karlsruhe 1957, S. 303.

Koberstein, Günther: Unternehmenszusammenschlüsse, Essen 1955.

Körting, Ehrhart: Die Wirkung der Kündigung eines Kartells in der Form einer GmbH, KR 1934, 467.

Kötz, Hein: Trust und Treuhand, Göttingen 1963.

Kohlenbach, Karl: Organschaft bei mehreren Organträgern und Gewerbesteuer, FR 1954, 288.

Krabbenhöft: Zusammenlegung von Geschäftsanteilen einer GmbH, Der Deutsche Rechtspfleger, 1951, 155.

Krause, Gerhard: Die Kartellkündigung unter besonderer Berücksichtigung der Rechtsprechung des Kartellgerichts, Köln 1930.

Kreismann, Elias: Umfang und Wirkung der Kündigung nach § 8 der KartellVO bei der Kartell-GmbH, unter Berücksichtigung der Doppelgesellschaft, Frankfurt 1926.

Kronstein, Heinrich: Die abhängige juristische Person, München, Berlin, Leipzig 1931.

Küster, Werner: Inhalt und Grenzen der Rechte der Gesellschafter insbesondere des Stimmrechts im deutschen Gesellschaftsrecht, Berlin 1954.

Kuhn, Ottmar: Strohmanngründung bei Kapitalgesellschaften, Tübingen 1964.

Lange, Heinrich: Lage und Zukunft der Sicherungsübertragung, NJW 1950, 565 ff.

Langen, Eugen: Anfechtung des Beitritts zu einer Kartell-GmbH, JW 1928, 1542.

— Kommentar zum Kartellgesetz, 3. Aufl., Neuwied 1958, 4. Aufl. seit 1964.

Larenz, Karl: Die Methode der Auslegung des Rechtsgeschäfts, Leipzig 1930 — zit.: Methode der Auslegung.

— Methodenlehre der Rechtswissenschaft, Berlin, Göttingen, Heidelberg 1960 — zit.: Methodenlehre.

— Ergänzende Vertragsauslegung und dispositives Recht, NJW 1963, 737.

— Lehrbuch des Schuldrechts, Bd. I, 8. Aufl., München, Berlin 1967. Bd. II, 8 Aufl., München, Berlin 1967.

Lehmann, Karl: Recht der Aktiengesellschaften, Bd. II, Berlin 1904.

Lehnich, Oswald, *Fischer*, Norbert: Das Deutsche Kartellgesetz. Kommentar zur Verordnung gegen Mißbrauch wirtschaftlicher Machtstellungen vom 2. November 1923, Berlin 1924.

Leister, Adolf: Die Doppelgesellschaft, Köln 1936.

Leitze: Aufteilung einer GmbH in eine Grundstücks-GmbH und eine Betriebs-OHG, BB 1951, 160.

Lenski, Edgar: Körperschaftssteuer, 5. Aufl., Stuttgart 1964.

Lenz: Die Eintragungsfähigkeit von Kartellvereinen, Deutsche Justiz 1937, 107.

Loewenberg, Hermann H.: Kartellorganisation und Kartellkündigung, ZHR 89, 296.

Lohmann, Hans Joachim: Gesellschaftsrechtliche Grundtypenverbindungen als Unternehmensformen von Familiengesellschaften. GmbH & Co und Doppelgesellschaft als Gestaltungsmittel der Nachfolge in ein Einzelunternehmen, Göttingen 1959.

Lucas: Kartellvertrag und Kartellorganisation, KR 1927, 4.

Mangold, Ernst und Wolfgang: Ausschließung eines Gesellschafters aus der GmbH, BB 1953, 398.

Masur, Oskar: Zum Ausschluß eines Gesellschafters einer GmbH aus wichtigem Grunde, NJW 1949, 407.

Mauß, Hans-Ulrich: Die zivilrechtliche Stellung der Kartellgenossen im Syndikat, Greifswald 1930.

Meise, Agnes: Zivilrechtliche Probleme der Organgesellschaft, Berlin 1935.

Mestmäcker, Ernst Joachim: Verwaltung, Konzerngewalt und Rechte der Aktionäre, Karlsruhe 1958.

Meyer, E. H., *Meulenbergh*, Gottfried: Genossenschaftsgesetz, 10. Aufl., München, Berlin 1965.

Mirow, Kurt: Die Kartelle und Syndikate im Steuerrecht, Berlin 1933.

Mirow, Paul: Das Kartell in der Form einer GmbH, Göttingen 1929.

Müllensiefen, H., *Dörinkel*, Wolfram: Kartellrecht, 3. Aufl., Berlin 1938.

Müller, Albert: Die Rechtsformen der Kartelle, Tübingen 1907.

Müller, Heinz, *Gries*, Gerhard: Kommentar zum Gesetz gegen Wettbewerbsbeschränkungen (Kartellgesetz), Frankfurt 1959.

Müller, Walter: Die Funktion und die rechtliche Stellung des Syndikats im Kartell, Bern 1944.

Müller-Erzbach, Rudolf: Das private Recht der Mitgliedschaft als Prüfstein eines kausalen Rechtsdenkens, Weimar 1948.

Müller-Freienfels, Wolfram: Die Lehre vom sogenannten ‚Druchgriff' bei juristischen Personen im Privatrecht, AcP 156 (1957), 522.

Müller-Henneberg, Hans, *Schwartz*, Gustav: Gesetz gegen Wettbewerbsbeschränkungen und Europäisches Kartellrecht, 2. Aufl., Köln, Berlin, Bonn, München 1963.

Naegeli, Eduard: Die Doppelgesellschaft als rechtliche Organisationsform der Kartelle, Konzerne und anderen Unternehmerzusammenschlüsse nach deutschem und schweizerischem Recht, I. Band, Berlin, Zürich 1936, II. Band, Berlin, Zürich 1941.

Nels, Hermann: Die Doppelgesellschaft (maschinengeschrieben), Köln 1923.

Netter, Oskar: Urteilsanmerkung zum Urteil des RG v. 15. 6. 1928, JW 1928, 2622.

Niemeyer, Josef: Die Rechtsform der Kartelle mit einer als selbständige Handels-Gesellschaft organisierten Verkaufsstelle (Doppelgesellschaft), unter Berücksichtigung ihrer Steuerleistungspflicht, Erlangen 1927.

Nord, Walther: Urteilsanmerkung zum Urteil des RG v. 17. 2. 1928, JW 1928, 2617.

Nußbaum, Arthur: Theoreme und Wirklichkeit in den Allgemeinen Lehren des bürgerlichen Rechts. Archiv für Bürgerliches Recht, Bd. 42 (1916), 136.

Palandt, Otto: Bürgerliches Gesetzbuch, 26. Aufl., München, Berlin 1967.

Paulick, Heinz: Atypische Gesellschaftsformen im Lichte des Steuerrechts; in: Festschrift für Nipperdey, München, Berlin 1965, Bd. II, S. 843 ff. zit.: Gesellschaftsformen.

— Die eingetragene Genossenschaft als Beispiel gesetzlicher Typenbeschränkung, Tübingen 1954.

Peter, Karl: Umsatzsteuer-Kommentar, Berlin 1959.

Peters, Egbert: Die Erzwingbarkeit vertraglicher Stimmrechtsbindungen, AcP 156 (1957), 311.

Pinner, Albert: Kündigung im Kartellrecht, JW 1913, 402.

— Anmerkung zum Beschluß des KG v. 6. 3. 1930, JW 1930, 2712.

Pinner, Heinz: Urteilsanmerkung zum Urteil des RG v. 17. 2. 1928, JW 1928, 1556.

Pinner, Heinz: Kann in der Satzung einer Aktiengesellschaft gültig bestimmt werden, daß Aktien ausgelost werden, um gegen Zahlung eines im voraus bestimmten Betrages an einen Dritten abgeführt zu werden, und kann die Generalversammlung im Wege der Satzungsänderung die Höhe des zu zahlenden Betrages abändern? ZBlHR 1928, 385.

— Die Zulässigkeit der Ausgestaltung des Aktienrechts durch die Satzung, ZBlHR 1930, 307.

Pleser, Ernst: Inwieweit greift die Kartellverordnung vom 2. November 1923 in die Organisationsformen der Kartelle ein? Erlangen 1930.

Raiser, Ludwig: Das Recht der Allgemeinen Geschäftsbedingungen, Bad Homburg v. d. H. 1935, Neudruck 1961.

— Rechtsschutz und Institutionenschutz im Privatrecht; in: summum ius summa iniuria, Ringvorlesung gehalten von Mitgliedern der Tübinger Juristenfakultät, Tübingen 1963.

Rasch, Harold: Deutsches Konzernrecht, 3. Aufl., Köln, Berlin 1966.

Rasch, Harold, *Westrick*, Klaus: Wettbewerbsbeschränkungen, Kartell- und Monopolrecht. Kommentar zum GWB, 3. Aufl., Herne, Berlin 1966.

Reichsamt des Innern: Denkschrift über das Kartellwesen. Erster Teil: Einleitung und Übersicht über die in Deutschland bestehenden Kartelle unter Beifügung der Statuten, Berlin 1906.

Reichsgerichtsrätekommentar: Das Bürgerliche Gesetzbuch, Kommentar hrsg. v. Reichsgerichtsräten und Bundesrichtern, 11. Aufl., Bd. I, 1. Teil (§§ 1 bis 240) bearb. v. Johannes Denecke, Kurt Herbert Johannsen, Wilhelm Kregel, Gerda Krüger-Nieland, Georg Kuhn, Berlin 1959, Bd. II, 2. Teil (§§ 705—853) bearb. v. Robert Fischer, Karl Haager, Friedrich Kreft, Georg Kuhn, Georg Scheffler, Berlin 1960.

Reichsgerichtsrätekommentar: Kommentar zum Handelsgesetzbuch, früher hrsg. v. Mitgliedern des Reichsgerichts. 2. Aufl., Bd. II (§§ 105—177, 335 bis 342) bearb. v. Otto Weipert, Berlin 1950.

Reichstein, Wolfgang: Die Kündigung eines Kartells insbesondere bei der Nebenleistungs-GmbH, Jena 1930

Reischach, Carl: Treupflichten ausgeschiedener Gesellschafter von Personalgesellschaften, Mainz 1953.

Reisert Eduard: Die Bedeutung der Gesellschaft des bürgerlichen Rechts bei Handelsunternehmenszusammenfassungen, Erlangen 1928.

Richartz, Willy: Die Kündbarkeit der Kartelle (maschinengeschrieben), Köln 1925.

Rieß, Alfons: Die Erwerbs- und Wirtschaftsgenossenschaft; in: Handbuch des gesamten Handelsrechts, hrsg. v. Victor Ehrenberg, Dritter Band, II. Abteilung, Leipzig 1922.

Ring, Victor, *Schachian*, Herbert: Die Praxis der Aktiengesellschaft, Berlin, Leipzig 1929.

Ritter, Carl: Aktiengesetz, 2. Aufl., Berlin, München 1939.

Rosendorff, Richard: Die rechtliche Organisation der Konzerne, Berlin, Wien 1927.

Rumpf, Max: Kartellrecht, Berlin, Wien 1933.

Rundstein, Simon: Das Recht der Kartelle, Berlin 1904.

Sändig, Johannes: Der Versicherungspool. Sein Wesen und seine wirtschaftliche Bedeutung, Leipzig 1927.

Sauter, Eugen: Der eingetragene Verein, 6. Aufl., München, Berlin 1965.

Schaaf, Wilhelm Andreas: Absatzsyndikate und Drittverträge unter besonderer Berücksichtigung der Syndikatsform der Doppelgesellschaft, Frankfurt 1961.

Schaefer: Gewerbesteuerliche Anerkennung eines Organverhältnisses bei Vorliegen einer Organgesellschaft und mehrerer Obergesellschaften, BB 1954, 800.

Schafheutle, Josef: Gesellschaftsbegriff und Erwerb in das Gesellschaftsvermögen, Mannheim, Berlin, Leipzig 1931.

Schefer, Anton G.: Wie kann die Satzung einer GmbH die Vererbung von Geschäftsanteilen ausschließen? Betrieb 1961, 57.

Scheuerle, Wilhelm A.: Das Wesen des Wesens, AcP 163 (1964), 429.

Schilling, Wolfgang: Urteilsanmerkung zum Urteil des BGH v. 24. 3. 1954, JZ 1954, 635.

Schlatter, Karl: Die Ein- und Austrittsfreiheit von Kartellmitgliedern, Zürich 1933.

Schlegelberger, Franz: Handelsgesetzbuch, erl. v. Ernst Geßler, Wolfgang Hildebrandt, Wolfgang Hefermehl, Georg Schröder, 4. Aufl., Bd. II, Berlin, Frankfurt 1963.

Schlegelberger, Franz, *Quassowski,* Leo, *Herbig,* Gustav, *Geßler,* Ernst, *Hefermehl,* Wolfgang: Aktiengesetz, Kommentar, 3. Aufl., Berlin 1939.

Schmidt, Martin: Die gegenseitige Treupflicht der GmbH-Gesellschafter, GmbHR 1960, 137.

Schmidt-Rimpler, Walter: Grundfragen einer Erneuerung des Vertragsrechts, AcP 147 (1941), 146.

Schmitt-Schowalter, August: Die Organisationsform der modernen Wirtschaft, Esslingen 1925.

Schneider, Herbert, *Martin,* Gustav: Familienunternehmen und Unternehmertestament. Rechtliche und steuerliche Gesaltungsmöglichkeiten der Familienunternehmen, 4. Aufl., Heidelberg 1963.

Scholz, Franz: Fehlerhafte Abtretung und zulässige Zusammenlegung von GmbH-Anteilen, JW 1933, 2805.

— Der wichtige Grund, SJZ 1949, 1.

— Ausschließung und Austritt aus der GmbH, 3. Aufl., Köln 1950 — zit.: Ausschließung.

— Kommentar zum GmbH-Gesetz, 5. mit einem Nachtrag versehene Aufl., Köln-Marienburg 1964.

Schramm, Karlheinz: Gesellschaftsvertragliche Vereinbarungen über das Verfahren bei der Ausschließung eines Gesellschafters aus der OHG, MDR 1963, 174.

Schröter, Kurt: Der Rücktritt vom Kartell, München, Berlin, Leipzig 1927.

Schülein, Hermann: Die Rechtsform der Kartelle, Erlangen 1910.

Schuler: Einziehung von GmbH-Anteilen kraft Satzung, GmbHR 1962, 114.

Schulte-Overberg, Wilhelm: Das Recht eines Kartellmitgliedes zur außerordentlichen Kündigung des Kartellvertrages aus wichtigem Grunde, Erlangen 1927.

Schultze-Schlutius, Hans.-G.: Das geltende Steuerrecht der Organgesellschaften, 2. Aufl., Berlin 1936.

— Die Organttheorie unter besonderer Berücksichtigung der Kapitalgesellschaften, Essen 1955 — zit.: Organtheorie.

— Steuerrechtliche Probleme der Besitz- und Betriebs- und Vertriebs-GmbH, GmbHR 1955, 179.

— Zur Frage der Anerkennung der Organschaft einer Kapitalgesellschaft gegenüber mehreren anderen Kapitalgesellschaften für die Gewerbesteuer, StuW 1955, 81.

Schwidtal, Walter: Kartellgesellschaften mit beschränkter Haftung, Breslau 1919.

Serick, Rolf: Rechtsform und Realität juristischer Personen, Berlin, Tübingen 1955 — zit.: Rechtsform.

— Eigentumsvorbehalt und Sicherungsübertragung, Bd. I, Der einfache Eigentumsvorbehalt, Heidelberg 1963, Bd. II, Die einfache Sicherungsübertragung — Erster Teil, Heidelberg 1965 — zit.: Eigentumsvorbehalt.

Siebert, Wolfgang: Das rechtsgeschäftliche Treuhandverhältnis. Ein dogmatischer und rechtsvergleichender Beitrag zum allgemeinen Treuhandproblem, Marburg 1933.

— Das Wesen der Rechtsfähigkeit privatrechtlicher Personenverbände, DJZ 1935, 713.

Siefer, Bernhard: Die rechtlichen Grundtypen der Leistungskartelle, insbesondere die Doppelgesellschaft, Hamburg 1924.

Simon, Veit: Urteilsanmerkung zum Urteil des RG v. 17. 2. 1928, JW 1928, 2618.

Sölch, Otto, *Ringleb,* K.: Umsatzsteuergesetz mit Durchführungsbestimmungen und Ergänzungsvorschriften, 6. Aufl., München, Berlin 1957.

Soergel. Hs. Th.: Bürgerliches Gesetzbuch, hrsg. v. Wolfgang Siebert, 9. Aufl., Bd. I (§§ 1—432) Stuttgart 1959, Bd. II (§§ 433—853) Stuttgart 1962.

Spiero, Edgar: Das Recht der Syndikate unter besonderer Berücksichtigung des Quotenhandels, Berlin 1924.

Sprey, August: Die Syndikatsdoppelgesellschaft, Gießen 1929.

Staffel, Walter: Verordnung gegen Mißbrauch wirtschaftlicher Machtstellungen, Berlin, Leipzig 1926.

Staub, Hermann: Juristische Rundschau, DJZ 1901, 498.

— Kommentar zum Gesetz betreffend die Gesellschaften mit beschränkter Haftung, Berlin 1903.

Staub, Hermann, *Pinner,* Albert: Kommentar zum Handelsgesetzbuch, 14. Aufl., Berlin, Leipzig 1933.

Staudinger v., J.: Kommentar zum Bürgerlichen Gesetzbuch, 9. Aufl., Bd. II, 3. Teil (§§ 631—853) erl. v. K. Kober, Th. Engelmann, K. Geiler, München,

Berlin, Leipzig 1929, 11. Aufl. Bd. I, Allgemeiner Teil, erl. v. Franz Brändl, Helmut Coing, Berlin 1957, Bd. II, Teil 1 b (§ 242) erl. v. Wilhelm Weber, Berlin 1961, Bd. II, Teil 1 c, 2. Lieferung (§§ 256—277) erl. v. Alfred Werner, Berlin 1962, Bd. II, Teil 4, 1. Lieferung (§§ 705—740) erl. v. Ernst Keßler, Berlin 1958.

Steffani, Hans Heinz: Die zivilrechtliche Stellung der Verkaufsstellen bei Kartellen, Leipzig 1927.

Steiner, Claus: Organisationsformen ‚gemeinsamer Vertriebseinrichtungen' i. S. § 5 Abs. 3 GWB, Betrieb 1959, 1131.

Strehmel, Herbert: Die Kündigung der GmbH-Kartelle, Jena 1927.

Stroinsky, Max: Ist der Kartellvertrag durch die Kartellverordnung zu einem Vertrage eigener Art geworden? Marburg 1927.

Sudhoff, Heinrich: Die Vererbung von GmbH-Anteilen, Betrieb 1963, 1109.

Tetzner, Heinrich: Kartellrecht, 2. Aufl., München, Berlin 1967.

Tiemann, Paul: Die Kündigung der Kartelle, Breslau 1928.

Tuhr v., Andreas: Der Allgemeine Teil des Deutschen Bürgerlichen Rechts. Bd. I, Allgemeine Lehren und Presonenrecht, Berlin 1910, Neudruck 1957. Bd. II, 1. Hälfte, Die rechtserheblichen Tatsachen, insbesondere das Rechtsgeschäft, Berlin 1914, Neudruck 1957.

Ullrich, Erich: Konzerne und ihre außerordentliche Kündigung, Würzburg 1939.

Vogel, Hermann: GmbH — Gesetz, 2. Aufl., Berlin, Frankfurt 1956.

Vogt, Joseph: Die Rechtsstruktur der Kartellorganisation, Heidelberg 1934.

Waldeck, Hugo: Deutsches und internationales Kartellrecht, Berlin 1922.

Walther, Carl Albrecht: Die Kartellkündigung im deutschen, französischen und englischen Recht, Berlin 1933.

Wassermann, Rudolf: Kartellrechtliche Studien, KR 1914, 249.

Werneburg, Hans: Rechtsfragen des Syndikatsvertrages (Lieferungsverhältnis, Beteiligungsziffer, Kündigung), ZBlHR 1929, 210.

— Zum Begriff des wichtigen Grundes einer Kündigung der Kartell-Gesellschaft nach § 8 KartVO, § 723 BGB, AcP 140 (1935), 354.

Westermann, Harry: Die Anpassung der Auslegungsmethode an die Eigenart des auszulegenden Willensaktes; in: Festschrift für Karl Arnold, Köln, Opladen 1955, S. 281.

Wieacker, Franz: Zur rechtstheoretischen Präzisierung des § 242 BGB, Tübingen 1956.

Wieland, Karl: Handelsrecht, Bd. I, München, Leipzig 1921, Bd. II, München, Leipzig 1931.

Wirsch, Heinrich: Die Doppelgesellschaft, Bonn 1923.

Woite, Manfred: Die Vereinbarung abweichender Rechtsordnungen zwischen den Gesellschaftern einer GmbH, NJW 1965, 2140.

Würdinger, Hans: Aktien- und Konzernrecht, 2. Aufl., Karlsruhe 1966.

Zintzen: Steuerliche Erwägungen bei der Gründung einer Familien-GmbH, GmbHR 1953, 35.

Zintzen, Lüthgen: Zur Gewerbesteuerpflicht von Vermögensverwaltungsunternehmen in Form von Personalgesellschaften, BB 1957, 816.

— Auswirkungen der Organschaftslehre auf Vermögensverwaltungsunternehmen bei Betriebsaufspaltungen, BB 1957, 1177.

Zöllner, Wolfgang: Die Schranken mitgliedschaftlicher Stimmrechtsmacht bei den privaten Personenverbänden, München, Berlin 1963.

FSC
www.fsc.org
MIX
Papier | Fördert
gute Waldnutzung
FSC® C083411

Kolibri 360 GmbH
Ferdinand-Jühlke-Straße 7
99095 Erfurt, Deutschland
produktsicherheit@kolibri360.de

Druck:
CPI Druckdienstleistungen GmbH
im Auftrag der
Kolibri 360 GmbH
Ferdinand-Jühlke-Str. 7
99095 Erfurt